Öffentliche Aufträge als Gegenstand des EG-Beihilferechts

Europäische Hochschulschriften
Publications Universitaires Européennes
European University Studies

Reihe II
Rechtswissenschaft

Série II Series II
Droit
Law

Bd./Vol. 3853

PETER LANG
Frankfurt am Main · Berlin · Bern · Bruxelles · New York · Oxford · Wien

Dirk Middelschulte

Öffentliche Aufträge als Gegenstand des EG-Beihilferechts

Voraussetzungen und Folgen der subventionsrechtlichen Kontrolle von Vergaben und öffentlichen Aufträgen

PETER LANG
Europäischer Verlag der Wissenschaften

Bibliografische Information Der Deutschen Bibliothek
Die Deutsche Bibliothek verzeichnet diese Publikation in der Deutschen Nationalbibliografie; detaillierte bibliografische Daten sind im Internet über <http://dnb.ddb.de> abrufbar.

Zugl.: Mainz, Univ., Diss., 2003

D 77
ISSN 0531-7312
ISBN 3-631-50957-X

www.peterlang.de

Vorwort

Die vorliegende Arbeit wurde im Wintersemester 2002/2003 vom Fachbereich Rechts- und Wirtschaftswissenschaften der Johannes Gutenberg-Universität Mainz als Dissertation angenommen. Für die Druckfassung konnten Rechtsprechung und Literatur bis September 2003 berücksichtigt werden. Mein Dank gilt meinem Doktorvater Prof. Dr. Meinrad Dreher für die mir bei der Anfertigung der Arbeit gewährte Freiheit und die zügige Korrektur.

Ich widme die Arbeit meinem Vater, der mich auf meinem bisherigen Lebensweg immer auf die größtmögliche Weise unterstützt hat.

Brüssel, im Oktober 2003

Dirk Middelschulte

Inhaltsübersicht

Inhaltsverzeichnis

Abkürzungsverzeichnis

A.A.	Andere Ansicht
a.F.	alte Fassung
ABl.	Amtsblatt (der Europäischen Gemeinschaften)
Abs.	Absatz
AEG	Allgemeines Eisenbahngesetz
AEntsG	Arbeitnehmerentsendegesetz
AllMBL.	Allgemeines Ministerialblatt (Bayern)
Anm.	Anmerkung
AöR	Archiv für öffentliches Recht
Art.	Artikel
Aufl.	Auflage
BAnz.	Bundesanzeiger
Bay	Bayern
BB	Betriebsberater
Bbg	Brandenburg
Bd.	Band
BEG	Bundesentschädigungsgesetz
Beschl.	Beschluss
BEvakG	Bundesevakuiertengesetz
BGB	Bürgerliches Gesetzbuch
BGBl.	Bundesgesetzblatt
BGH	Bundesgerichtshof
BGHZ	Entscheidungen des Bundesgerichtshofes in Zivilsachen
BHO	Bundeshaushaltsordnung
BhVfVO	Beihilfeverfahrensordnung
BIP	Bruttoinlandsprodukt
BKR	Baukoordinierungsrichtlinie (= Richtlinie 93/37/EWG des

	Rates v. 14.6.1993 zur Koordinierung der Verfahren zur Vergabe öffentlicher Bauaufträge (ABl. 1993, L 199/54, berichtigt in ABl. 1994, L 111/115), zuletzt geändert durch die Richtlinie 97/52/EG v. 13.10.1997 (ABl. 1997, L 328/1)).
Bln	Berlin
BMWi	Bundesministerium für Wirtschaft und Technologie
BR-Drucks.	Bundesrats-Drucksache
BReg	Bundesregierung
BT-Drucks.	Bundestags-Drucksache
BVerfG	Bundesverfassungsgericht
BVerwG	Bundesverwaltungsgericht
BVerwGE	Entscheidungen des Bundesverwaltungsgerichts
BVFG	Bundesvertriebenengesetz
BW	Baden-Württemberg
C.M.L.Rev.	Common Market Law Review
DB	Der Betrieb
DKR	Dienstleistungskoordinierungsrichtlinie (= Richtlinie 92/50/EWG des Rates v. 18.6.1992 über die Koordinierung der Verfahren zur Vergabe öffentlicher Dienstleistungsaufträge (ABl. 1992, L 209/1), zuletzt geändert durch die Richtlinie 97/52/EG v. 13.10.1997 (ABl. 1997, L 328/1)).
DÖV	Die öffentliche Verwaltung
DVBl.	Deutsches Verwaltungsblatt
E.L.Rev.	European Law Review
ECLR	European Competition Law Review.
EFTA	European Free Trade Association
EG	Europäische Gemeinschaft(en); Vertrag zur Gründung der Europäischen Gemeinschaft
EGKS	Eurpäische Gemeinschaft für Kohle und Stahl (-Vertrag)
EGV	Vertrag zur Gründung der Europäischen Gemeinschaft
Entw	Entwurf

EnWG	Gesetz über die Elektrizitäts- und Gasversorgung (Energiewirtschaftsgesetz)
EP	Europäisches Parlament
EU	Europäische Union; Vertrag über die Europäische Union
EuG	Gericht erster Instanz beim EuGH
EuGH	Europäischer Gerichtshof
EuR	Europarecht
EuZW	Europäische Zeitschrift für Wirtschaftsrecht
EWGV	Vertrag zur Gründung der Europäischen Wirtschaftsgemeinschaft
EWS	Europäisches Wirtschafts- und Steuerrecht
F&E	Forschung und Entwicklung
f.; ff.	folgende
FAZ	Frankfurter Allgemeine Zeitung
FrauFöVBbG	Frauenförderungsverordnung des Landes Brandenburg
FS	Festschrift
GA	Generalanwalt
GATT	General Agreement on Tariffs and Trade
GemHVO	Gemeindehaushaltsverordnung
GG	Grundgesetz für die Bundesrepublik Deutschland
GMBl.	Gemeinsames Ministerialblatt
GPA	Government Procurement Agreement
GS	Gedächtnisschrift
GVBl.	Gesetz- und Verordnungsblatt
GWB	Gesetz gegen Wettbewerbsbeschränkungen
h.M.	Herrschende Meinung
Hess	Hessen
HGrG	Haushaltsgrundsätzegesetz
HH	Hansestadt Hamburg
Hrsg.	Herausgeber

Hs.	Halbsatz
Int.J.Comp.L.L. I.R.	International Journal of Comparative Labour law and Industrial Relations
JZ	Juristenzeitung
KG	Kammergericht
KMU	Kleine und Mittelständische Unternehmen
KOM	(Dokument der) Europäischen Kommission
KrWG-/AbfG	Kreislaufwirtschafts- und Abfallgesetz
L.Q.Rev.	Law Quarterly Review
LAbfG	Landesabfallgesetz
LAbfWAG	Landesabfallwirtschafts- und Altlastengesetz
LG	Landgericht
LGG	Landesgleichstellungsgesetz
LIEI	Legal Issues of Economic Integration
lit.	littera
LKR	Lieferkoordinierungsrichtlinie (= Richtlinie 93/36/EWG über die Koordinierung der Verfahren zur Vergabe öffentlicher Lieferaufträge v. 14.6.1993 (ABl. 1993, L 199/1), zuletzt geändert durch die Richtlinie 97/52/EG v. 13.10.1997 (ABl. 1997, L 328)).
LSA	Sachsen-Anhalt
m.w.N.	mit weiteren Nachweisen
MBl.	Ministerialblatt
MP	Mecklenburg-Vorpommern
Nds	Niedersachsen
NJW	Neue Juristische Wochenschrift
Nr.	Nummer
NRW	Nordrhein-Westfalen
NZA	Neue Zeitschrift für Arbeitsrecht
NZBau	Neue Zeitschrift für Bau- und Vergaberecht
OLG	Oberlandesgericht

OVG	Oberverwaltungsgericht
PBefG	Personenbeförderungsgesetz
PPLR	Public Procurement Law Review
R & D	Research and Development
RabelsZ	Rabels Zeitschrift
RegEntw	Regierungsentwurf
RMC	Revue du Marché Unique Européen
Rn.	Randnummer
RP	Rheinland-Pfalz
Rs.	Rechtssache
RTDE	Revue Trimestrielle de Droit Européen
S.	Satz
s.	siehe
SchwArbG	Schwarzarbeitergesetz
SchwbG	Schwerbehindertengesetz
SGB	Sozialgesetzbuch
SKR	Sektorenkoordinierungsrichtlinie (= Richtlinie 93/38/EWG des Rates v. 14.6.1993 zur Koordinierung der Auftragsvergabe durch Auftraggeber im Bereich der Wasser-, Energie- und Verkehrsversorgung sowie im Telekommunikationssektor (ABl. 1993, L 199/84, berichtigt in ABl. 1994, L 82/40), geändert durch die Richtlinie 94/22/EG v. 30.5.1994 (Abl. 1994, L 164/3)).
Slg.	Sammlung der Rechtsprechung des Europäischen Gerichtshofes und des Gerichts erster Instanz
Sp.	Spalte
St.Anz.	Staatsanzeiger
Ständ. Rspr.	Ständige Rechtsprechung
StWG	Gesetz zur Förderung der Stabilität und des Wachstums der Wirtschaft
Thür	Thüringen
TVG	Tarifvertragsgesetz

Tz.	Textziffer
Uabs.	Unterabsatz
UWG	Gesetz gegen den unlauteren Wettbewerb
ÜWR	Überwachungsrichtline (auch: Rechtsmittelrichtlinie = Richtlinie 89/665/EWG des Rates v. 21.12.1989 zur Koordinierung der Rechts- und Verwaltungsvorschriften für die Anwendung der Nachprüfungsverfahren im Rahmen der Vergabe öffentlicher Liefer- und Bauaufträge (ABl. 1989, L 395/33), geändert durch die Richtlinie 92/50/EWG v. 18.6.1992 (ABl. 1992, L 209/1)).
Verb. Rs.	Verbundene Rechtssache
VergabeR	Vergaberecht
VerwArch	Verwaltungsarchiv
vgl.	vergleiche
VgRÄG	Vergaberechtsänderungsgesetz
VK	Vergabekammer
VO	Verordnung
VOB	Verdingungsordnung für Bauleistungen
VOF	Verdingungsordnung für freiberufliche Leistungen
VOL	Verdingungsordnung für Leistungen
VÜA	Vergabeüberwachungsausschuss
VwV	Verwaltungsvorschrift
VwVfG	Verwaltungsverfahrensgesetz
WiVerw	Wirtschaft und Verwaltung
WM	Wertpapier-Mitteilungen
WTO	World Trade Organization
WuW	Wirtschaft und Wettbewerb
WuW/E Verg	Wirtschaft und Wettbewerb, Entscheidungssammlung Vergaberecht
ZfA	Zeitschrift für Arbeitsrecht
ZHR	Zeitschrift für das gesamte Handels- und Wirtschaftsrecht

ZIP	Zeitschrift für Wirtschaftsrecht und Insolvenzpraxis
ZUM	Zeitschrift für Urheber- und Medienrecht
ZVgR	Zeitschrift für deutsches und internationales Vergaberecht

Literaturverzeichnis

Abbamonte, Giuseppe B.	Market Economy Investor Principle: A Legal Analysis of an Economic Problem, E.C.L.R. 1996, S. 258 – 268.
Antweiler, Clemens	Vergaberechtsverstöße und Vertragsnichtigkeit: Bedeutung des § 13 Vergabeverordnung für die Folgen von Fehlern im Vergabeverfahren, DB 2001, S. 1975 – 1980.
Arnim, Hans-Herbert v.	Wirtschaftlichkeit als Rechtsprinzip, 1988.
Arrowsmith, Sue	Abolition of the United Kingdom's Procurement Preference Scheme for Disabled Workers, PPLR 1994, S. CS225 – CS229.
Arrowsmith, Sue	Public procurement as an instrument of policy and the impact of market liberalisation, L.Q.Rev. 111 (1995), S. 235 – 284.
Arrowsmith, Sue	The Application of the E.C. Treaty Rules to Public and Utilities Procurement, PPLR 1995, S. 255 – 280.
Arrowsmith, Sue	The law of public and utilities procurement, 1996.
Bartosch, Andreas	Anmerkung zu EuGH, Rs. C-156/98, C.M.L.Rev. 38 (2001), S. 1285 – 1296.
Bartosch, Andreas	Im Vergaberecht droht Konflikt mit Beihilferegeln, FAZ v. 17.10.2001, S. 29.
Bartosch, Andreas	Schnittstellen zwischen öffentlicher

	Auftragsvergabe und europäischem Beihilferecht, WuW 2001, S. 673 – 686.
Bartosch, Andreas	The relationship between public procurement and state aid surveillance – the toughest standard applies?, C.M.L.Rev. 39 (2002), S. 551 – 576.
Bartosch, Andreas	Vergabefremde Kriterien und Art. 87 I EG: Sitzt das öffentliche Beschaffungswesen in Europa auf einem beihilferechtlichen Pulverfass, EuZW 2001, S. 229 – 232.
Bauer, Kilian	Das Bietverfahren im EG-Beihilfenrecht bei der übertragenden Sanierung rechtswidrig begünstigter Unternehmen, EuZW 2001, S. 748 – 756.
Bechthold, Rainer	Gesetz gegen Wettbewerbsbeschränkungen. Kommentar, 2. Aufl. 1999.
Benedict, Christoph	Sekundärzwecke im Vergabeverfahren: Öffentliches Auftragswesen, seine teilweise Harmonisierung im EG/EU-Binnenmarkt und die Instrumentalisierung von Vergaberecht durch Vergabefremde Zwecke, 2000.
Bishop, Simon	The European Commission's Policy Towards State Aid: A Role for Rigorous Competitive Analysis, E.C.L.R. 1997, S. 84 – 89.
Blankart, Charles Beat	Öffentliche Finanzen in der Demokratie: eine Einführung in die Finanzwissenschaft, 4. Auflage 2001.
Bleckmann, Albert	Das System des Beihilfeverbots im EWG-Vertrag, WiVerw 1989, S. 75 – 91.

Bleckmann, Albert	Subventionsprobleme des GATT und der EG. Ordnungsrahmen für das Recht der Subventionen – Internationaler Teil (Gutachten für den 55. Deut-schen Juristentag), RabelsZ 1984, S. 419 – 456.
Bleckmann, Albert	Subventionsrecht, 1978.
Blumann, Claude (Hrsg.)	Les Aides Nationales dans la Communauté européenne, 1987.
Boesen, Arnold	Vergaberecht. Kommentar zum 4. Teil des GWB, 2000.
Bohan, N. / Redonnet, D.	Procurement Legislation: Does the Emperor Have Clothes? An Examination of the New Empirical Evidence, PPLR 1997, S. 141-173.
Bovis, Christopher	A social Policy Agenda in European Public Procurement Law and Policy, Int.J.Comp.L.L.I.R. 14 (1998), S. 137 – 152.
Bovis, Christopher	Competition, Policy and State Aids; Abstract eines Vortrags beim CLASF-Workshop "The State and Competition" am 11.9.2003 in London; www.clasf.org/events.htm.
Bovis, Christopher	EC Public Procurement Law, 1997.
Brenner, Michael	Der Ausschluß von Wettbewerbern als Sanktion im öffentlichen Auftragswesen vor dem Hintergrund der EG-Richtlinien, 1997.
Byok, Jan / Jaeger, Wolfgang (Hrsg.)	Kommentar zum Vergaberecht, 2000.

Callies, Christian / Ruffert, Matthias	Kommentar des Vertrages über die Europäische Union und des Vertrages zur Gründung der Europäischen Gemeinschaft, 1999
Canaris, Claus-Wilhelm	Gesetzliches Verbot und Rechtsgeschäft, 1983
Cartou, Louis	L'Union européenne. Traités de Paris – Rome – Maastricht, 2ème edition 1996.
Cecchini, Paolo	Europa `92: Der Vorteil des Binnenmarkts, 1988.
Chérot, Jean-Yves	Les Aides d'état dans les Communautés européennes, 1998.
Ciresa, Meinhard	Beihilfenkontrolle und Wettbewerbspolitik in der EG, 1992.
Commission of the Euro-pean Communities (Hrsg.)	Aid Element of Government R&D Contracts, 1991.
Commission of the Euro-pean Communities (Hrsg.)	European Economy No. 4 (1996): Economic Evaluation of the internal market.
Commission of the Euro-pean Communities (Hrsg.)	The "Cost of Non-Europe" in Public-sector Procurement, 1988.
Cox, Andrew / Furlong, Paul	The Jury is still out for Utilities Procurement: The Impact of the EU Procurement Directives on the Location of Utilitiy Contract Awards in the "Twelve" Member States, PPLR 1996, S. 57 – 66.
Craufurd Smith, Rachel	State Support For Public Service Broadcasting: The Position Under

	European Community Law, LIEI 28 (2001), S. 3 –22.
Cremer, Wolfram	Das Verhältnis der Beihilferegeln gemäß Art. 92 f. EGV zur Warenverkehrsfreiheit, EuR 1996, S. 225 – 237.
D'Sa, Rose M.	European Community Law on State Aid, 1998.
Daub, Walter / Eberstein, Hans (Hrsg.)	Kommentar zur VOL/A, 5 . Auflage 2000.
Deckert, Martina / Schroeder, Werner	Öffentliche Unternehmen und EG-Beihilferecht – Gemeinschaftsrechtliche und zivilrechtliche Implikationen, EuR 1998, S. 291 – 323.
Deltas, George / Everett, Simon	Quantitative Estimates of the Effects of Preference Policies, in Hoekman, Bernard M. / Mavroidis, Petros C. (Hrsg.): Law and Policy in Public Purchasing. The WTO Agreement on Government Procurement, S. 73 – 89.
Dörr, Dieter / Cloß, Wolfgang	Die Vereinbarkeit der Gebührenfinanzierung des Österreichischen Rundfunks mit dem EG-Beihilferecht, ZUM 1996, S. 105 – 118.
Downes, T. Antony	A Textbook on Contract, 3. Auflage 1993.
Dreher, Meinrad	Anmerkung zu EuGH, Rs. C-225/98 (Nord-Pas-de-Calais), JZ 2001, S. 140 – 141.
Dreher, Meinrad	Anmerkung zu BGH, Beschluss v. 18.1.2000, KVR 23/98, JZ 2000, S. 519 - 521.

Dreher, Meinrad	Bestehender Wettbewerb und Auftraggeberbegriff des Kartellvergaberechts, WuW 1999, S. 244 – 248.
Dreher, Meinrad	Das GWB als Magna Charta des Wettbewerbs oder als Einfallstor politischer Interessen, WuW 1997, S. 949 – 957.
Dreher, Meinrad	Der Rang des Wettbewerbs im europäischen Gemeinschaftsrecht, in Dörr, Dieter / Dreher, Meinrad (Hrsg.): Europa als Rechtsgemeinschaft, 1997, S. 105 – 121.
Dreher, Meinrad	Die staatliche Eigenkapitalzufuhr an Gesell-schaften als Beihilfe im Sinne des EG-Vertrages; in Schön, Wolfgang (Hrsg.): Gedächtnisschrift für Brigitte Knobbe-Keuk, 1997.
Dreher, Meinrad	Politische Vorgaben bei der Vergabe öffentlicher Aufträge aus rechtswissenschaftlicher Sicht: Thesen, ZVgR 1999, S. 289 – 292.
Dreher, Meinrad	Rechtsschutz nach Zuschlag, NZBau 2001, S. 244 – 246.
Dreher, Meinrad	Unternehmen und Politik, ZHR 155 (1991), S. 349 – 377.
Dreher, Meinrad / Haas, Gabriele / v. Rintelen, Gregor	Vergabefremde Regelungen und Beihilferecht, 2002.
Drey, F.	Subventionen durch Vergabe, VgR 3/1998, S. 18.

Dutheil de la Rochère, Jacqueline / Vandamme, Jacques (Hrsg.)	Interventions publiques en Droit Communautaire, 1988.
Ehlers, Dirk	Anmerkung zu EuGH, Rs. C-21/88 (Du Pont de Nemours), JZ 1992, S. 199 - 200.
Ehlers, Dirk	Die Handlungsformen bei der Vergabe von Wirtschaftssubventionen, VerwArch 74 (1983), S. 112 - 132.
Ehlers, Dirk	Rechtsprobleme der Rückforderung von Subventionen, in Stober, Rolf / Vogel, Hanspeter: Subventionsrecht und Subventionspolitik auf dem Prüfstand, 1999, S. 127 - 168..
Ehlers, Dirk	Verwaltung in Privatrechtsform, 1984.
Elverfeld, Dirk Johannes	Europäisches Recht und kommunales öffentliches Auftragswesen, 1992.
Erhart, Michael	Öffentliches Auftragswesen, in Röttinger, Moritz / Weyringer, Claudia (Hrsg.): Handbuch der europäischen Integration, 1996, S. 731 - 754.
Evans, Andrew	European Community Law of State Aid, 1997.
Faber, Angela	Die Relevanz der Art. 92 - 94 EWGV für die kommunale Wirtschaftsförderung, DVBl. 1992, S. 1346 - 1358.
Faber, Angela	Europarechtliche Grenzen kommunaler Wirt-schaftsförderung: Die Bedeutung der Art. 92 - 94 EWGV für die kommunale Selbstverwaltung, 1992.

Feltkamp, Ronald	Some reflections on the structure of the state aid rules in the Treaty of Rome, EC Competition Policy Newsletter 2003/1, S. 29 – 31.
Fernández Martín, José Maria	The EC Public Procurement Rules. A Critical Analysis, 1996.
Fernández Martín, José Maria / Stehmann, Oliver	Product Market Integration versus Regional Cohesion in the Community, E.L.Rev. 1991, S. 216 – 243.
Flach, Stefan	Rechtsbindung einer industriepolitischen Instrumentalisierung öffentlicher Aufträge, 1996.
Flume, Werner	Allgemeiner Teil des Bürgerlichen Rechts, 4. Auflage 1992.
Flynn, James	State aids – Recent case law of the European Court, E.L.Rev. 12 (1987), S. 124 – 137.
Frank, Kirsten Michaela	Die Koordinierung der Vergabe öffentlicher Aufträge in der Europäischen Union, 2000.
Frenz, Walter	Auftragsvergabe nach Umweltschutzkriterien und Gemeinschaftsrecht, WuW 2002, S. 352 – 361.
Gesterkamp, Stefan	Die Sicherung des Primärrechtsschutzes durch Zuschlagsverbote und Informationspflicht: Die Wirkung rechtskräftiger Entscheidungen, WuW 2001, S. 665 – 673.
Gilliams, Hans	Invocability of the Community Directives on Public Procurement, PPLR 1992, S. 19 –

23.

Goossens, Ann / Emmerechts, Sam — Anmerkung zu EUGH, Rs. C-379/98 (PreussenElektra), C.M.L.Rev. 38 (2001), S. 991 – 1010.

Gormley, Laurence W. — Introduction to the Law of the European Communities. From Maastricht to Amsterdam, 3. Auflage 1998.

Götz, Volkmar — Das Recht der Wirtschaftssubventionen, 1966.

Götz, Walter — Öffentliche Beschaffungsmärkte und Europarecht: die Transparenz- und Teilnahmebestimmungen der Vergaberichtlinien im Lichte der Rechtsprechung des Europäischen Gerichtshofs, 1999.

Grabitz, Eberhard / Hilf, Meinhard — Das Recht der Europäischen Union, Stand 18. Ergänzungslieferung Mai 2001.

Groeschke, Peer — Der wettbewerbsrechtliche Unterlassungs- und Schadensersatzanspruch aufgrund der unrechtmäßigen Subventionierung von Konkurrenten, BB 1995, S. 2329 – 2333.

Habersack, Mathias — Staatsbürgschaften und EG-vertragliches Beihilfeverbot. Zur Frage der Anwendbarkeit der Art. 92, 93 EGV auf das Bürgschaftsverhältnis zwischen Mitgliedstaat und Bank, ZHR 159 (1995), S. 663 – 685.

Häring, Jörg — Die Vereinbarkeit des Sanierungsengagements der öffentlichen Hand mit dem EG-Beihilfeverbot: Dargestellt am Beispiel von Forderungsverzichten durch öffentliche

	Unternehmen im Rahmen von Vergleichsverhandlungen, 1998.
Hausmann, Friedrich-Ludwig / Krohn, Wolfram	Anmerkung zu OLG Düsseldorf, Beschluß v. 20.6.2001 - Verg 3/01 -, VergabeR 2001, S. 336 – 338.
Heintzen, Markus	Vergabefremde Ziele im Vergaberecht, ZHR 165 (2001), S. 62 – 78.
Heselhaus, Sebastian	Rechtfertigung unmittelbar diskriminierender Eingriffe in die Warenverkehrsfreiheit, EuZW 2001, S. 645 – 650.
Hoischen, Stefan	Die Beihilferegelung in Art. 92 EWGV, 1989.
Hommelhoff, Peter	Industriepolitik versus Wettbewerbspolitik im Maastricht-Vertrag, in Hommelhoff, Peter / Kirchhof, Paul (Hrsg.): Der Staatenverbund der Europäischen Union, 1994, S. 131 – 141.
Hopt, Klaus J. / Mestmäcker, Ernst-Joachim	Die Rückforderung staatlicher Beihilfen nach europäischem und nach deutschem Recht – am Beispiel staatlich verbürgter Kredite, WM 1996, S. 753 – 762 und S. 801 – 810.
Immenga, Ulrich / Mestmäcker, Ernst-Joachim	GWB. Kommentar, 3. Auflage 2001 (zit. Immenga/Mestmäcker).
Immenga, Ulrich / Mestmäcker, Ernst-Joachim	EG-Wettbewerbsrecht. Kommentar, 1997 (zit. Immenga/Mestmäcker, EG-Wettbewerbsrecht)
Ipsen, Hans-Peter	Europäisches Gemeinschaftsrecht, 1972.

Jaeger, Wofgang	Anmerkung zu EuGH, Rs. C-81/98 (Alcatel Austria), EWS 2000, S. 124 – 126.
Jarass, Hans D.	Elemente einer Dogmatik der Grundfreiheiten II, EuR 2000, S. 705 – 723.
Jestaedt, Thomas / Kemper, Klaus u.a.(Hrsg.)	Das Recht der Auftragsvergabe, 1999.
Johannes, Kay Ole	Mittelstandsförderung im Konflikt zwischen Wirtschaftlichkeit und Wettbewerbsfreiheit, EuR 1999, S. 820 – 827.
Kayser, Elke	Nationale Regelungsspielräume im öffentlichen Auftragswesen und gemeinschaftsrechtliche Grenzen. Zur Vereinbarkeit nationaler Maßnahmen im öffentlichen Auftragswesen zur Sicherung der Wirtschafts- und Sozialordnung mit Gemeinschaftsrecht, 1999.
Kinzl, Ulrich-Peter	Anstaltslast und Gewährträgerhaftung, Unbegrenzte staatliche Einflußnahme für öffentliche Banken unter dem Beihilfen- und Durchführungsverbot des EGV, 2000.
Kirchhof, Paul	Verwalten durch „mittelbares“ Einwirken, 1977.
Kling, Michael	Die Zulässigkeit vergabefremder Regelungen – Möglichkeiten und Grenzen einer politischen Instrumentalisierung der Vergabe öffentlicher Aufträge, 2000.
Kling, Michael	Tariftreue und Dienstleistungsfreiheit, EuZW 2002, S. 229 – 237.
Knipper, Michael	Tariftreueerklärungen im öffentlichen

Auftragswesen, WuW 1999, S. 677 – 684.

Koch, Rüdiger — Beihilfen nach dem EWG-Vertrag, insbesondere Unterstützung des Staates für eigene Unternehmen, 1967.

Koenig, Christian — Fremd- und Eigenkapitalzufuhr an Unternehmen durch die öffentliche Hand auf dem Prüfstand des EG-Beihilfenrechts, ZIP 2000, S. 53 – 59.

Koenig, Christian — Funktionen des Bietverfahrens im EG-Beihilfenrecht, EuZW 2001, S. 741 – 747.

Koenig, Christian — Weichenstellungen im EG-Beihilfenrecht: „Market Economy Investor"-Test und Marktabgrenzung; in: ders. u.a. (Hrsg.): Aktuelle Fragen des EG-Beihilfenrechts, 2001, S. 9 – 28.

Koenig, Christian / Kühling, Jürgen — Diskriminierungsfreiheit, Transparenz und Wettbewerbsoffenheit des Ausschreibungsverfahrens – Konvergenz von EG-Beihilfenrecht und Vergaberecht, NVwZ 2003, S. 779 - 786.

Koenig, Christian / Kühling, Jürgen — Grundfragen des EG-Beihilfenrechts, NJW 2000, S. 1065 – 1074.

Koenig, Christian / Kühling, Jürgen — Reform des EG-Beihilfenrechts aus der Perspektive des mitgliedstaatlichen Systemwettbewerbs, EuZW 1999, S. 517 – 523.

Koenig, Christian / Kühling, Jürgen / Ritter, Nicolai — EG-Beihilfenrecht, 2002.

Koenig, Christian / Sander, Claude — Die verbrauchervermittelte Unternehmensvergünstigung auf dem

Prüfstand des EG-Beihilfenrechts, EuR 2000, S. 743 – 767.

Köhler, Helmut / Steindorff, Ernst — Öffentlicher Auftrag, Subvention und unlauterer Wettbewerb, NJW 1995, S. 1705 – 1710.

Koppensteiner, Hans-Georg — Das Subventionsverbot im Vertrag über die Europäische Gemeinschaft für Kohle und Stahl, 1965.

Koschyk, Mirko M. — Steuervergünstigungen als Beihilfen nach Artikel 92 EG-Vertrag: Grundsätze zur Beurteilung steuerlicher Beihilfen, 1999.

Kruse, Eberhard — Das Merkmal der Staatlichkeit der Beihilfe, ZHR 165 (2001), S. 576 – 592.

Kruse, Eberhard — Die Rechtsstellung Dritter im Beihilfekontroll-verfahren, EuR 1999, S. 119 – 125.

Kunzlik, Peter — Environmental Issues in International Procure-ment, in Arrowsmith, Sue / Davies, Arwel (Hrsg.): Public Procurement: Global Revolution, 1998, S. 199 – 217.

Lange, Klaus — Öffentliche Aufträge als Instrument nationaler Politik (insbesondere Forschungspolitik), in Meessen, Karl Matthias (Hrsg.): Öffentliche Aufträge und Forschungspolitik, 1979, S. 61 - 77.

Larenz, Karl / Wolf, Manfred — Allgemeiner Teil des Bürgerlichen Rechts, 8. Aufl. 1997.

Lee, Philip — Public Procurement, 1992.

Lefèvre, Dieter — Staatliche Ausfuhrförderung und das Verbot wettbewerbsverfälschender

Beihilfen im EWG-Vertrag, 1977.

Léger, Philippe — Commentaire article par article des traités UE et CE, 2000.

Lehning, Heinrich — Das Verbot der Diskriminierung von Lieferanten im deutschen und europäischen Recht, WuW 1966, S. 3 – 29.

Lenz, Carl Otto (Hrsg.) — EG-Vertrag. Kommentar zu dem Vertrag zur Gründung der Europäischen Gemeinschaften, 2. Aufl. 1999 (zit. Lenz-Bearbeiter).

Lübbig, Thomas — Anmerkung zu EuG, Rs. T-14/96 (BAI), EuZW 1999, S. 671 – 672.

Lübbig, Thomas — Neue Entwicklungen im Beihilfenrecht der Euro-päischen Gemeinschaften, WuW 1999, S. 249 - 256.

Maag, Andreas — Das Verbot wettbewerbsverfälschender Beihilfen im EWG-Vertrag und im Freihandelsabkommen zwischen der Schweiz und der Europäischen Wirtschaftsgemeinschaft, 1979.

Martin-Ehlers — Die Unzulässigkeit vergabefremder Kriterien, WuW 1999, S. 685 – 694.

Marx, Fridhelm — Vergabefremde Aspekte im Lichte des europäischen und des deutschen Rechts, in Schwarze, Jürgen (Hrsg.): Die Vergabe öffentlicher Aufträge im Lichte des europäischen Wirtschaftsrechts, 2000.

Marx, Fridhelm / Jasper, Ute — Einführung, in: dtv-Textausgabe Vergaberecht, 2000.

Maurer, Hartmut — Allgemeines Verwaltungsrecht. 13. Aufl.

	2000.
McCrudden, Christopher	Social Policy Issues in Public Procurement: A Legal Overview, in Arrowsmith, Sue / Davies, Arwel (Hrsg.): Public Procurement: Global Revolution, 1998, S. 219 – 235.
Modlich, Joachim Johannes	Nationale Infrastrukturmaßnahmen und Artikel 92 Abs. 1 EGV: zur Vereinbarkeit nationaler Infrastrukturmaßnahmen mit dem Beihilfeverbot des Artikel 92 Abs. 1 EGV, 1996.
Monti, Mario	How state aid affects tax competition, EC Tax Review 1999, S. 208 – 210.
Motzke, Gerd / Pietzcker, Jost / Prieß, Hans-Joachim (Hrsg.)	Beck'scher VOB-Kommentar. Verdingungs-ordnung für Bauleistungen Teil A, 2001.
Müller-Graff, Peter-Christian	Die Erscheinungsformen der Leistungssubven-tionstatbestände aus wirtschaftsrechtlicher Sicht, ZHR 152 (1988), S. 403 – 438.
Münchener Kommentar zum Bürgerlichen Gesetzbuch, hrsg. v. Säcker, Franz Jürgen	Band 1, Allgemeiner Teil (§§ 1 – 240), AGB-Gesetz, 3. Auflage 1993.
Notaro, Nicola	The New Generation Case Law on Trade and Environment, E.L.Rev. 25 (2000), S. 467 – 491.
Oliver, Peter	Free Movement of Goods in the European Community under Articles 30 to 36 of the Rome Treaty, 3. Auflage 1996.
Oppermann, Thomas	Deutsche Rundfunkgebühren und

	europäisches Beihilferecht, 1997.
Oppermann, Thomas	Europarecht. Ein Studienbuch, 2. Auflage 1999.
Ose, Ludwig	Beihilfen und Maßnahmen gleicher Wirkung wie mengenmäßige Beschränkungen im Recht der EWG, 1976.
Palandt, Otto (Begr.)	Bürgerliches Gesetzbuch, 61. Auflage 2002.
Papier, Hans-Jürgen	Rechtsformen der Subventionierung und deren Bedeutung für die Rückabwicklung , ZHR 152 (1988), S. 493 – 508.
Pechstein, Matthias	Das Flächenerwerbsprogramm verstößt gegen das EG-Beihilferecht, NJW 1999, S. 1429 – 1432.
Pechstein, Matthias	Nichtigkeit beihilfegewährender Verträge nach Art. 93 III 3 EGV, EuZW 1998, S. 495 – 498
Pietzcker, Jost	Der Staatsauftrag als Instrument des Verwaltungshandelns: Recht und Praxis der Beschaffungsverträge in den Vereinigten Staaten von Amerika und der Bundesrepublik Deutschland, 1978.
Pietzcker, Jost	Die neue Gestalt des Vergaberechts, ZHR 162 (1998), S. 427 – 473.
Pietzcker, Jost	Rechtsbindungen bei der Vergabe öffentlicher Aufträge, AöR 107 (1982), S. 61 - 100
Prieß, Hans-Joachim	Das Vergaberecht in den Jahren 1999 und 2000, EuZW 2001, S. 365 – 375.

Prieß, Hans-Joachim — Rechtsschutz und Ersatzansprüche nicht berücksichtigter Bieter, in Ipsen, Jörn (Hrsg.): Öffentliches Auftragswesen im Umbruch: 7. Bad Iburger Gespräche, S. 81 – 99 (inkl. Diskussion).

Prieß, Hans-Joachim / Pitschas, Christian — Die Vereinbarkeit vergabefremder Zwecke mit dem deutschen und europäischen Vergaberecht – dargestellt am Beispiel der Scientology Erklärung, ZVgR 1999, S. 144 – 152.

Quigley, Conor — The Notion of a State Aid in the EEC, E.L.Rev. 13 (1988), S. 242 – 256.

Reich, Arie — International Public Procurement Law: The Evolution of International Regimes on Public Purchasing, 1999.

Rengeling, Hans-Werner — Das Beihilfenrecht der Europäischen Gemeinschaften, in Börner, Bodo / Neundörfer, Konrad (Hrsg.): Recht und Praxis der Beihilfen im Gemeinsamen Markt, 1984, S. 23 -54.

Ress, Georg — EG-Beihilfenaufsicht und nationales Privatrecht, EuZW 1992, S. 161.

Reufels, Martin J. — Europäische Subventionskontrolle durch Private. Partizipation der Unternehmen an der EG-Wett-bewerbsaufsicht über staatliche Beihilfen, 1997.

Rintelen, Gregor v. — Nichtigkeit des Zuschlags. Vergabefremde Regelungen und Beihilferecht, Behördenspiegel August 2002, S. 20 – 21.

Riese, Christoph — Vergaberecht: Grundlagen – Verfahren – Rechtsschutz, 1998.

Rittner, Fritz	Die „sozialen Belange“ i.S. der EG-Kommission und das inländische Vergaberecht, EuZW 1999, S. 677 – 680.
Rittner, Fritz	Öffentliches Auftragswesen und marktwirtschaft-liche Ordnung, in Andreae, Clemens-August u.a. (Hrsg.): Wettbewerb als Herausforderung und Chance. Festschrift für Werner Benisch, 1989, S. 99 – 113.
Rittner, Fritz	Unternehmerfreiheit und Unternehmensrecht zwischen Kapitalismus, Sozialismus und Laborismus, 1998 (hrsg. von Dreher, Meinrad / Schmidt-Leithoff, Chrisitian).
Rittner, Fritz	Wirtschaftsrecht: Ein Lehrbuch, 2. Aufl. 1987.
Rodger, Barry J.	State Aid – A Fully Level Playing Field, E.C.L.R. 1999, S. 251 – 255.
Ross, Malcolm	A review of developments in state aids 1987-88, C.M.L.Rev. 26 (1989), S. 167 – 192.
Ross, Malcolm	State Aids and National Courts: Definitions and other problems – A case of premature emanci-pation?, C.M.L.Rev. 37 (2000), S. 401 – 433.
Roth, Wulf-Henning	Kreditsicherung und Beihilfenrecht, in Koenig, Christian u.a. (Hrsg.): Aktuelle Fragen des EG-Beihilfenrechts, 2001, S. 133 – 162.
Rust, Ursula	GWB-Vergaberecht und soziale Standards, EuZW 1999, S. 453 – 457.

Schenk, Michael — Das neue Vergaberecht. Auslegung und Anwen-dung am Maßstab des Gemeinschaftsrechts, 2001.

Schernthanner, Martina — Das materielle Beihilfeaufsichtsrecht nach dem EWG-Vertrag, 1993.

Scheuing, Dieter Helmut — Les aides financières publiques aux entreprises privées en droit francais et européen, 1974

Schina, Despina — State Aids under the EEC Treaty. Articles 92 to 94, 1987.

Schmitz, Elke — Das Recht der öffentlichen Aufträge im Gemeinsamen Markt, 1972.

Schneider, Jens-Peter — Vertragliche Subventionsverhältnisse im Span-nungsfeld zwischen europäischem Beihilferecht und nationalem Verwaltungsrecht, NJW 1992, S. 1197 - 1202.

Schön, Wolfgang — Steuerliche Beihilfen; in Koenig, Christian u.a. (Hrsg.): Aktuelle Fragen des EG-Beihilfenrechts, 2001, S. 106 - 132.

Schramme, Alexandre — Rapport entre les mesures d'effet équivalent à des restrictions quantitatives (art. 30 et. s. C.E.E.) et les aides nationales (art. 92 et. s. C.E.E.), RTDE 21 (1985), S. 487 - 510.

Schroeder, Werner — Vernünftige Investition oder Beihilfe: Gemein-schaftsrechtliche Optionen zur Finanzierung öffentlicher Unternehmen, ZHR 161 (1997), S. 805 - 845.

Schubert, Jörg — Privatisierungen und öffentliches Vergaberecht, WuW 2001, S. 254 - 261.

Schütte, Michael / Hix, Jan-Peter	The Application of the EC State Aid Rules to Privatizations: The East German Example, C.M.L.Rev. 32 (1995), S. 215 - 248.
Schütterle, Peter	Die Beihilfenkontrollpraxis der Europäischen Kommission im Spannungsfeld zwischen Recht und Politik, EuZW 1995, S. 391 - 396.
Schütterle, Peter	EG-Beihilfekontrolle und kommunale Grundstücksverkäufe, EuZW 1993, S. 625 - 628.
Schwarze, Jürgen	Die Vergabe öffentlicher Aufträge im Lichte des europäischen Wirtschaftsrechts, EuZW 2000, S. 133 - 144.
Schwarze, Jürgen	Diskriminierung bei der Vergabe öffentlicher Aufträge aus der Sicht des Gemeinschaftsrechts, in Meessen, Karl Matthias (Hrsg.): Öffentliche Auf-träge und Forschungspolitik, 1979, S. 79 - 100.
Schwarze, Jürgen (Hrsg.)	EU-Kommentar, 2000.
Seidel, Ingelore	Zur Implementierung von Sekundärzielen im europäischen Vergaberecht: De lege ferenda: Soft-law-Kodex mit Punkteskala für Frauenquote und Raps-Schmieröl, ZVgR 2000, S. 195 - 200.
Seifert, Achim	Rechtliche Probleme von Tariftreueerklärungen, ZfA 2001, S. 1 - 30.
Sinnaeve, Adina	Die ersten Gruppenfreistellungen: Dezentralisierung der Beihilfenkontrolle?, EuZW 2001, S. 69 - 77.

1. Einführung

1.1. Problemaufriss und Fragestellung der Arbeit

Nach den EG-Richtlinien zur Koordinierung des Vergaberechts sind öffentliche Aufträge in den Mitgliedstaaten der Gemeinschaft in einem diskriminierungsfreien und transparenten Wettbewerb zu vergeben.[1] Diese Regeln dienen vor allem der Marktöffnung und halten den Fiskus zugleich, ohne dass sich die Ziele völlig voneinander trennen ließen, zu einer kostengünstigen Beschaffung und damit zu einer effizienten Verwendung seiner Mittel an. In der deutschen Rechtsordnung kommen die hergebrachten haushaltsrechtlichen Grundsätze der Wirtschaftlichkeit und der Sparsamkeit ergänzend hinzu.[2] Allerdings wird das Einkaufsverhalten öffentlicher Auftraggeber dem gestellten Anspruch häufig nicht gerecht. Grenzüberschreitende Aufträge sind entgegen dem Ziel eines Vergabebinnenmarktes[3] nach wie vor selten.[4] Zahlreiche politische Absichten stehen im Konflikt mit dem Ziel preiswerter Beschaffung.[5]

---

1 Vgl. 10. Erwägungsgrund BKR, 20. Erwägungsgrund DKR, 14. Erwägungsgrund LKR, 11. und 12. Erwägungsgrund SKR; für die Fundstellen s. im *Abkürzungsverzeichnis*.

2 Vgl. § 6 Abs. 1 HGrG und § 7 Abs. 1 S. 1 BHO.

3 Siehe dazu Kommission, Weißbuch „Die Vollendung des Binnenmarktes" v. 14.6.1985, KOM(85) 310 endg., S. 23 ff., 81 ff.

4 Die öffentliche Hand beschafft ihre Leistungen nach wie vor in deutlich geringerem Umfang als Privatunternehmen im Ausland; vgl. Grünbuch der Kommission, KOM (1996), 583 endg., S. 4 f., Tz. 2.5 ff.; *Cecchini*, S. 37; *Reich*, S. 5 f.; *Commission*, European Economy No. 4 (1996), S. 24: 1994 lag der Anteil der grenzüberschreitenden Vergaben bei 3 %, Importeure und Niederlassungen ausländischer Unternehmen deckten weitere 7 % des Auftragsvolumens in den Mitgliedstaaten ab. Nach *Stehmann* (in Grabitz/Hilf, E 28, Rn. 6) machen Importe ungefähr 20 % des Gesamtmarktes aus, doch der Anteil liegt bei öffentlichen Aufträgen z.B. in Frankreich und Deutschland bei nur 2-4 %. Sehr verbreitet ist auch die bevorzugte Vergabe an lokale Bieter. So ließ die Stadt Mainz (nach ZVgR 5/1998, S. V) etwa 48 % ihres Auftragsvolumens ortsansässigen Unternehmen zukommen Der *Cecchini*-Bericht sah 1988 für den Fall einer Verwirklichung des Binnenmarktes ein Einsparpotenzial in Höhe von 21,5 Milliarden ECU, vgl. *Cecchini*, S. 39.

5 Angesichts des (am 12.7.2002 im Bundesrat gescheiterten) Tariftreuegesetzes des Bundes wurden eine Verteuerung öffentlicher Aufträge um mindestens 5 % und Zusatzbelastungen für die Kommunen in Höhe von 2,5 Milliarden € erwartet; vgl. FAZ v. 20.4.2002, S. 13. Zum Zusammenhang von protektionistischem Vergabeverhalten und Beschaffungskosten vgl. bereits *Commission*, The „Cost of Non-Europe in Public-Sector Procurement" (1988), vor allem S. 12 f., 45, 53 f.

Wenn öffentliche Auftraggeber für die von ihnen in Anspruch genommenen Leistungen mehr bezahlen als erforderlich, könnte es sich um eine (versteckte) Subventionierung des Auftragnehmers handeln.[6] Dann wäre für das öffentliche Auftragswesen mit seinem gewaltigen volkswirtschaftlichen Volumen[7] der Anwendungsbereich des EG-Beihilferechts[8] eröffnet. Diese Problematik ist Gegenstand dieser Arbeit, die Antworten auf die folgenden Fragen geben soll:

- Unter welchen Voraussetzungen enthalten öffentliche Aufträge Elemente staatlicher Beihilfen im Sinne des Art. 87 Abs. 1 EG[9]?

- Inwiefern sind solche Beihilfen mit dem Gemeinsamen Markt und dem übrigen Gemeinschaftsrecht vereinbar?

- Welche Auswirkungen hat eine Qualifikation als Beihilfe auf öffentliche Aufträge?

Besonderes Gewicht kommt der Untersuchung zusätzlicher, meist als beschaffungs- oder vergabefremde Kriterien[10] bezeichneter Vergabebedingungen zu.

---

[6] Die enge Beziehung von Subvention und öffentlichem Auftrag haben bereits *Zuleeg* (NJW 62, 2231 (2233): „subvention cachée"), *Kirchhof*, S. 326 („vertragsvermittelte Subventionierung"); *Pietzcker* (Staatsauftrag, S. 326) und *Lange* (in Meessen, S. 61 (70 f.)) hervorgehoben. Die Unterschiede hat *Lehning* (WuW 1966, 3 (19)) betont.

[7] Öffentliche Aufträge in der EG belaufen sich auf über 1 Billion €; das sind etwa 14 % des BIP der Gemeinschaft; vgl. Mitteilung der Kommission, KOM(2001) 274 endg. v. 4.7.2001, S. 6.

[8] Das nationale Subventionsrecht wird vom deutlich stärker ausgeprägten europäischen Beihilfekontrollrecht weitgehend überlagert; vgl. *Rittner*, Wirtschaftsrecht, § 24, Rn. 14; *Müller-Graff*, ZHR 152 (1988), 403 (407). Im GATT-Übereinkommen über Subventionen und Ausgleichsmaßnahmen vom 15.4.1994 (Anhang 1A (13) des Übereinkommens zur Errichtung der Welthandelsorganisation) ist die Möglichkeit der Gewährung von Subventionen durch staatliche Beschaffungen erkannt worden; vgl. Art. 1: „Im Sinne dieses Übereinkommens liegt eine Subvention vor, wenn eine Regierung oder öffentliche Körperschaft im Gebiet eines Mitglieds [...] eine finanzielle Beihilfe leistet, d.h. wenn [...] eine Regierung Waren oder Dienstleistungen, die nicht zur allgemeinen Infrastruktur gehören, zur Verfügung stellt oder Waren aufkauft [...] und dadurch ein Vorteil gewährt wird." Auch Art. III:8b GATT spricht von „Subventionen in Form des staatlichen Ankaufs inländischer Waren."

[9] Die Zitierweise für die Unions- und Gemeinschaftsverträge folgt dem einheitlichen Vorgehen von EuGH und EuG, vgl. Pressemitteilung Nr. 57/99 vom 30.7.1999, abgedruckt in EWS 1999, 342 f.

[10] Zu diesem nicht unproblematischen Begriff siehe sogleich unter 1.3.

Sie bezwecken vor allem regional-, umwelt-, sozial- oder arbeitsmarktpolitische Steuerungswirkungen, stehen daher im Konflikt zur Wirtschaftlichkeit der Beschaffung und erhöhen möglicherweise den Preis der in Anspruch genommenen Leistung.[11] Im deutschen Recht ist die Berücksichtigung beschaffungsfremder Zwecke gemäß § 97 Abs. 4 Hs. 2 GWB nicht per se verboten.[12] Damit ist aber weder etwas über die Vereinbarkeit des § 97 Abs. 4 Hs. 2 GWB mit höherrangigem Recht noch über die Rechtmäßigkeit vergabefremder Kriterien nach anderen Bestimmungen des einfachen Rechts, des Grundgesetzes und des Europäischen Gemeinschaftsrechts gesagt.

Bei der vom EuGH verlangten Überprüfung zusätzlicher Vergabebedingungen an sämtlichen Vorschriften des Gemeinschaftsrechts[13] haben die Beihilfevorschriften des EG-Vertrages bislang wenig praktische Bedeutung erlangt.[14] In der Literatur war die Problematik der beihilferechtlichen Behandlung öffentlicher Auftragsvergaben lange Zeit nur oberflächlich und ausschnittsweise[15] behandelt

---

11 Vgl. die Antwort der Bundesregierung auf eine parlamentarische Anfrage zum VgRÄG: „Die Aussage, daß die Mitberücksichtigung anderer gesellschaftspolitischer Ziele den Einkauf prinzipiell verteuert, ist unmittelbar einsichtig"; BTDrucks. 13/10726 v. 15.5.1998, S. 23.

12 Zur Anforderungen und Reichweite des § 97 Abs. 4 Hs. 2 GWB eingehend *Heintzen*, ZHR 165 (2001), 62 (63 ff.).

13 EuGH, Rs. 31/87 (*Beentjes*), Slg. 1988, 4635 (4659), Rn. 29.

14 Vgl. aber EuGH, Rs. C-21/88 (*Du Pont de Nemours*), Slg. 1990, 889; EuG, Rs. T 14/96 (*Bretagne Angleterre Irlande (BAI)*), Slg. 1999 II, 139 ff.; EuG, Urt. v. 5.8.2003, Verb. Rs. T-116/01 und T-118/01 (*P&O European Ferries*), Rn. 112 ff.; Mitteilung der Kommission, ABl. 1998, C 201/8 (11) (*Kiener Deponie Bachmanning*); KG, WuW/E Verg 111 (118) (*Tariftreueerklärung*).

15 Die meisten Beiträge beschränken sich auf die Anwendung des beihilferechtlichen Begünstigungsbegriffs. Außerdem gibt es in Folge der *Du Pont de Nemours*-Rechtsprechung des EuGH gelegentliche Äußerungen zum Konkurrenzverhältnis des Beihilferechts zu den Grundfreiheiten mit Blick auf Vergabepräferenzen.

worden.[16] Besonders in Deutschland sind - vor dem Hintergrund der mit der 6. GWB-Novelle nach wie vor nicht geklärten Rechtmäßigkeit vergabefremder Kriterien - in jüngerer Zeit einige umfassendere Beiträge zu diesem Thema erschienen.[17]

1.2. Gang der Untersuchung

Der Aufbau dieser Arbeit ergibt sich im Wesentlichen aus der Systematik der Art. 87 und 88 EG. Der Verbotstatbestand des Art. 87 Abs. 1 EG erfasst sowohl Begriffsmerkmale der Beihilfe als auch Voraussetzungen ihrer Unvereinbarkeit

---

16 Die Annahme einer Beihilfe bei öffentlichen Auftragsvergaben im Fall der Bevorzugung bestimmter Bieter (teilweise ausdrücklich unter der Voraussetzung marktunüblicher Konditionen) grundsätzlich *bejahend*: *Koenig/Kühling/Ritter*, S. 69; *v. Wallenberg*, in Grabitz/Hilf, Art. 92 EGV, Rn. 7; *Mederer*, in Groeben/Thiesing/Ehlermann, Art. 92 EGV, Rn. 6; *Kling*, S. 34 f.; *Kayser*, S. 80 ff.; *Wittig*, S. 30 und 56 f.; *Gormley*, S. 814; *Winter*, C.M.L.Rev. 28 (1991), 741 (779), Fn. 77; *Müller-Graff*, ZHR 152 (1988), 403 (419); *Bovis*, Competition, Public Procurement and State Aids, S. 1; *Feltkamp*, EC Competition Policy Newspaper 2003/1, S. 29 (ebda.); *Stehmann*, in Grabitz/Hilf, E 28, Rn. 39; *Evans*, S. 37; *Boesen*, Einl., Rn. 29 und § 97, Rn. 130; *Pietzcker*, ZHR 162 (1988), 427 (467); *ders.*, AöR 107 (1982), 61 (66).; *ders.*, Staatsauftrag, S. 331 ff.; *Seifert*, ZfA 2001, 1 (25); *Frenz*, WuW 2002, 352 (360); *Lübbig*, WuW 1999, 249 (253), Fn. 35; *Knipper*, WuW 1999, 677 (684); *Scheuing*, S. 288 f.; wohl auch *Rittner*, EuZW 1999, 677 (679); *ders.*, Rechtsgrundlage, Rn. 131; *Schwarze*, EuZW 2000, 134 (135 und 144); *ders.*, in Meessen, S. 79 (88 f.); *Ziekow*, NZBau 2001, 72 (78); *Schubert*, WuW 2001, 254 (260 f.); *Riese*, S. 225; *Drey*, VgR 3/1998, 18 (ebda.); *Schmitz*, S. 78, 83, 90, 138 f.; *Prieß*, in J. Ipsen, S. 93; *Elverfeld*, S. 57 ff.; (in Bezug auf Art. 4 EGKS) *Koppensteiner*, S. 98 und 101 f.; *Koschyk*, S. 59 f.; *Triantafyllou*, DÖV 1999, 51 (52 f.); *Faber*, S. 109 f.; *Lefèvre*, S. 115. *Ablehnend*: *V. Götz*, S. 22; *Maag*, S. 139; wohl auch *Hailbronner*, in Byok/Jaeger; § 97, Rn. 184. Vgl. ferner *Chérot*, S. 50; *Reich*, S. 14 und 16 f.; *Zuleeg*, NJW 1962, 2231 (2233).

17 Hervorzuheben ist die ausführliche Untersuchung von *Dreher/Haas/v. Rintelen*, Vergabefremde Regelungen und Beihilferecht, 2002; s. ferner *Bartosch*, WuW 2001, 673 (682 ff.); weitgehend gleichlautend *ders.*, C.M.L.Rev. 39 (2002), 551 (572 ff.); *ders.*, EuZW 2001, 229 (230 ff.); *ders.*, FAZ vom 17.10.2001, S. 29; *Dippel/Zeiss*, NZBau 2002, 376 ff.; *Benedict*, S. 244 ff.; *v. Rintelen*, Behördenspiegel August 2002, S. 20 f.; *Martin-Ehlers*, WuW 1999, 685 (687 ff.). *Lübbig*, EuZW 1999, 671 f.; *Arrowsmith*, L.Q.Rev. 111 (1995), 235 (256 ff.); *Fernández Martín*, S. 69 ff.; *ders./Stehmann*, E.L.Rev. 16 (1991), 216 ff.

mit dem Gemeinsamen Markt[18], die wiederum aufgrund der Legalausnahmen des Art. 87 Abs. 2 EG und der Einzelfreistellungsmöglichkeiten nach Art. 87 Abs. 3 EG gerechtfertigt sein können. Art. 88 EG sowie die Beihilfeverfahrensordnung sehen Rechtsfolgen für Verstöße gegen das Beihilfeverbot vor. Mit dieser Reihenfolge ist auch der Verlauf der Untersuchung vorgegeben.

Ein Schwerpunkt der Arbeit liegt in der Bestimmung möglicher Begünstigungselemente öffentlicher Aufträge. Mangels einer ausgeformten Praxis der Europäischen Kommission und des Gerichtshofs sind dafür Regeln zu entwickeln, die der Vergabe öffentlicher Aufträge nach dem Verfahren des GWB und der Verdingungsordnungen sowie - vor allem - verschiedenen Formen und Inhalten vergabefremder Kriterien gerecht werden. Bei der Untersuchung von Beihilfeelementen öffentlicher Aufträge auf ihre Vereinbarkeit mit dem Gemeinsamen Markt wird auch zu erörtern sein, welcher Stellenwert den Beihilfevorschriften im Bereich des öffentlichen Auftragswesens neben anderen gemeinschaftsrechtlichen Bestimmungen, vor allem den Grundfreiheiten, zukommt. Nach Ausführungen über die verfahrensrechtliche Behandlung beihilferechtsrelevanter Beschaffungsvorgänge und die Rechtsschutzmöglichkeiten unterlegener Konkurrenten wird der Rückabwicklung von Beihilfen, die im Rahmen öffentlicher Aufträge gewährt werden, und den Auswirkungen auf die vertraglichen Beziehungen von Auftraggeber und Auftragnehmer nachgegangen.

Grundlage der Untersuchung sind Vorschriften des deutschen Vergaberechts. Wegen der fortgeschrittenen Harmonisierung des öffentlichen Auftragswesens in der EG sind die Ergebnisse auf die Rechtslage in anderen Mitgliedstaaten weitgehend übertragbar. Das gilt prinzipiell auch für die zur Beurteilung der Beihilfequalität vergabefremder Kriterien entwickelten Maßstäbe, die exemplarisch auf entsprechende deutsche Regelungen angewandt werden. Die etwaige Rückabwicklung von Beihilfeelementen öffentlicher Aufträge wird allein im Hinblick auf die Bestimmungen des deutschen Rechts untersucht. Nicht Ge-

---

[18] Die Vorschrift ist gesetzestechnisch nicht sonderlich geglückt: Sie setzt den Begriff der Beihilfe voraus. Deshalb sind die einzelnen Begriffsmerkmale (Begünstigung, staatliche (Mittel-)Herkunft, Spezifität) nicht als solche erkennbar und der Unterschied zu den Merkmalen der Unvereinbarkeit mit dem Gemeinsamen Markt (Wettbewerbsverfälschung und Handelsbeeinträchtigung) wird nicht deutlich. Vgl. auch die Bekanntmachung der Kommission über die Zusammenarbeit zwischen der Kommission und den Gerichten der Mitgliedstaaten im Bereich der staatlichen Beihilfen (ABl. 1995, C 312/8 (9), Tz. 7). Darin beschränkt die Kommission die Begriffsmerkmale der staatlichen Beihilfe auf die Begünstigung, die staatliche Zurechenbarkeit und das Bestimmtheitskriterium.

genstand der Arbeit ist die anders gelagerte Frage, wie die Subventionierung eines Teilnehmers im Vorfeld eines Vergabeverfahrens rechtlich zu würdigen ist.[19]

1.3. Begriffsbestimmungen

Vergabefremde Kriterien sind solche Anforderungen an die Teilnehmer eines Vergabeverfahrens, die nicht unmittelbar der wirtschaftlichen Beschaffung einer von der öffentlichen Hand benötigten Leistung[20] dienen.[21] Dagegen ist die Bedarfsdeckung zu wirtschaftlich günstigen Konditionen, die sich aus einer Reihe von Faktoren wie der Qualität und dem Preis der Leistung ergeben, der primäre Zweck der Auftragsvergabe.[22] Mit beschaffungsfremden Kriterien verfolgen öffentliche Auftraggeber also sekundäre Ziele. Deshalb werden die Bezeichnungen vergabe- bzw. beschaffungsfremde Kriterien und *Sekundärkriterien*[23] im Folgenden als Synonyma verwandt.

Der in dieser Arbeit zugrunde gelegte Begriff vergabefremder Kriterien ist funktional übergreifend und weit gefasst[24], ohne dass damit eine inhaltliche

---

19 Vgl. dazu EuGH, Rs. C-94/99 (*ARGE Gewässerschutz*), Slg. 2000 I, 11037 (11076), Rn. 24 ff.; ferner *Bartosch*, WuW 2001, 673 (679 ff.); *Köhler/Steindorff*, NJW 1995, 1705 ff.; *Dreher/Haas/v. Rintelen*, S. 3, Fn. 11; *Prieß*, in Motzke/Pietzcker/Prieß, § 2 VOB/A, Rn. 71.

20 Der Begriff *Leistung* umfasst im hier verwendeten Sinn sämtliche Beschaffungsgegenstände.

21 Vgl. auch die Definitionen bei *Dreher*, in Immenga/Mestmäcker, § 97, Rn. 121; *Marx*, in Jestaedt/Kemper, S. 14.

22 Vgl. OLG Naumburg, WuW/E Verg 429 (431).

23 Soweit ersichtlich hat *Benedict* (S. 17 ff.) diese Bezeichnung eingeführt.

24 Und vermeidet so Abgrenzungsschwierigkeiten, die sich bei einem engen Begriffsverständnis z.B. für die Qualifikation der Mittelstandsförderung durch öffentliche Aufträge ergeben; vgl. *Bechthold*, § 97, Rn. 14. Für eine beihilferechtliche Untersuchung, die grundsätzlich alle Erscheinungsformen öffentlicher Auftragsvergaben erfasst, ist eine exakte begriffliche Differenzierung ohnehin nicht von inhaltlichem Interesse.

Wertung beabsichtigt ist.[25] Er umfasst einerseits *beschaffungsfremde Kriterien im engeren Sinne*, die über das allgemeine geltende Recht hinausgehen und die Förderung bestimmter politischer Ziele bezwecken. Dazu zählen so genannte Tariftreueerklärungen, Präferenzen für frauenfördernde Unternehmen, die Bevorzugung regional ansässiger, mittelständischer, in besonderem Maß ausbildender oder umweltschützender Betriebe, aber auch die gesetzlich verankerte Bevorzugung von Unternehmen, die vermehrt Behinderte, Spätaussiedler oder Opfer der nationalsozialistischen Verfolgung beschäftigen und schließlich die Berücksichtigung industrie- und konjunkturpolitischer Ziele bei der Vergabe öffentlicher Aufträge.[26] Entsprechende Vorschriften werden hier zusammenfassend als *Präferenzregelungen*[27] bezeichnet.

Andererseits *können* Sekundärkriterien auch in solchen Bestimmungen enthalten sein, welche die Beachtung ohnehin bestehender gesetzlicher Vorschriften sicherstellen sollen. Diese *Rechtstreueanforderungen* ahnden beispielsweise das Verhalten von Unternehmen, deren Steuer- und Abgabenmoral zu wünschen übrig lässt, die gegen Vorschriften des Schwarzarbeitergesetzes verstoßen oder durch Korruption auf sich aufmerksam gemacht haben. Rechtstreueanforderungen sind allerdings Primärkriterien, wenn die jeweilige Pflichtverletzung Zweifel an der Zulässigkeit des Teilnehmers begründet. Dann besteht der erforderliche Zusammenhang zum Beschaffungsgegenstand. Die Grenze ist im Einzelfall schwierig zu bestimmen.[28]

---

25 Teilweise wird die Bezeichnung „vergabefremde Kriterien" als pejorativ empfunden, vgl. insbesondere *Benedict*, S. 22 f. Aber „das Wort ‚beschaffungsfremd' soll kein rechtliches Verdikt ausdrücken, sondern eine sachliche Eigenart kennzeichnen" (*Pietzcker*, AöR 107 (1982), 61 (87)). Deswegen trifft es auch nicht zu, dass dem Begriff ein spezifisch deutsches ordnungspolitisches Verständnis zugrunde liege (so aber *Benedict*, S. 23). Entgegen *Rust* (EuZW 1999, 453 (454)) bleiben vergabefremde Kriterien auch dann vergabefremde Kriterien, wenn sie aufgrund von Art. 97 Abs. 4 Hs. 2 GWB möglicherweise zulässig sind. Denn ihr Verhältnis zum primären Beschaffungszweck bleibt von ihrer rechtlichen Beurteilung unberührt; „vergabefremdes Kriterium" ist kein Rechtsbegriff. Auch der BGH hat die – im Übrigen seit langer Zeit gebräuchliche - Bezeichnung „vergabefremde Kriterien" aufgenommen (WuW/E Verg, 297 (308)). Auf EG-Ebene konnte sich bislang kein einheitlicher Terminus durchsetzen.

26 Zu den einzelnen Inhalten vergabefremder Kriterien mit zahlreichen Nachweisen siehe unter 2.2.3.3.

27 Im Folgenden auch *Bevorzugungsregelungen*, *Präferenzbestimmungen*, *Präferenzsysteme* u.ä., oder einfach *Präferenzen*. Inhaltlich gleichbedeutend sind entsprechende französische (*régimes préférentielles*, *réservations*, *préférences*) und englische (*preference schemes*) Termini.

28 Vgl. *Pietzcker*, AöR 107 (1982), 61 (92 f.).

Um etwaige beihilferelevante Begünstigungen festzustellen, kommt es auf die jeweiligen *Wirkungsweisen* von Vergabebestimmungen an. Dafür bietet sich eine Systematisierung nach verschiedenen Stufen des Beschaffungsvorgangs an. Sekundärkriterien bestimmen meist, *wer* bevorzugt zu berücksichtigen ist und betreffen so regelmäßig die Ebene der Teilnehmerauswahl oder, seltener, des Zuschlags. Sie können aber auch als Vertragsbedingungen eine Aussage über das „*Wie*" der Ausführung des Auftrags treffen. Andere Vergaberegelungen berühren bereits die vorgelagerte Fragen, *ob* eine[29], *wann* eine[30] und *welche*[31] Leistung überhaupt zu beschaffen ist.[32] Auf der Grundlage des jeweiligen Ansatzpunktes einer Bestimmung sind ihre *Auswirkungen* in Form möglicher beihilferelevanter Begünstigungen zu untersuchen. Vorwiegend auf der Rechtfertigungsebene (Art. 87 Abs. 2 und 3 EG) kommt es auf die *Inhalte* der Regelungen an.

---

29 So Vorschriften, die per Auftragsvergabe industrielle und/oder Forschungsprojekte fördern wollen.

30 So Vorschriften, die öffentliche Auftraggeber zur Steuerung ihres Bedarfs im Sinne einer antizyklischen Konjunkturpolitik anhalten.

31 Dabei geht es um die in der *Leistungsbeschreibung* genannten Anforderungen an den Leistungs*gegenstand*. Damit können die Auftraggeber in vergaberechtlich prinzipiell zulässiger Weise (Grenze ist der fiskalische Sparsamkeitsgrundsatz, § 6 HGrG, § 7 BHO) über das Ziel der ökonomischen Beschaffung hinausgehende Kriterien verfolgen. Bei Leistungsbeschreibungen handelt es sich, da sie das primäre Beschaffungsziel definieren, nicht um vergabefremde Kriterien.

32 Grundsätzlich können sekundäre Ziele auf allen Ebenen ansetzen; vgl. die zahlreichen Beispiele zur Bevorzugung einheimischer Unternehmen bei *Reich*, S. 6 ff. und zu sozialpolitischen Zielen bei *McCrudden*, in Arrowsmith/Davies, S. 219 (221).

1.4. Zur Zulässigkeit vergabefremder Kriterien nach sonstigem Recht

Die Zulässigkeit vergabefremder Kriterien (im engeren Sinne) gehört zu den umstrittensten Fragen des Vergaberechts überhaupt.[33] § 97 Abs. 4 Hs. 2 GWB[34] hat in Deutschland insofern für Klarheit gesorgt, als „andere oder weitergehende Anforderungen“ im Rahmen der Bieterauswahl nun einer formell-gesetzlichen Grundlage auf Bundes- oder Landesebene bedürfen.[35] Je nach Inhalt des verfolgten Zwecks begegnen beschaffungsfremde Kriterien kompetenzrechtlichen, grundrechtlichen, tarifrechtlichen, kartellrechtlichen und europarechtlichen Bedenken.[36]

Die gemeinschaftlichen *Koordinierungsrichtlinien*[37] treffen zu vergabefremden Kriterien keine ausdrückliche Aussage.[38] Darauf gründet die Debatte über den

---

33 Vgl. dazu nur, jeweils m.w.N., *Dreher*, in Immenga/Mestmäcker, § 97, Rn. 124 ff.; *Rittner*, EuZW 1999, 677 ff. Viele Unstimmigkeiten gibt es auch bei der Bewertung der rechts- und ordnungspolitischen Wünschbarkeit vergabefremder Kriterien. Eine ausführliche Darstellung teleologischer Bedenken gegen vergabefremde Kriterien findet sich bei *Kling*, S. 198 ff.; s. auch *Reich*, S. 48 ff.; aus ökonomischer Sicht *Deltas/Evenett*, in Hoekman/Mavroidis, S. 73 ff.; ferner *Stehmann*, in Grabitz/Hilf, E 28, Rn. 6 ff. zu den politischen und ökonomischen Rahmenbedingungen der Liberalisierung des Vergabebinnenmarktes. Interessant sind auch die Ausführungen zur „Vereinbarkeit“ protektionistischer Vergabepraktiken mit dem Alten Testament, dem Talmud, der Kantischen Philosophie sowie den Lehren von Utilitarismus und Kommunitarismus bei *Reich*, S. 40 ff.

34 Die Vorschrift wird teilweise wegen Verstoßes gegen die Koordinierungsrichtlinien für europarechtswidrig gehalten; vgl. *Dreher*, in Immenga/Mestmäcker, § 97, Rn. 126; *ders.*, ZVgR 1999, 289 (289 f.). Auch sub specie des nationalen Rechts wird teilweise vorgeschlagen, die Vorschrift unbeachtet zu lassen oder doch äußerst restriktiv auszulegen; so *Rittner*, EuZW 1999, 677 (678); *Bechthold*, § 97, Rn. 22.

35 § 97 Abs. 4 Hs. 2 GWB ist eine bloße „Öffnungsklausel“, da Bundes- oder Landesgesetzgeber die Ermächtigungsgrundlage für Präferenzregelungen selbst aufbringen müssen; vgl. *Marx*, in Schwarze, S. 77 (81f.). Deshalb trifft § 97 Abs. 4 Hs. 2 GWB über die materielle Rechtmäßigkeit einzelner vergabefremder Kriterien keine Aussage.

36 Ein Blick in das Inhaltsverzeichnis der Arbeit von *Kling* vermittelt bereits einen umfassenden Überblick über die verschiedenen rechtlichen Bindungen öffentlicher Beschaffungstätigkeit. In Bezug auf Tariftreueerklärungen vgl. die Darstellung von *Seifert*, ZfA 2001, 1 ff.

37 Die unmittelbar anwendbar sind; vgl. nur EuGH, Rs. 103/88 (*Fratelli Costanzo*), Slg. 1989, 1839 (1870 f), Rn. 28 ff.; dazu *Gilliams*, PPLR 1992, 19 (22 f.).

abschließenden Charakter der Richtlinien, die seit dem Urteil des Gerichtshofs in Sachen *Beentjes*[39] (1988) besonders kontrovers geführt wird.[40] Der EuGH hielt das Kriterium der Beschäftigung (früherer) Langzeitarbeitsloser mangels Auftragsbezugs als Auswahl- oder Zuschlagskriterium für unzulässig.[41] Nach dem Urteil können Auftraggeber jedoch prinzipiell „besondere zusätzliche Bedingungen" berücksichtigen, da das Sekundärrecht *insoweit* nicht abschließend ist.[42] Wo und wie „zusätzliche Bedingungen" außerhalb der Eignungs- und der

---

38 Zum Zeitpunkt der Drucklegung dieser Arbeit (Oktober 2003) befand sich der Kommissionsvorschlag für eine Novellierung der Vergaberichtlinien im Vermittlungsverfahren zwischen Rat und Europäischem Parlament. Die Änderungsvorschläge des Parlaments sahen vor, dass mehrere vergabefremde Kriterien ausdrücklich für zulässig erklärt werden. Der Rat hat sich diesen Vorschlägen widersetzt, sodass von vielen Beobachtern ein Scheitern der Änderungswünsche (und damit wahrscheinlich auch der Richtlinienvorschläge insgesamt) wegen dieses hochkontroversen Themas erwartet wurde.

39 EuGH, Rs. 31/87 (*Beentjes)*, Slg. 1988, 4635. Es ging um die Auslegung der BKR. Die Aussagen des EuGH sind auf die anderen Koordinierungsrichtlinien übertragbar.

40 Die *Beentjes*-Entscheidung hat teilweise deutliche Ablehnung erfahren; vgl. *Dreher*, in Immenga/Mestmäcker, § 97, Rn. 127 („Fehlurteil"); *Kling*, S. 155 („Entscheidung [...] ist verfehlt"); *W. Götz*, S. 174 („Fehlurteil").

41 Der EuGH stellte fest, dass „die öffentlichen Auftraggeber die fachliche Eignung der Unternehmer nur auf der Grundlage von Kriterien prüfen dürfen, die sich auf die wirtschaftliche, finanzielle oder technische Leistungsfähigkeit der Betroffenen beziehen" (EuGH, Rs. 31/87 (*Beentjes*), Slg. 1988, 4635 (4657), Rn. 17. Ebda., Rn. 18: Der Zuschlag kann sich nur auf Kriterien erstrecken, die der Ermittlung des niedrigsten Preises bzw. des wirtschaftlich günstigsten Angebots dienen.

42 Der EuGH entschied (Rs. 31/87 (*Beentjes*), Slg. 1988, 4635 (4657), Rn. 20) „daß die Richtlinie kein einheitliches und erschöpfendes Gemeinschaftsrecht schafft, sondern daß es den Mitgliedstaaten vorbehaltlich der Beachtung aller einschlägigen Vorschriften des Gemeinschaftsrechts und insbesondere der Verbote, die aus den im Vertrag aufgestellten Grundsätzen auf dem Gebiet des Niederlassungsrechts und des freien Dienstleistungsverkehrs folgen, unbenommen bleibt, materiellrechtliche oder verfahrensrechtliche Bestimmungen auf dem Gebiet der öffentlichen Bauaufträge aufrechtzuerhalten oder zu erlassen."

Zuschlagsprüfung ansetzen sollten, blieb indes unklar.[43] In der Entscheidung *Nord-Pas-de-Calais* (2000) sah der EuGH öffentliche Auftraggeber „nicht in jedem Fall daran gehindert", ein mit der Bekämpfung der Arbeitslosigkeit zusammenhängendes Kriterium im Rahmen der Zuschlagserteilung zu verwenden.[44] Auch das jüngste Urteil zu vergabefremden Kriterien in der Rechtssache *Concordia Bus Finland* (2002) gibt keine abschließende Antwort. Der Gerichtshof hielt fest, dass Auftraggeber bei der Bestimmung des wirtschaftlich günstigsten Angebots Umweltschutzkriterien berücksichtigen dürfen, soweit diese mit dem Gegenstand des Auftrags zusammenhängen.[45] Der Ansicht von Generalanwalt Mischo, der die Berücksichtigung des Umweltschutzes als Vergabekriterium ohne Einschränkungen für möglich hielt, sofern nur die Verfahrensvorschriften und das Primärrecht beachtet werden, folgte der EuGH dagegen nicht.[46]

---

43 Vgl. nur *Winter*, C.M.L.Rev. 28 (1991), 741 (774); *Kling*, S. 165; *Dreher*, in Immenga/Mestmäcker, § 97, Rn. 127. Vgl. die Schlussanträge von GA *Alber* in der Rechtssache *Nord-Pas-de-Calais*, in denen er die Zulässigkeit des gegenständlichen Kriteriums der Beschäftigungsförderung als Zuschlagskriterium zwar ablehnte, aber ausführte: „Kein Verstoß gegen die Richtlinie wäre es, wenn das Gebot der Beschäftigungsförderung – wie im Urteil Beentjes ausgeführt – als Bedingung formuliert würde und insofern den Charakter eines Ausführungskriteriums annähme [...]"; in EuGH, Rs. C-225/98 (*Nord-Pas-de-Calais*), Slg. 2000 I, 7445 (7462), Tz. 48. Vgl. auch die wenig deutliche Interpretation der Kommission (Mitteilung, ABl. 1989, C 311/7 (12): Bei der Langzeitarbeitslosenbedingung handele es „sich lediglich um eine Verpflichtung, die das Unternehmen, dem der Zuschlag erteilt wird, zu akzeptieren hätte".

44 EuGH, Rs. C-225/98 (*Nord-Pas-de-Calais*), Slg. 2000 I, 7445 (7489), Rn. 50. Die Kommission hielt dagegen die in dem insoweit maßgeblichen Art. 30 Abs. 1 BKR genannten Zuschlagskriterien niedrigster Preis oder wirtschaftlich günstigstes Angebot für abschließend; ebda., S. 7460, Tz. 36 ff. Der EuGH wies die von der Kommission vorgebrachte Auslegung des *Beentjes*-Urteils, es betreffe eine vertragliche Ausführungsbedingung (S. 7488, Rn. 46), zurück, da die Bedingung der Beschäftigung früherer Langzeitarbeitsloser als Grund für den Ausschluss eines Bieters gedient habe und daher nur ein Zuschlagskriterium gewesen sein könne (S. 7490, Rn. 52). Kritisch zu dem Urteil z.B. *Schima*, NZBau 2002, 1 (4 ff.); *Dreher*, JZ 2001, 140 (140 f.).

45 EuGH, Urt. v. 17.9.2002, Rs. C-513/99 (*Concordia Bus Finland*), Rn. 64. Es ging um die Berücksichtigung von Stickstoffemissionen und des Lärmpegels von Bussen im Rahmen der Ausschreibung von öffentlichen Nahverkehrsleistungen, also um relativ „leistungsnahe" Anforderungen, sodass verallgemeinerungsfähige Aussagen über vergabefremde Kriterien auf diese Entscheidung wohl nur begrenzt gestützt werden können.

46 GA *Mischo*, Schlussanträge v. 13.12.2001 in der Rs. C-513/99 (*Concordia Bus Finland*), Tz. 96 ff.

Auf die Zulässigkeit vergabefremder Kriterien nach Sekundärrecht kann hier nicht umfassend eingegangen werden.[47] Als Grundlage der weiteren Untersuchung ist allerdings davon auszugehen, dass nach dem gegenwärtigen Stand der Rechtsprechung des Gerichtshofes zu den EG-Vergaberichtlinien die Berücksichtigung sekundärer Zwecke bei der Vergabe öffentlicher Aufträge, selbst im Rahmen der Zuschlagsentscheidung[48], nicht von vornherein ausgeschlossen ist, sofern es sich um eine in der Ausschreibung veröffentlichte Bedingung handelt.[49]

Nach geltendem Recht sind für die gemeinschaftsrechtliche Zulässigkeit beschaffungsfremder Kriterien die Vorschriften des *Primärrechts* entscheidend.[50] Die Koordinierungsrichtlinien schließen eine Überprüfung von Vergaberegelungen am Vertrag nicht aus.[51] Selbst wenn die Möglichkeit der Berücksichtigung vergabefremder Kriterien richtlinienrechtlich expressis verbis vorgesehen wäre, würde dies wegen des Vorrangs des Primärrechts nichts an dessen Anwendbarkeit ändern. Ein Verstoß gegen primärrechtliche Vorschriften kann selbst dann anzunehmen sein, wenn mitgliedstaatliche Vorschriften gemeinschaftlichen Richtlinien entsprechen[52] oder sogar auf ihnen beruhen.[53] Neben der Beihilferechtskonformität kommt es besonders auf die Vereinbarkeit mit den Grundfreiheiten und dem allgemeinen Diskriminierungsverbot sowie mit den

47 Siehe dazu vor allem die eingehenden Untersuchungen von *Kling* und *Benedict*.

48 Da es im Folgenden allein um die Zulässigkeit nach europäischem Recht geht, bleibt § 97 Abs. 5 GWB außer Betracht. Nach dem *Nord-Pas-de-Calais*-Urteil stellt sich die Frage, ob § 97 Abs. 5 GWB richtlinienkonform so auszulegen ist, dass im Rahmen der Zuschlagentscheidung auch vergabefremde Kriterien berücksichtigt werden können; vgl. *Dreher*, JZ 2001, 140 (141).

49 EuGH, Rs. C-225/98 (*Nord-Pas-de-Calais)*, Slg. 2000 I, 7445 (7489 f.), Rn. 51.

50 Für Vergaben unterhalb der Schwellenwerte sind diese ohnehin der einzige gemeinschaftsrechtliche Prüfungsmaßstab.

51 EuGH, Rs. 45/87 R (*Dundalk*), Slg. 1987, 1369 (1375), Rn. 19.

52 EuGH, Rs. C-158/96 (*Kohll*), Slg. 1998 I, 1931 (1944), Rn. 25.

53 Denn die Verträge sind für das sekundäre Gemeinschaftsrecht „Grundlage, Rahmen und Grenze" (EuGH, Rs. 26/78 (*INAMI*), Slg. 1978, 1771 (1778), Rn. 9/14). Vgl. ferner GA *Lenz* in EuGH, Rs. 52/84 (*Boch*), Slg. 1986, 89 (99): Die Mitgliedstaaten können die Rückforderung einer Beihilfe nicht mit der Begründung verweigern, dem stünden Vorschriften des nationalen Gesellschaftsrechts entgegen, die auf einer EG-Richtlinie beruhen. Bei einem Konflikt mit dem Beihilferecht würde die Gültigkeit der Richtlinie in Frage gestellt.

Wettbewerbsregeln der Art. 81 f. EG an.[54] Vor allem die Warenverkehrs- und die Dienstleistungsfreiheit haben in der Judikatur des EuGH zum Vergaberecht eine wichtige Rolle gespielt und zu differenzierten Lösungen geführt. Auch aus dieser Rechtsprechung ergibt sich jedenfalls kein A-priori-Verbot beschaffungsfremder Kriterien.[55]

Die *Kommission* hat sich in jüngerer Zeit wiederholt mit der Problematik vergabefremder Kriterien aus einer vorrangig sekundärrechtlichen Perspektive beschäftigt.[56] Ihre Haltung entsprach zunächst einem verbreiteten Verständnis der *Beentjes*-Rechtsprechung, wonach „besondere zusätzliche Bedingungen" zulässig sind, soweit sie nicht als Auswahl- oder Zuschlagskriterien, sondern als vom eigentlichen Vergabeverfahren abgetrennte Auftragsbedingungen berücksichtigt werden.[57] Die Kommission ließ in neueren Stellungnahmen keinen Zweifel daran, dass sie der Berücksichtigung verschiedener beschaffungsfremder Aspekte im Vergabeverfahren grundsätzlich positiv gegenübersteht.[58] In der Mitteilung zum öffentlichen Auftragswesen aus dem Jahr 1998 „ermutigt die Kommission die Mitgliedstaaten, ihre öffentliche Kaufkraft für die Verfolgung der [...] sozialen Ziele zu benützen"[59]. Und in den Mitteilungen zu umwelt- und

---

54 Die Vertragsbestimmungen, die sich auf das öffentliche Auftragswesen beziehen (Art. 163 Abs. 2, 183 Nr.4 EG) geben keinen Anhalt für die Beurteilung vergabefremder Kriterien. Wegen der politischen Sensibilität des nationalen Beschaffungsverhaltens ist die Regelungsarmut wohl beabsichtigt; vgl. *Sundberg-Weitmann*, S. 221 f.; *Schwarze*, EuZW 2000, 133 (134).

55 Dazu unter 3.3.2.2.

56 Mitteilung der Kommission, „Öffentliches Auftragswesen – Regionale und soziale Aspekte" v. 22.9.1989, KOM(89) 400 endg. (ABl. 1989, C 311/7); Grünbuch der Kommission, „Das öffentliches Auftragswesen in der Europäischen Union: Überlegungen für die Zukunft" v. 27.11.1996, KOM(1996) 583 endg.; Mitteilung der Kommission, „Das öffentliche Auftragswesen in der Europäischen Union" v. 11.3.1998, KOM(1998) 143 endg.; Mitteilung der Kommission, „Möglichkeiten zur Berücksichtigung von Umweltbelangen bei der Vergabe öffentlicher Aufträge" v. 4.7.2001, KOM(2001) 274 endg.; Mitteilung der Kommission, „Möglichkeiten zur Berücksichtigung sozialer Belange bei der Vergabe öffentlicher Aufträge" v. 15.10.2001, KOM(2001) 566 endg.

57 Vgl. Mitteilung Öffentliches Auftragswesen, KOM(1998) 143 endg., S. 30; Grünbuch Öffentliches Auftragswesen, KOM(1996) 583 endg., S. 39 f., Tz. 5.42 f.; ausführlich Mitteilung, ABl. 1989, C 311/7 (12 ff.), Tz. 47 ff.

58 Vgl. Mitteilung Öffentliches Auftragswesen, KOM(1998) 143 endg., S. 28 und 32; Grünbuch Öffentliches Auftragswesen, KOM(1996) 583 endg., S. 39, Tz. 5.39 und S. 40 f., Tz. 5.47 ff.; zurückhaltender noch Mitteilung „Regionale und soziale Aspekte", ABl. 1989, C 311/7 (14), Tz. 60 ff.

59 Mitteilung Öffentliches Auftragswesen, KOM(1998) 143 endg., S. 32.

zu sozialpolitischen Belangen bei der Auftragsvergabe (2001) nennt sie von ihr als EG-vergaberechtskonform beurteilte Möglichkeiten, entsprechende Kriterien nicht nur bei der Leistungsbeschreibung, sondern auch im Rahmen der Bieter- oder der Zuschlagsprüfung zu berücksichtigen.[60] Gleichwohl hat sie sich im Rahmen der geplanten Neufassung des gemeinschaftlichen Vergaberechts gegen den Vorschlag des Europäischen Parlaments ausgesprochen, die Möglichkeit der Berücksichtigung vergabefremder Aspekte richtlinienrechtlich ausdrücklich zuzulassen.

---

[60] Mitteilung Umweltbelange, KOM(2001) 274 endg., S. 8 ff., 16 ff. und 20 ff.; Mitteilung Soziale Belange, KOM(2001) 566 endg., S. 6 ff., 10 ff. und 14 ff.

2. Beihilfeelemente öffentlicher Aufträge

2.1. Öffentliche Aufträge als Gegenstand der Überprüfung nach Art. 87 Abs. 1 EG

Angesichts der extensiven Auslegung des Art. 87 Abs. 1 EG durch Kommission[61] und Gerichtshof[62] unterfallen immer mehr Erscheinungsformen staatlicher Marktteilnahme der gemeinschaftlichen Beihilfeaufsicht.[63] Beihilfen im Sinne des Vertrages sind nicht nur Leistungssubventionen im herkömmlichen Sinne.[64] Ohne dass es auf die rechtliche Konstruktion eine Zuwendungsform ankäme, sind alle „unmittelbar oder mittelbar aus staatlichen Mitteln finanzierten Vorteile"[65] auf ihre Vereinbarkeit mit den Art. 87 ff. EG überprüfbar.[66] Die Beihilferegeln erfassen wettbewerbswidriges Verhalten, das von anderen Bestimmungen nicht erfasst wird, und nehmen so im System des EG-Vertrages eine „Lückenschließungsfunktion"[67] ein. Auch die Vergabe öffentlicher Aufträge durch mitgliedstaatliche Stellen unterliegt wegen möglicher vorteilhafter

---

61 Vgl. nur Kommission, 26. Wettbewerbsbericht (1996), Tz. 167: „Nach ständiger Praxis und Rechtsprechung muß der Begriff der Beihilfe im weitesten Sinne des Wortes verstanden werden."

62 Vgl. nur EuGH, Rs. C-6/97 (*Italien/Kommission*), Slg. 1999 I, 2981 (3003), Rn. 13: „der im Vertrag verwendete und in der Rechtsprechung des Gerichtshofes bestätigte außerordentlich weite Begriff der Beihilfe".

63 Zur Ausweitung der Beihilfekontrolle vgl. *Rodger*, ECLR 1999, 251 (251); *Evans*, S. 30 ff.; *Gormley*, S. 813 ff.; *Koenig/Kühling/Ritter*, S. 24 („Metarecht"); vgl. aber *Cadieux*, in Dutheil de la Rochère/Vandamme, S. 77 (80 f.).

64 Der – gemeinschaftsrechtlich nirgendwo positiv definierte - Begriff der Beihilfe ist weiter als der der Subvention, indem er nicht nur positive Transfers an den Begünstigten, sondern auch den Verzicht auf Leistungen erfasst; vgl. EuGH, Rs. C-295/97 (*Piaggio*), Slg. 1999 I, 3735 (3761), Rn. 34; EuGH, Rs. C-200/97 (*Ecotrade*), Slg. 1998 I, 7907 (7936), Rn. 34; EuGH, Rs. C-387/92 (*Banco Exterior de España*), Slg. 1994 I, 877 (907), Rn. 13; EuGH; Rs 30/59, (*Steenkolenmijnen*; auch *Schichtprämien-Urteil*), Slg. 1961, 7 (43); vgl. ferner *Cartou*, Rn. 399 ff. Zum Begriff der Subvention i.S.d. inzwischen ausgelaufenen Art. 4 lit. c) EGKS-Vertrag siehe in der letztgenannten Entscheidung auf S. 42 f. Der größere Umfang des Beihilfebegriffs ist bei der Betrachtung öffentlicher Aufträge ohne Belang, sodass es gerechtfertigt ist, die Begriffe im Rahmen dieser Arbeit ohne Unterscheidung nebeneinander zu verwenden.

65 EuGH, Rs. C-200/97 (*Ecotrade*), Slg. 1998 I, 7907 (7936 f.), Rn. 35.

66 Vgl. auch EuGH, Rs. 323/82 (*Intermills I*), Slg. 1984, 3809 (3830), Rn. 31; EuGH, Rs. C-305/89 (*Alfa Romeo*), Slg. 1991 I, 1603 (1640), Rn. 18: „in welcher Form auch immer".

67 *Mederer*, in Groeben/Thiesing/Ehlermann, Art. 92, Rn. 2; v. *Wallenberg*, in Grabitz/Hilf, vor Art 92, Rn. 8.

Auswirkungen für den Auftragnehmer potenziell diesem – entwicklungsoffenen[68] - Maßstab.

In dem 1989 aufgehobenen Art. 29 Abs. 4 BKR 1971[69] hatte der Richtliniengeber die mögliche Beihilfequalität öffentlicher Aufträge gewürdigt. Eine Abweichung vom Gebot des Zuschlags auf das niedrigste beziehungsweise das wirtschaftlichste Angebot war danach möglich „im Rahmen einer Regelung, bei der bestimmten Bietern eine Bevorzugung im Sinne einer Beihilfe gewährt wird, [...] sofern die angewandte Regelung mit dem Vertrag, insbesondere den Artikeln 92 ff. vereinbar ist." Soweit ersichtlich erlangte die Vorschrift in praxi keine nennenswerte Bedeutung. Erstmals Ende der achtziger Jahre beschäftigte die beihilferechtliche Beurteilung öffentlicher Aufträge Gerichtshof[70] und Kommission[71]. Sie verzichteten aber jeweils, wie auch später das Kammergericht im Beschluss zur Berliner Tariftreueerklärung[72], auf eine Prüfung der Tatbestandsmerkmale des Art. 87 Abs. 1 EG. In den vergangenen Jahren haben sowohl das EuG[73] als auch die Kommission[74] anerkannt, dass öffentliche (Dienstleistungs-)

68 Vgl. *Carbajo*, in Blumann, S. 6 f.

69 Richtlinie 71/304/EWG, ABl. 1971, L 185/5.

70 Der EuGH hatte in der Rechtssache *Du Pont de Nemours Italiana* Gelegenheit, sich mit der Beihilfequalität einer italienischen Regelung zu beschäftigen, die einen Liefervorbehalt in Höhe von 30 % aller Aufträge für Unternehmen aus dem Mezzogiorno vorsah. Er verzichtete aber auf eine Prüfung der Tatbestandsmerkmale des Art. 87 EG (ex-Art. 92), da er Art. 28 EG (ex-Art. 30) als vorrangig ansah; EuGH, Rs. C-21/88 (*Du Pont de Nemours*), Slg. 1990 I, 889 (921 f.), Rn. 19 ff. Zum Konkurrenzverhältnis der Beihilferegeln zu den Grundfreiheiten ausführlich unter 3.3.

71 In der Mitteilung zum öffentlichen Auftragswesen (KOM(89) 400 endg.) aus dem Jahr 1989 beurteilte die Kommission Regionalpräferenzen als diskriminierende Maßnahmen (S. 10, Tz. 28 sowie S. 11, Tz. 41), hielt aber auch eine Beurteilung als Beihilfen im Sinne des Vertrages für möglich (S. 11, Tz. 41).

72 KG, WuW/E Verg 111 (118) (*Tariftreueerklärung*).

73 EuG, Rs. T-14/96 (*BAI*), Slg. 1999 II, 139 (163 ff.), Rn. 70 ff.; EuG, Urt. v. 5.8.2003, Verb. Rs. T-116/01 und T-118/01 (*P&O European Ferries*), Rn. 112 ff.

Aufträge Elemente staatlicher Beihilfen im Sinne des Art. 87 EG enthalten können. Allerdings haben sie nur wenige verallgemeinerungsfähige Aussagen zur Anwendung der Beihilfekontrolle auf Beschaffungen der öffentlichen Hand getroffen. Dafür bedarf es somit eines Rückgriffs auf die von EuGH und Kommission entwickelten allgemeinen Regeln sowie auf Parallelen bei der beihilferechtlichen Beurteilung anderer Zuwendungsformen.

2.2. Begünstigungselemente öffentlicher Aufträge

2.2.1. Regeln für die Identifikation von Begünstigungselementen öffentlicher Aufträge

Als Erstes sind nun verallgemeinerungsfähige Regeln zur Identifikation etwaiger begünstigender Bestandteile öffentlicher Aufträge zu entwickeln, um sie anschließend auf den vergabeverfahrensrechtlichen Rahmen und verschiedene beschaffungsfremde Kriterien anzuwenden.

2.2.1.1. Unerheblichkeit von Art, Form, Zweck und Wirkungsweise der Zuwendung

Aus dem Sinn und Zweck des Beihilfeverbots und seiner Funktion bei der Schaffung des in Art. 3 Abs. 1 lit. g) EG beschriebenen Systems ergibt sich die weite und vor allem wirkungsorientierte Auslegung des Begünstigungsmerkmals.[75] Auf die Form der Zuwendung kommt es nicht an, wie schon der Wort-

---

74 Mitteilung der Kommission, ABl. 1998, C 201/8 (11) (*Kiener Deponie Bachmanning*); Entscheidung der Kommission, Sache C 24/96 (*Sécuripost*), vgl. 29. Wettbewerbsbericht (1999), Tz. 233; Entscheidung der Kommission, Sache C 64/98 (*Istituto poligrafico e Zecca dello Stato*), vgl. 28. Wettbewerbsbericht (1998), Tz. 196. Im Hinblick auf öffentliche Aufträge im Forschungs- und Entwicklungsbereich hat sie die Relevanz des Beihilferechts ausdrücklich betont. Vgl. den Gemeinschaftsrahmen für staatliche Forschungs- und Entwicklungsbeihilfen, ABl. 1996. C 45/5 (8), Tz. 2.5.; s. dazu weiter die von der Kommission in Auftrag gegebene und 1991 herausgegebene Studie „Aid Element of Government R&D Contracts." Darin (S. 5) wird betont: „excess payment aid, as we shall call it, is not confined to the field of R&D; it could apply equally in any area of public procurement of goods or services."

75 So bereits EuGH, Rs. 78/76 (*Steinike und Weinlig*), Slg. 1977, S. 595 (612 f.), Rn. 21; EuGH, Rs. 310/85 (*Deufil*), Slg. 1987, 901 (924), Rn. 8; Lenz-*Rawlinson*, Art. 87 Rn. 2; *Mederer* in Groeben/Thiesing/Ehlermann, Art. 92, Rn. 2; *Cartou*, Rn. 399; *Müller-Graff*, ZHR 152 (1988), 403 (416 ff.); *V. Götz*, in Dauses, H. III, Rn. 24.

laut des Art. 87 Abs. 1 EG („gleich welcher Art"[76]) nahe legt. Bei Vorliegen eines „wie auch immer gearteten geldwerten Vorteils"[77] ist daher das Erfordernis der Begünstigung erfüllt. Weder eine etwaige Begünstigungsabsicht noch die Gründe oder Ziele der Maßnahme sind von Belang.[78] Dass etwaige Begünstigungselemente öffentlicher Aufträge unter Aufrechterhaltung des eigentlichen Bedarfsdeckungszwecks gewährt werden, steht ihrer Zuordnung zu Art. 87 Abs. 1 EG also grundsätzlich nicht entgegen.

Eigenart öffentlicher Aufträge ist ferner, dass als Auslöser möglicher vertragsvermittelter Begünstigungen (primäre oder sekundäre) Vergabekriterien in Betracht kommen[79], die in den häufigsten Fällen nur aufgrund einer Beschränkung der Zuschlagskandidaten eine Begünstigung des Auftragnehmers auslösen können.[80] Da aber einstufige Vorteilsgewährungen nur durch begünstigungsrelevante Zuschlagskriterien möglich sind, mit deren Anwendung die Zuwendungsgewährung „unmittelbar in einem staatlichen Akt"[81] zusammen fällt, mangelt es meist an dem für viele Subventionsformen typischen Unmittelbarkeitszusammenhang.[82] Allerdings ergibt sich bereits aus dem wirkungsbezogenen Ansatz des Begünstigungsmerkmals, dass das Beihilferecht eine einstufige und direkt kausale Vorteilsgewährung nicht verlangt, die Funktionsweise einer begünstigungsauslösenden Maßnahme damit prinzipiell dahinstehen kann.[83] Außerdem hat die Kommission in ihrer vom EuGH gebilligten Praxis mehrfach deutlich gemacht, dass grundsätzlich jede Einschränkung des Kreises potenzieller Ver-

---

76 Noch deutlicher im englischen Vertragstext: „any aid [...] in any form whatsoever". Vgl. auch *Quigley*, E.L.Rev. 13 (1988), 242 (243).

77 *Koenig/Kühling*, NJW 00, 1065 (1066).

78 EuGH, Rs. 310/85 (*Deufil*), Slg. 1987, 901 (924), Rn. 8; EuGH, Rs. 173/73 (*Italien/Kommission*), Slg. 1974, 709 (718 f.), Rn. 26/28. Vgl. auch *Quigley*, E.L.Rev. 13 (1988), 242 (243); *Koenig/Sander*, EuR 2000, 743 (745 ff.); *Müller-Graff*, ZHR 152 (1988), 403 (416).

79 Dazu ausführlich unter 2.2.2. und 2.2.1.

80 Dazu ausführlich unter 2.2.4.

81 Dreher/Haas/v. Rintelen, S. 14.

82 Dennoch handelt es sich nicht um „mittelbare Begünstigungen". Diese setzen das Dazwischentreten eines Begünstigungsmittlers voraus, der die staatliche Zuwendung erhält und (aufgrund einer diskriminierenden Verwendungszweckauflage) an den Begünstigungsadressaten in anderer Form weitergibt (vgl. dazu *Koenig/Sander*, EuR 2000, 743 (764 ff.)). Bei Überentgelten für öffentliche Aufträge findet dagegen stets ein direkter Mitteltransfer statt.

83 Wie hier im Ergebnis *Dreher/Haas/v. Rintelen*, S. 12 f. Zu Besonderheiten bei Dazwischentreten einer autonomen Entscheidung des Begünstigungsadressaten vgl. unter 2.2.4.4.

tragspartner der öffentlichen Hand Auslöser einer beihilferechtlich erheblichen Begünstigung sein kann.[84]

2.2.1.2. Die Gegenleistung des Auftragnehmers

Wegen der entgeltlichen Natur öffentlicher Aufträge ist vertreten worden, eine Beurteilung als Beihilfen scheide auch bei überhöhtem Entgelt aus.[85] Diese Auffassung lässt sich angesichts der wirkungsbezogenen Auslegung des Begünstigungsmerkmals nicht halten.[86] Nach EuGH und EuG schließt die Verpflichtung zu gegenseitigen Leistungen die Annahme einer Begünstigung nicht aus.[87] Nähme man Austauschgeschäfte von vornherein aus dem Geltungsbereich des Beihilferechts heraus, wäre die Umgehung der Art. 87 ff. EG für die Mitgliedstaaten durch eine entsprechende Gestaltung der Subventionsform ein Leichtes.

Ob ein öffentlicher Auftrag für den Auftragnehmer begünstigende Elemente enthält, richtet sich vielmehr nach der Angemessenheit von Leistung und Gegenleistung. Die Leistung des beauftragten Unternehmens ist ins Verhältnis zu setzen sowohl zu der dafür vereinbarten Vergütung als auch zu etwaigen weiteren geldwerten Nutzen. Anders ausgedrückt kommt es also darauf an, ob die Vorteile, die Auftraggeber und Auftragnehmer aus dem Auftragsverhältnis gewinnen, einander wertmäßig entsprechen.[88] Ist das der Fall, liegt keine Begünstigung vor. Ansonsten stellt die Differenz des Wertes von Leistung und Gegenleistung, also das „Überentgelt", ein begünstigendes Element dar. Bezugsgröße für die Ermittlung des Gleichgewichts von Leistung und Gegenleistung ist der

---

84 Vgl. dazu unter 2.2.1.5.

85 *V. Götz*, S. 22; *Koch*, S. 85; wohl auch *Rawlinson*, in Lenz, Art. 87, Rn. 3.

86 So auch *Dreher/Haas/v. Rintelen*, S. 21 f. Umfassend dazu auch *Ose*, S. 214 ff.

87 So eindeutig das EuG (Rs. T-14/96 (*BAI*), Slg. 1999 II, 139 (163), Rn. 71: „Folglich kann eine zugunsten eines Unternehmens getroffene staatliche Maßnahme in Form eines Vertrages über den Erwerb von Reisegutscheinen nicht allein deshalb von vornherein vom Begriff der staatlichen Beihilfe im Sinne von Artikel 92 des Vertrages ausgenommen werden, weil sich die Vertragsparteien zu gegenseitigen Leistungen verpflichten." Der EuGH verwendet neben dem Begriff „unentgeltlicher Vorteil" (so noch EuGH, Rs. 78/76 (*Steinike und Weinlig*), Slg. 1977, 595 (613), Rn. 22) seit geraumer Zeit auch weitere Bezeichnungen wie „wirtschaftlicher Vorteil" (EuGH, Rs. 57/86 (*Griechenland/Kommission*), Slg. 1988, 2855 (2871)).

88 Solange der Bedarfsdeckungszweck des Auftrags nicht gänzlich aufgegeben wird, kann auch das Gegenleistungselement nicht vollständig entfallen; vgl. auch *Wallerath*, S. 137.

Markt.[89] Es stellt sich also jeweils die Frage, wie die nachgefragte Leistung angesichts der Bedingungen des relevanten Marktes zu beurteilen ist.

2.2.1.3. Der Market Economy Test als Mittel der Beihilfekontrolle

Die Marktgegebenheiten sind auch Maßstab des in der Praxis der Kommission entwickelten und von der europäischen Gerichtsbarkeit in ständiger Rechtsprechung anerkannten[90] so genannten *Market Investor Test* oder *Market Economy Test*[91] zur Überprüfung der Beihilferelevanz staatlicher Unternehmensbeteiligungen.[92] Marktgerechtes staatliches Verhalten und beihilfeartige Zuwendungen werden aufgrund einer umfassenden prognostischen Prüfung voneinander abgegrenzt. Im Fall der Eigenkapitalzufuhr „ist insbesondere zu prüfen, ob ein privater Gesellschafter in einer vergleichbaren Lage unter Zugrundelegung der Rentabilitätsaussichten [...] eine solche Kapitalhilfe gewährt hätte."[93]

Die Überlegung, der Staat müsse sich als Teilnehmer am allgemeinen Wirtschaftsleben genauso verhalten wie ein Privater, hat, vom EuGH gebilligt, in andere Bereiche der Beihilfeaufsichtspraxis der Kommission Eingang gefunden. Zu prüfen ist jeweils, ob eine staatliche Zuwendung durch unternehmerische Gründe objektiv gerechtfertigt ist, oder, anders gewendet, ob der Zuwendungs-

---

89 Es ist davon auszugehen, dass „der Marktpreis typischerweise der richtige Preis ist", da es einen objektiven Maßstab für die Angemessenheit von Leistung und Gegenleistung nicht gibt; dazu *Rittner*, Wirtschaftsrecht, § 23, Rn. 2.

90 Vgl. nur EuGH, Rs. C-305/89 (*Alfa Romeo*), Slg. 1991 I, 1603 (1640), Rn. 19; EuGH, Verb. Rs. C-278/92, C-279/92 und C-280/92 (*Hytasa*), Slg. 1994 I, 4103 (4153), Rn. 21; EuG, Verb. Rs. T-129/95, T-2/96 und T-97/96 (*Neue Maxhütte Stahlwerke*), Slg. 1999 II, 17 (50), Rn. 104.

91 Kommission, EuGH und EuG verwenden unterschiedliche Begriffe, die sich nur terminologisch unterscheiden; vgl. dazu *Deckert/Schroeder*, EuR 1998, S. 291 (296 f.). Im Übrigen werden auch in der Literatur andere Bezeichnungen gleichen Inhalts verwandt wie *Market Economy Investor Priciple*, *Reasonable Investor Test*, *Private Investor Test*, *Prinzip eines kaufmännischen Kapitalgebers*.

92 Zum Market Investor Test vgl. *Abbamonte*, ECLR 1996, 258 ff.; *Schütte/Hix*, C.M.L.Rev. 32 (1995), 215 (222 ff.); *Koenig*, ZIP 2000, 53 (56 ff.); *Ross*, C.M.L.Rev. 37 (2000), 401 (407 ff.); *Dreher*, in GS Knobbe-Keuk, S. 583 (587 ff.); *Schroeder*, ZHR 161 (1997), 805 (817 ff.). Kritisch *Bishop*, ECLR 1997, 84 (84 f.).

93 EuGH, Rs. 234/84 (*Meura*), Slg. 1986, 2263 (2286), Rn. 14; EuGH, Rs. 40/85 (*Boch II*), Slg. 1986, 2321 (2345), Rn. 13. Zur Anwendung des Tests vgl. ferner EuG, Verb. Rs. T-129/95, T-2/96 und T-97/96 (*Neue Maxhütte Stahlwerke*), Slg. 1999 II, 17 (50 ff.), Rn. 104 ff.; Mitteilung der Kommission, ABl. 1993, C 307/3 ff.

empfänger den Vorteil normalerweise auf dem privaten Markt erhalten hätte.[94] Auch ohne stets explizit benannt zu werden, beherrscht der Market Economy Test[95] inzwischen die Beihilfekontrolle zahlreicher staatlicher Handlungsformen.[96]

Wie zuvor die Kommission[97] hat das EuG in der Entscheidung *BAI* Grundüberlegungen des Market Economy Tests erstmals auf die Vergabe eines öffentlichen Dienstleistungsauftrags übertragen und einen Auftrag am Maßstab eines „normalen Handelsgeschäfts" überprüft.[98] Im Hinblick auf die mögliche Beihilfequalität öffentlicher Forschungs- und Entwicklungsaufträge nimmt die Kommission auf das Kriterium der Marktüblichkeit ausdrücklich Bezug.[99] Die Anwendung des Market Economy Tests auf alle Formen öffentlicher Aufträge

---

94 Vgl. z.B. EuGH Rs. C-56/93 (*Belgien/Kommission*), Slg. 1996 I, 723 (790), Rn. 78; EuGH, Rs. C-305/89 (*Alfa Romeo*), Slg. 1991 I, 1603 (1640), Rn. 19 ff.; EuGH Rs. T-11/95, (*BP Chemicals*), Slg. 1998 II, 3235 (3285 f.), Rn. 161; EuG, Verb. Rs. T-129, T-2/96 und T-97/96 (*Neue Maxhütte Stahlwerke*), Slg. 1999 II, 17 (51), Rn. 106: Staat als „normaler Wirtschaftsteilnehmer".

95 Diesem Begriff ist hier der Vorzug zu geben, da der Fiskus am Markt nicht nur als Investor (= Kapitalanleger) auftritt; das gilt auch und gerade für die staatliche Beschaffungstätigkeit.

96 Vgl. die Systematisierung nach Fallgruppen bei *Abbamonte*, ECLR 4 (1996), 258 (262 ff.); ferner die Mitteilung der Kommission (ABl. 1993, C 307/3) zu Darlehen (S. 8 ff.) und Bürgschaften (S. 13), in der die Kommission gleichwohl deutlich macht, dass die Aufzählung der dem Market Economy Test potenziell unterfallenden Beihilfen keineswegs abschließend sei (S. 9 und 12).

97 Vgl. dazu die Mitteilung der Kommission im Fall *Kiener Deponie Bachmanning* (ABl. 1998, C 201/8 (11)); ferner die Entscheidungen *Istituto poligrafico e Zecca dello Stato* (Sache 64/98, vgl. 28. Wettbewerbsbericht (1998), Tz. 196); *Sécuripost* (Sache C 24/96, vgl. 29. Wettbewerbsbericht (1999), Tz. 233): Unternehmen kann aus dem Abschluss von Verträgen über die Erbringung von Dienstleistungen bzw. die Lieferung von Produkten an den Staat ein wirtschaftlicher Vorteil entstehen, wenn das Entgelt für die Leistungen über dem Marktpreis liegt.

98 EuG, Rs. T-14/96 (*BAI*), Slg. 1999 II, 139 (164 ff.), Rn. 75 und 80; bestätigt in EuG, Urt. v. 5.8.2003, Verb. Rs. T-116/01 und T-118/01 (*P&O European Ferries*), Rn. 112 ff. Letztlich handelt es sich hier um nicht mehr als eine konsequente Anwendung des Market Economy Tests. Vgl. aber *Lübbig*, EuZW 1999, 671 (672); *Bartosch*, WuW 2001, 673 (685).

99 Kommission, ABl. 1996, C 45/5 (8), Tz. 2.5.: „Werden diese Aufträge [...] unter marktüblichen Bedingungen vergeben, insbesondere aufgrund eines offenen Verfahrens, nimmt sie [die Kommission] normalerweise an, daß keine staatlichen Beihilfen vorliegen."

ist also nur konsequent.[100] Es ist jeweils zu fragen, wie an der Stelle des öffentlichen Auftraggebers ein privater handeln würde, der seine Vergabeentscheidung ausschließlich auf betriebswirtschaftlich zweckmäßige, also marktübliche Überlegungen stützt. Dafür sind als nächstes inhaltliche Besonderheiten des Tests für die Überprüfung öffentlicher Auftragsvergaben zu klären.

2.2.1.4. Keine unbedingte Kausalität marktwidriger Bedingungen für marktwidrige Preise

Nach dem Market Economy Test entspricht der Preis einer Leistung dem Marktpreis, wenn sich der staatliche Akteur wie ein rationales privates Wirtschaftssubjekt verhält. Allerdings gestattet das nicht den Umkehrschluss, die Berücksichtigung marktunüblicher Kriterien bei der Vergabe öffentlicher Aufträge habe zwangsläufig einen höheren als den Marktpreis zur Folge.[101] Ursache dafür ist, dass die Begünstigungszuweisung erst mit der Zuschlagserteilung erfolgt, da damit der Vertrag zwischen Auftraggeber und Auftragnehmer zustande kommt und der Anspruch auf das (marktunangemessene) Entgelt entsteht. Marktfremde Kriterien führen auf verschiedenen Ebenen vor und während des Vergabeverfahrens bis zur Zuschlagsentscheidung zunächst nur zu einer Einschränkung des Kreises der für den Auftrag in Frage kommenden Unternehmen. Diese Ausschlusswirkung *kann* wiederum zur Folge haben, dass nicht ein marktgerechtes Angebot zum Zuge kommt. Zwingend ist das indes nicht, weil sich trotz der Teilnehmerbeschränkung möglicherweise ein marktkonformes Angebot durchsetzt.[102]

In welchem Ausmaß die verschiedenen Wirkungsweisen marktfremder Vergabekriterien eine Beschränkung der potenziellen Zuschlagsempfänger und als Folge begünstigende Elemente des Auftragsentgelts hervorzurufen geeignet sind, wird noch im Einzelnen zu erörtern sein.[103] Zuvor ist zu bestimmen, unter welchen Voraussetzungen Vergabebedingungen den Marktanforderungen genügen, was einen Begünstigungsausschluss hinsichtlich der jeweiligen Bedingung zur Folge hat. Damit ist auch die für die weitere Prüfung entscheidende

---

[100] Für die Anwendung des Tests auch *Dreher/Haas/v. Rintelen*, S. 22 f.; *Bartosch*, WuW 2001, 673 (684 f.); *ders.*, EuZW 2001, 229 (232); *Dippel/Zeiss*, NZBau 2002, 376 (377)..

[101] A.A. *Dippel/Zeiss*, NZBau 2002, 376 (377).

[102] Vgl. auch *Dreher/Haas/v. Rintelen*, S. 11 f.; *v. Rintelen*, Behördenspiegel August 2002, S. 20 (ebda.).

[103] Siehe bezüglich verschiedener Wirkungsweisen vergabefremder Kriterien unter 2.2.4. und zu den beihilfeverfahrensrechtlichen Konsequenzen unter 2.2.5.

Frage zu beantworten, welche Inhalte von Vergabebestimmungen im Hinblick auf das Merkmal der Begünstigung von Bedeutung sind.

2.2.1.5. Das diskriminierungsfreie Bietverfahren als Begünstigungsausschlusskriterium

Zum Ausschluss von Überentgelten ist darauf abzustellen, ob die jeweilige Beschränkung des Angebots- und Teilnehmerkreises auf betriebswirtschaftlich sinnvollen (= marktüblichen) Erwägungen beruht. Dafür bietet sich eine Übertragung des von der Kommission zunächst für die Kontrolle von Privatisierungen staatlicher Unternehmen entwickelten Bietverfahrenskriteriums an. Eine beihilferelevante Begünstigung scheidet danach aus, wenn die Veräußerung eines Unternehmens über die Börse erfolgt, weil Leistung und Gegenleistung dann einander angemessen sind. Sonst bedarf es eines offenen und transparenten[104] Ausschreibungswettbewerbs. Den ausreichend informierten Bietern muss hinreichend Zeit zur Angebotsabgabe gelassen werden, und die Veräußerung hat an den Meistbietenden zu erfolgen.[105]

Diese formale Herangehensweise hat die Kommission entsprechend auf andere Bereiche staatlichen Handelns wie Immobilienverkäufe der öffentlichen Hand[106] oder die Delegation so genannter Gemeinwohlaufgaben auf Private[107] übertra-

---

[104] Ungenau ist die von der Kommission (ABl. 2001, C 199/4 (9), Rn. 33 (*GMH*)) verwendete Bezeichnung „bedingungsfrei", da kaum ein Rechtsgeschäft ohne Bedingungen begründet und abgewickelt wird.

[105] Vgl. Entscheidung der Kommission, ABl. 2000, L 265/15, Tz. 85 f. (*Centrale del Latte di Roma*); Competition Report EC 1993, S. 255 ff.; Antwort von Kommissar *Van Miert* auf die Schriftliche Anfrage Nr. 423/93 der Abgeordneten Cristina Muscardini; ABl. 1993, C 288/7 f.; Kommission, 26. Wettbewerbsbericht (1996), Tz. 169; *Schütte/Hix*, C.M.L.Rev. 32 (1995), 215 (234 ff.).

[106] Mitteilung der Kommission, ABl. 1997, C 209/3 ff.; 29. Wettbewerbsbericht (1999), Tz. 235; 23. Wettbewerbsbericht, 1994, Rn. 403; Entscheidungen der Kommission, ABL. 1991, C 128/5 (*Daimler-Benz Berlin*); ABl. 1992, C 48/3 und ABl. 1993, C 216/5 (*Sony Berlin*); ABl. 1993, C 11/3 (*Fresenius/Friedberg*); ABl. 1996, L 283/43 (46) (*Stadt Mainz*).

[107] Mitteilung der Kommission zu Dienstleitungen im Allgemeininteresse; ABl. 1996, C 281/3. Zur grundsätzlichen Ausschreibungsbedürftigkeit von Programmen des öffentlich-rechtlichen Fernsehens vgl. Entscheidung der Kommission v. 24.2.1999, Sache NN 70/98 (*Kinderkanal und Phoenix*), Tz. 6.1.1.

gen.[108] Bei der Anwendung auf öffentliche Aufträge kommt es darauf an, ob das Vergabeverfahrensrecht und Präferenzregelungen ein offenes und diskriminierungsfreies Bietverfahren gewährleisten.[109] Sind diese Voraussetzungen erfüllt, kann angenommen werden, dass das Auftragsentgelt marktangemessenen ist und folglich keine begünstigenden Elemente enthält.[110]

2.2.1.6. Begünstigung auch bei marktgemäßem Entgelt?

Zweifelhaft könnte aber sein, ob die Kontrolle der Marktgerechtigkeit mit Hilfe des Bietverfahrenskriteriums in der Lage ist, alle begünstigenden Auswirkungen eines öffentlichen Auftrags zu erfassen. Ist das nicht der Fall, unterfallen eventuell auch solche Aufträge Art. 87 Abs. 1 EG, deren Vergabe auf einem marktkonformen Verfahren beruht. Neben der Überzahlung einer Leistung könnten andere Vorteile aus dem Auftrag begünstigungswirksame Folgen haben. So ergeben sich positive Kostenfaktoren aufgrund externer Effekte, zumal im Bereich der Güterproduktion, wenn Gegenstand des Auftrags eine ohnehin vom Auftragnehmer hergestellte Ware ist und sich die Zahl produzierter Einheiten erhöht.[111] Des Weiteren steht dem Auftragnehmer mit der öffentlichen

---

[108] Zum Kriterium des Ausschreibungsverfahrens vgl. auch Entscheidung der Kommission, ABl. 1999, L 108/44 (47) (*Draiswerke*); Kommission, Aufforderung zur Abgabe einer Stellungnahme nach Art. 88 Abs. 2 EG, ABl. 1999, C 280, S. 8, Tz. 5.2. (*Landesentwicklungsgesellschaft Thüringen*); Kommission, 29. Wettbewerbsbericht (1999), Tz. 235; Entscheidung der Kommission, ABl. 2002, L 105/33, Tz. 35 ff. (*Georgsmarienhütte*); Entscheidung der Kommission, ABl. 1999, L 198/1, Nr. 5.2.1. (*SMC*); EuG, Urt. v. 5.8.2003, Verb. Rs. 116/01 und 118/01 (*P&O*), Rn. 118. Allgemein zum Bietverfahren im EG-Beihilferecht *Koenig*, EuZW 2001, 741 ff.

[109] Vgl. auch *Commission*, Aid Element of Government R & D Contracts, S. 56: „[...]it is the nature of the competition process which is the main determinant of whether state aid is indeed present.“

[110] Dazu ausführlich sogleich unter 2.2.2. und 2.2.3.

[111] Vermehrte Ausbringung und bessere Kapazitätsauslastung können Größendegressionen und Skalenerträge hervorrufen sowie die Grenzkosten vermindern. Mehr Produktivität bedeutet Erfahrungskurven- und Humankapitaleffekte, vor allem die Entwicklung von Know-how, und eine Verbesserung der Produkt- oder Leistungsqualität. Etablierte Unternehmen können ihre Position im relevanten Markt stärken und höhere Profite realisieren, neuen Wettbewerbern wird dank des öffentlichen Auftrags der Marktzugang erleichtert. Bestehende Distributionssysteme können mit Kostenvorteilen genutzt oder neue, die sich auch zur späteren Verwendung eignen, aufgebaut werden. Im Zusammenhang mit dem Auftrag entwickelte Innovationen lassen sich in anderen Unternehmensbereichen nutzbar machen. Vgl. zum Ganzen *Flach*, S. 37 ff., 60 ff. und 151 ff.

Hand trotz ihres chronischen Haushaltsdefizits ein außerordentlich zahlungskräftiger Schuldner zur Verfügung; ein öffentlicher Auftrag ist praktisch eine Absatzgarantie.

Sofern öffentliche Aufträge aber im Rahmen eines offenen Ausschreibungsverfahrens vergeben werden, bleibt den Bietern gar nichts anderes übrig, als ihr Angebot so knapp zu berechnen, wie es ihre Kostenlage gestattet. Erwartete positive externe Effekte aus dem beabsichtigten Geschäft gehen zwangsläufig in die Preiskalkulation des Auftragnehmers ein.[112] Wenn es sich also um den (durch das Vergabeverfahren gewährleisteten) Marktpreis handelt, sind derartige Vorteile implizit berücksichtigt, sodass sie keine gesonderte beihilferechtliche Bedeutung haben.[113] Das gleiche gilt für die Zahlungssicherheit bei öffentlichen Aufträgen: Sie schlägt sich unter Marktbedingungen in einer Preissenkung nieder, weil der Auftraggeber keine Risikoprämie für den Fall der Insolvenz des Auftraggebers einkalkulieren muss.

Als Ergebnis ist festzuhalten, dass eine Vergabe zum Marktpreis keine begünstigenden Elemente enthält.[114] Das schlichte Nachfrageverhalten der Mitgliedstaaten ist folglich an sich beihilferechtlich unerheblich.[115]

2.2.2. Anwendung auf das Vergabeverfahren nach GWB und Verdingungsordnungen

Nach den oben entwickelten Regeln ist eine Vergabeanforderung marktkonform und damit beihilferechtlich irrelevant, wenn es sich um eine Bedingung handelt,

---

[112] So bezüglich F & E-Aufträgen auch *Commission*, Aid Element of Government R&D Contracts, S. 56: „where there is adequate competition for R&D contracts, the competitors will take into account any commercial benefits in setting price; i.e. prices quoted will reflect any wider benefits likely to be derived by the R&D undertaking that is awarded the contract."

[113] Auch angesichts des Art. 87 Abs. 2 lit. a) EG (und der vom EuGH wegen ihrer nachfragesteigernden Wirkung als mittelbare Beihilfen beurteilten Regelungen) ist keine andere Beurteilung geboten. Zwar sind danach bestimmte verbrauchervermittelte Zuwendungen an Unternehmen als Beihilfen anzusehen, ohne dass es auf eine übermarktmäßige Entlohnung der mittelbar begünstigten Unternehmen ankommt. Allerdings sind die Verbraucher Empfänger der Gegenleistung des privaten Leistungserbringers und nicht der Staat, sodass dessen Zuwendung kein wertmäßiges Äquivalent gegenübersteht.

[114] So auch Kommission, 29. Wettbewerbsbericht (1999), Tz. 235.

[115] So auch *Habersack*, ZHR 159 (1995), 663 (676 und 678).

die sich mit einem offenen und diskriminierungsfreien Bietverfahren vereinbaren lässt. Grundsätzlich setzt das ein Vergabeverfahren voraus, bei dem alle potenziell interessierten Unternehmen die Möglichkeit haben, ein Angebot mit Aussicht auf Zuschlagserteilung abzugeben. Sofern die Vergabestellen Bedingungen an die zu beschaffende Leistung oder an die Teilnehmer stellen, müssen diese aus der Sicht eines (hypothetischen) rationalen Marktakteurs gerechtfertigt sein. Das ist nun für verschiedene vergaberechtliche Bestimmungen zu untersuchen.

2.2.2.1. Grundsätzlich Begünstigungsausschluss

Die Ausschreibung eines öffentlichen Auftrags und die Durchführung eines Vergabeverfahrens gemäß den Koordinierungsrichtlinien in ihren nationalen Umsetzungen könnten begünstigungsausschließende Wirkung haben. Auf diese Möglichkeit hat die Kommission im Hinblick auf die Bestimmungen der DKR selbst hingewiesen.[116] Schließlich dienen die EG-Vergabevorschriften neben der Marktöffnung für ausländische Bieter auch dazu, das Verhalten öffentlicher Nachfrager dem Verhalten privater Nachfrager anzugleichen.

Gleichwohl ruft das stark formalisierte Procedere Effizienzverluste und zusätzliche Aufwendungen hervor und gibt Anreize für die Formation von Bieterkartellen[117]. Insofern begegnet die Vergabe öffentlicher Aufträge im Wege von *Reverse auctions*, die sich online schnell und kostengünstig durchführen lassen, weniger Bedenken. Diese Verfahrensweise erfordert indes eine äußerst genaue Leistungsbeschreibung und empfiehlt sich daher nur bei vergleichsweise wenigen, homogenen Gütern. Für die Masse der komplexeren Beschaffungsleistungen bedarf es einer detaillierten Angebotsbeschreibung und einer entsprechenden Wirtschaftlichkeitsprüfung durch die Vergabestelle. Das „klassische" Vergabeverfahren wird daher zu Recht allgemein als erforderlich angesehen, um das Verhalten öffentlicher Auftraggeber im Sinne eines kostengünstigen Einkaufs zu organisieren.[118]

---

[116] Vgl. Mitteilung der Kommission, ABl. 1998, C 201/8 (11) (*Kiener Deponie Bachmanning*).

[117] Vgl. dazu *Blankart*, S. 467 f. und S. 470 ff.

[118] Vgl. *Rittner*, in FS Benisch, S. 99 (103 ff.); *Boesen*, § 97, Rn. 7. Zu den Schwächen des Ausschreibungsverfahrens unter dem Gesichtspunkt von Preis- und Effizienzpostulat *Blankart*, S. 463 ff.

Vergaberechtliche Zielsetzungen (vor allem sparsame Haushaltsführung, diskriminierungsfreier Bieterwettbewerb) korrespondieren mit den beihilferechtlichen Anforderungen. Das Erfordernis der gemeinschaftsweiten, leistungsgegenstandsbezogenen[119] und hinreichend bestimmten[120] Ausschreibung[121], die einzelnen Bestimmungen, die sich an den zentralen Prinzipien einer transparenten und chancengleichen Vergabe im Wettbewerb orientieren[122], und auch die privatrechtliche Ausgestaltung des Vergabeverfahrens[123] leisten grundsätzlich Gewähr für marktangemessene Auftragskonditionen.[124] Manch andere Beschaffungsregel ist im Hinblick auf das Bietverfahrenskriterium allerdings weniger unproblematisch:

2.2.2.2. Nicht offene Verfahren und Verhandlungsverfahren

In Übereinstimmung mit den EG-Vergaberichtlinien sieht das deutsche Vergaberecht drei verschiedene Vergabeverfahren vor, vgl. § 101 GWB. Beihilferechtliche Bedenken könnten insoweit bestehen, als vom Grundsatz des Vorrangs des offenen Verfahrens, § 101 Abs. 5 S. 1 GWB, Ausnahmen gestattet sind.[125] Denn das nicht offene und vor allem das Verhandlungsverfahren beschränken den Bieterwettbewerb, und jede Beschränkung des Bieterwettbewerbs kann einen Ausschluss des marktgünstigsten Angebots zur Folge haben.

Das *nicht offene Verfahren* kann gewählt werden, wenn der Aufwand eines offenen Verfahrens zum Wert der Leistung im Missverhältnis stünde oder wenn

---

[119] § 9 Nr. 1 VOB/A, § 8 Abs. 1 Nr. 1 VOL/A, § 8 Abs. 1 VOF. Näher *Prieß/Pitschas*, ZVgR 1999, 144 (145) in Bezug auf § 8 VOL/A.

[120] Vgl. z.B. § 9 VOB/A; *Dreher*, in Immenga/Mestmäcker, § 97, Rn. 37. Nur eine detaillierte und wirklichkeitsnahe Projektdarstellung in der Ausschreibung vermeidet, dass Bieter je nach Risikoaversion Sicherheitszuschläge in ihre Kosten einkalkulieren; vgl. dazu *Blankart*, S. 465 f.

[121] Vgl. dazu Mitteilung der Kommission, ABl. 1998, C 201/8 (11) (*Kiener Deponie Bachmanning*).

[122] § 97 Abs. 1 und 2 GWB und die entsprechenden Bestimmungen der Verdingungsordnungen.

[123] Vgl. *Rittner*, in FS Benisch, S. 99 (103).

[124] Mehrfach wird auf das Verfahren nach den EG-Vergabekoordinierungsrichtlinien als Muster zur Ermittlung allgemeiner Bietverfahrensgrundsätze im Beihilferecht Bezug genommen; vgl. *Bauer*, EuZW 2001, 748 (751 ff.); *Koenig/Kühling*, NVwZ 2003, 779 ff; *Koenig/Kühling/Ritter*, S. 44; *Koenig*, EuZW 2001, 741 (746); *Bartosch*, WuW 2001, 673 (675).

[125] Vgl. zu dieser Frage auch *Koenig/Kühling*, NVwZ 2003, S. 779 (785 f.).

wegen besonderer Dringlichkeit ein offenes Verfahren unzweckmäßig wäre, wenn die nachgefragte Leistung nur von einem beschränkten Kreis von Unternehmen überhaupt ausgeführt werden kann, oder wenn das offene Verfahren kein wirtschaftliches Ergebnis gebracht hat.[126] Diese Erwägungen sind betriebswirtschaftlich sinnvoll, sodass die Einschränkung des Teilnehmerkreises nicht den marktüblichen Bedingungen widerspricht.[127] Die Durchführung eines *Verhandlungsverfahrens* nach öffentlicher Vergabebekanntmachung setzt die Erfüllung eines der eng auszulegenden und abschließenden Ausnahmetatbestände voraus.[128] Dabei handelt es sich um zweckmäßige Einschränkungen vorrangig für die Fälle, in denen bei einem offenen oder nicht offenen Verfahren keine annehmbaren Angebote abgegeben worden sind, oder für besondere Umstände, die in der komplexen Natur der nachgefragten Leistung begründet sind. Noch strenger sind die Anforderungen für ein Verhandlungsverfahren ohne vorangegangene Vergabebekanntmachung.[129] Verhandlungsverfahren sind unter den erforderlichen Voraussetzungen vor allem insofern akzeptabel, als der Zuschlag sonst möglicherweise auf ein Angebot erginge, das inhaltlich gar nicht den Vorstellungen des Bestellers entspricht.[130]

Sektorenauftraggebern gemäß § 98 Nr. 4 GWB steht nach 101 Abs. 5 S. 2 GWB die Wahl des Verfahrens frei. Bei Verhandlungsverfahren können indes auch sie auf einen vorgeschalteten Teilnahmewettbewerb nur ausnahmsweise verzichten.[131] Die Lockerung der Verfahrensanforderungen ist dadurch gerechtfertigt, dass Sektorenauftraggeber als private Rechtssubjekte im Gegensatz zu „echten" öffentlichen Auftraggebern einem gewissen Wettbewerb ausgeliefert sind und daher von sich aus an einer kostengünstigen Beschaffung interessiert sind. Eine noch stärkere Regulierung des Nachfrageverhaltens könnte sich kostentreibend auswirken.[132] Daher ist auch die Möglichkeit eines

---

[126] Vgl. § 3 Nr. 3 Abs. 1 und 2 VOB/A; § 3 Nr. 3 VOL/A.

[127] Vgl. auch *Bauer*, EuZW 2001, 748 (754): „Solange sich das Ausscheiden bestimmter Bewerber bzw. Bieter als begründbare Entscheidung im rationalen Prozeß der Suche nach dem wirtschaftlichsten Angebot darstellt, handelt es sich nicht um eine Ungleichbehandlung."

[128] Vgl. § 3 a Nr. 4 VOB/A; § 3 a Nr. 1 Abs. 4 VOL/A.

[129] Vgl. § 3 a Nr. 5 VOB/A; § 3 a Nr. 2 VOL/A.

[130] Diese Überlegungen lassen sich grundsätzlich auf die Möglichkeiten eines „wettbewerblichen Dialogs" und den Abschluss so genannter Rahmenvereinbarungen, die der Kommissionsvorschlag für eine konsolidierte Richtlinie (KOM(2002) 236 endg. v. 6.5.2002; vgl. Art. 30 ff. sowie Ziff. 3 und 4 der Begründung) vorsieht, übertragen.

[131] Vgl. § 3 b Nr. 2 VOB/A.

[132] *Cox/Furlong*, PPLR 1996, 57 (59); *Frank*, S. 352 ff.

Präqualifikationsverfahrens[133], mit der sich Unternehmen anhand vom Auftraggeber vorab aufgestellter objektiver Regeln und leistungsbezogener Kriterien für eine Vielzahl zukünftiger Ausschreibungen qualifizieren können, als Mittel zur Wahrung einer wirtschaftlichen Betriebsführung[134] zu billigen.

Aufträge, die der *VOF* unterliegen, werden ausschließlich im Verhandlungsverfahren vergeben[135]; besondere Anforderungen gelten für die Vergabe ohne vorherige Vergabebekanntmachung.[136] Letztere haben Dienstleistungsaufgaben zum Gegenstand, deren Lösung nicht vorab eindeutig und erschöpfend beschrieben werden kann. Wegen des Erfordernisses einer detaillierten Leistungsbeschreibung wären offenes und nicht offenes Verfahren hier unpraktikabel. Bei Verfahren zur Vergabe nachrangiger Dienstleistungen[137] und bei Auslobungsverfahren[138] genießen die Auftraggeber nach der VOF große Freiheiten, die wegen der besonderen Natur der Leistungsgegenstände marktgerecht sind, sofern die Gebote des Wettbewerbs, der Wirtschaftlichkeit und der Gleichbehandlung streng beachtet werden.

2.2.2.3. Die Eignungskriterien gemäß § 97 Abs. 4 Hs. 1 GWB

Im Rahmen der Zulassungs- und Eignungsprüfung haben Auftraggeber zunächst die Möglichkeit, bestimmte Bewerber von der Teilnahme vom Vergabeverfahren auszuschließen. Danach müssen sie die fachliche Eignung der Bieter untersuchen. Als Ausschlussgründe können mangelnde Leistungsfähigkeit und fehlende Zuverlässigkeit berücksichtigt werden. Die Eignungskriterien sind sach- und betriebsbezogen im Hinblick auf den zu vergebenden Auftrag anzuwenden[139], was den Regeln des Marktes entspricht.

Ausschlussgründe können sich auch aus vergangenem Verhalten der Bieter ergeben. Denn die Zuverlässigkeit im Hinblick auf eine ordnungsgemäße Vertragsdurchführung hängt auch von einer ordnungsgemäßen Betriebsführung ab.[140] Betriebswirtschaftlich sinnvoll und daher mit dem Bietverfahrenskriterium

---

[133] § 8 b Nr. 5 VOB/A; § 7 b Nr. 5 VOL/A.
[134] *Boesen*, § 97, Rn. 90.
[135] § 5 Abs. 1 VOF.
[136] § 5 Abs. 2 VOF.
[137] § 5 Abs. 2 e) und f) VOF.
[138] § 20 VOF.
[139] Vgl. dazu *Prieß/Pitschas*, ZVgR 1999, 144 (147); *Boesen*, § 97, Rn. 75 ff.
[140] Vgl. *Boesen*, § 97, Rn. 84.

vereinbar ist der Ausschluss von Unternehmen, über deren Vermögen das Insolvenzverfahren eröffnet wurde[141], die sich in Liquidation befinden[142] oder vor dem Vergabeverfahren eine (formell) rechtswidrige staatliche Beihilfe erhalten haben und diese möglicherweise zurückzahlen müssen[143] (Mängel der finanziellen Leistungsfähigkeit), ferner solcher Teilnehmer, die vorsätzlich unzutreffende Erklärungen in Bezug auf ihre Fachkunde, Leistungsfähigkeit und Zuverlässigkeit abgegeben haben[144]. Zusammenfassend genügt die Berücksichtigung von Rechtsverstößen im Rahmen der Zuverlässigkeitsprüfung den Bietverfahrens-Anforderungen, wenn ein konkreter Bezug zu der in Aussicht genommenen Leistung besteht. Darüber hinausgehende Rechtstreueanforderungen begegnen allerdings beihilferechtlichen Bedenken.[145]

Bei strikt auftragsbezogener Auslegung bieten die Kriterien der Fachkunde und der Leistungsfähigkeit keine Ansatzpunkte für Begünstigungszuweisungen.

2.2.2.4. Das Gebot des Zuschlags auf das wirtschaftlichste Angebot, § 97 Abs. 5 GWB

Bei der Vergabe eines öffentlichen Auftrags nach deutschem Recht ist der niedrigste Preis nicht der allein ausschlaggebende Gesichtspunkt, sondern nur ein Aspekt im Rahmen der vor der Zuschlagsentscheidung vorzunehmenden Wirtschaftlichkeitsprüfung gemäß § 97 Abs. 5 GWB.[146] Der EuGH hat in der Sache *Beentjes* beispielhaft Preis, Ausführungsfrist, Betriebskosten, Rentabilität und technischen Wert als Kriterien für die Wirtschaftlichkeit eines Angebots genannt.[147] Einzelne Faktoren wie eine längere Gewährleistungsfrist, der spätere

---

141 § 8 Nr. 5 Abs. 1 a) VOB/A; § 7 Nr. 5 a) VOL/A.

142 § 8 Nr. 5 Abs. 1 b) VOB/A; § 7 Nr. 5 b) VOL/A.

143 Vgl. dazu VK Düsseldorf, Beschluss v. 18.4.2002, VK5/2002-L. Nach dem Beschluss des OLG Düsseldorf v. 26.7.2002 (Verg 22/02, EuZW 2002, 634 ff., Leitsatz 4) sind nichtnotifizierte Beihilfen allerdings nur im Zusammenhang mit der Befugnis des Auftraggebers relevant, Angebote mit einem ungewöhnlich niedrigenPreis auszuschließen (§ 25b Nr. 2 III VOL/A).

144 § 8 Nr. 5 Abs. 1 e) VOB/A; § 7 Nr. 5 e) VOL/A.

145 Dazu sogleich unter 2.2.3.2.

146 Vgl. § 25 Nr. 3 Abs. 3 S. 2 VOB/A, § 25 Nr. 3 VOL/A, § 16 Abs. 1 VOF. Die Koordinierungsrichtlinien haben dem nationalen Gesetzgeber die Entscheidung überlassen, ob der Zuschlag auf das niedrigste oder auf das wirtschaftlichste Angebot zu erteilen ist; vgl. Art. 26 I LKR, 30 I BKR, 36 I DKR und 34 I SKR.

147 EuGH, Rs. 31/87 (*Beentjes*), Slg. 1988, 4635 (4657), Rn. 18.

Unterhaltungsaufwand, Herstellergarantien oder die längere Lebensdauer eines Produkts können sich auf die Angebotswertung auswirken.[148]

Die Rechtsprechung hat allerdings wiederholt festgestellt, dass wichtigstes Kriterium stets der niedrigste Preis zu sein hat.[149] Darüber hinaus einfließende Aspekte müssen mit den zusätzlichen Kosten sorgsam abgewogen werden. Der Zuschlag hat schließlich auf das Angebot zu erfolgen, das das beste Preis-Leistungs-Verhältnis bietet.[150] Im Rahmen des engen, rein leistungsbezogenen Wirtschaftlichkeitsbegriffs des § 97 Abs. 5 GWB ist für gesamtwirtschaftliche Kosten-/Nutzenerwägungen kein Raum.[151] Bezüglich der Differenz des erfolgreichen zum niedrigsten Angebot muss eine Gegenleistung in Form der höheren Qualität oder der besonderen Nachhaltigkeit der Leistung vorliegen. Daher kann nicht in entsprechender Anwendung der Regeln für die beihilfe-rechtliche Betrachtung kommunaler Grundstücksverkäufe pauschal auf das billigste Angebot abgestellt werden. Vielmehr kann eine Reihe von Faktoren den Zuschlag auf ein teureres Angebot unternehmerisch rechtfertigen und damit beihilfeausschließend wirken.[152]

Angeboten mit einem „unangemessen niedrigen Preis" (Unterkostenangebote) darf der Zuschlag nicht erteilt werden.[153] Dies dient dem Schutz des Auftraggebers, der sonst Gefahr laufen kann, dass der Auftragnehmer in wirtschaftliche Schwierigkeiten gerät und den Auftrag nicht oder nicht ordnungsgemäß, insbesondere nicht mängelfrei zu Ende führt.[154] Andererseits birgt es die Gefahr, dass bei einer zu rigiden Handhabung des Unangemessenheitskriteriums attraktive Angebote aus der Zuschlagsentscheidung herausfallen. Die Rechtsprechung hat deshalb festgehalten, dass es dem öffentlichen Auftraggeber nicht verwehrt ist, auch so genannte Unterkostenpreise bei einer Auftragsvergabe zu akzeptieren, sofern er nach Prüfung zu dem Ergebnis gelangt, dass der Anbieter auch zu die-

---

[148] § 25 Nr. 3 Abs. 3 VOB/A.

[149] BGH, NZBau 2002, 107 (108); OLG Dresden, WuW/E Verg 420 (421) (*LIGIS*): Ein Wertungsanteil des Angebotspreises von 30 % sollte regelmäßig nicht unterschritten werden.

[150] *Daub/Eberstein*, § 25 VOL/A, Rn. 37.

[151] Vgl. *Opitz*, NZBau 2001, 12 (13 f.); *Kling*, S. 260, Fn. 36.

[152] Vgl. auch *Hoischen*, S. 52; *Rengeling*, in Börner/Neundörfer (Hg.), S. 23 (29); *Elverfeld*, S. 57 f.

[153] § 25 Nr. 3 Abs. 1 VOB/A. Diese Prüfung geht der Wirtschaftlichkeitswertung nach § 97 Abs. 5 zeitlich vor.

[154] OLG Düsseldorf, WuW/E Verg 427 (ebda.) (*Abraumbandbetrieb*).

sen Preisen zuverlässig und vertragsgerecht wird leisten können.[155] Unter diesen Voraussetzungen ist die Unterkostenregelung beihilferechtlich nicht zu beanstanden.

2.2.2.5. Vergaben unter den Schwellenwerten

Auf Aufträge unterhalb der Schwellenwerte findet das europarechtlich geprägte Vergaberecht des GWB keine Anwendung. Tendenziell dienen die hergebrachten Vorschriften der Verdingungsordnungen noch mehr als die Gemeinschaftsrichtlinien[156] dem Ziel preiswerter Beschaffung.[157] Wichtige Bindungen gibt auch das Haushaltsrecht vor. § 30 HGrG und § 55 BHO sowie die entsprechenden Bestimmungen der Landeshaushaltsordnungen statuieren das Gebot des Vorrangs der Öffentlichen Ausschreibung. Ausnahmen sind nur zulässig, wenn die Natur des Geschäfts oder besondere Umstände eine Ausnahme rechtfertigen. Entsprechend streng sind die Voraussetzungen der § 3 Nr. 4 VOB/A und § 3 Nr. 4 VOL/A für die Wahl des freihändigen Verfahren. So begründete Beschränkungen des Zugangs zum Vergabeverfahren sind beihilferechtlich in Ordnung.

§ 2 Nr. 1 S. 2 VOB/A, § 2 Nr. 1 VOL/A und § 4 Abs. 1 VOF betonen gemeinschaftsrechtskonform die Wettbewerbsbezogenheit der Vergabe unabhängig von der Art des Verfahrens.[158] Ausfluss des Wettbewerbsgrundsatzes ist auch bei Vergaben unterhalb der Schwellenwerte das Gebot freien Marktzugangs für alle Bieter und das Diskriminierungsverbot, §§ 2 Nr. 2 und 8 Nr. 1 VOB/A, § 7 Nr. 1 Abs. 1 VOL/A, § 4 Abs. 2 VOF. Die Anforderungen an die Eignungsprüfung (§ 2 Nr. 1 S. 1 VOB/A, § 2 Nr. 2 VOL/A, § 4 Abs. 1 VOF) decken sich weitgehend mit denen des § 97 Abs. 5 GWB. Dem Gebot der Wirtschaftlichkeit genügen öffentliche Auftraggeber beim Vorgehen nach dem Minimalprinzip.[159] Bei Beachtung dieser Verfahrensanforderungen bestehen bezüglich Vergaben unterhalb der Schwellenwerte sub specie des Market Economy Tests keinen Bedenken.

---

155 OLG Düsseldorf, WuW/E Verg 427 (428) (*Abraumbandbetrieb*); BGH, NJW 1995, 737 (738). Vgl. auch *Prieß*, EuZW 2001, 365 (369).

156 Hier steht das Ziel freien Marktzugangs für ausländische Bieter an erster Stelle.

157 Vgl. z.B. *Boesen*, § 97, Rn. 7: Kostengünstiger Einkauf als primäres Ziel des Vergaberechts vor Umsetzung der Richtlinien.

158 Vgl. *Riese*, S. 42.

159 Ziel ist, ein bestimmtes Ergebnis mit einem möglichst geringen Einsatz von Mitteln zu erreichen; vgl. *Riese*, S. 43 f.

2.2.2.6. Besonderheiten bei Forschungs- und Entwicklungsaufträgen

Die Kommission vermutet grundsätzlich Beihilfeelemente bei F&E-Aufträgen, die nicht im Wege des offenen Verfahrens vergeben werden.[160] Dies ist aber weder eine zwingende Bedingung, noch schließt es die Annahme einer Beihilfe bei Durchführung eines offenen Verfahrens aus.[161] Ein Mehr an Wettbewerb kann sich im Einzelfall nachteilig auf die Günstigkeit des Angebots auswirken, beispielsweise weil die Kosten der Angebotserstellung Unternehmen von der Teilnahme am Vergabeverfahren abhalten könnten.[162] Eine freihändige Vergabe lässt sich auch nicht vermeiden, wenn eine genaue Spezifikation der zu erbringenden Leistung unmöglich ist, wie das bei Forschungsprojekten der Fall ist, deren Ergebnis im Voraus normalerweise gerade nicht bekannt ist.

Gleichwohl rufen F&E-Aufträge mehr als andere öffentliche Aufträge verschiedene, häufig wenig transparente externe Effekte hervor.[163] Selbst wenn gewerbliche Schutzrechte an den Forschungsresultaten beim Auftraggeber entstehen oder auf ihn übergehen, profitiert der Auftragnehmer von dem erlangten Know-how.[164] Das gilt um so mehr, als es sich um anwendungsbezogene Forschung handelt und der Auftrag der Entwicklung industrienaher Technologien oder gar explizit der Stärkung der Wettbewerbsfähigkeit nationaler Forschungseinrichtungen dient.[165] Die Folgen können nur teilweise etwa über die Veröffentlichung der Auftragsergebnisse kompensiert werden.[166] Daher gilt im Allgemeinen auch bei F&E-Aufträgen: Je mehr Wettbewerb, desto größer die Chance, dass das letztlich erfolgreiche Angebot marktangemessen ist, und dass vor allem Sekundäreffekte im Preis antizipiert sind.[167] Aber auch in den Fällen des Verhandlungsverfahrens kann im Grundsatz angenommen werden, dass sich positive externe Effekte bei der Preiskalkulation niederschlagen, wenn die allgemeinen Vergabegrundsätze beachtet werden.

---

160 Kommission, F&E-Gemeinschaftsrahmen, ABl. 1996, C 45/5 (8), Tz. 2.5.

161 Kommission, F&E-Gemeinschaftsrahmen, ABl. 1996, C 45/5 (8), Tz. 2.5.

162 Vgl. *Commission*, Aid Element of Government R & D Contracts, S. 60.

163 Vgl. dazu im Einzelnen *Flach*, S. 37 ff., 60 ff. und 151 ff.

164 Je nach dem Resultat des Forschungsauftrags kann der Auftragnehmer zukünftige Forschungsanstrengungen vermeiden, die Ergebnisse in anderen Geschäftsbereichen verwerten oder neu entwickelte Methoden nutzbar machen. Diese haben nicht selten einen höheren Wert als das entwickelte Produkt oder das Forschungsergebnis selbst. Vgl. Kommission, F&E-Gemeinschaftsrahmen, ABl. 1996, C 45/5 (7), Tz. 2.2.; *Flach*, S. 37 ff.

165 Vgl. *Commission*, Aid Element of Government R & D Contracts, S. 61 ff.

166 Vgl. zum Ganzen *Commission*, Aid Element of Government R & D Contracts, S. 55 f.

167 Vgl. auch *Commission*, Aid Element of Government R & D Contracts, S. 58 ff.

2.2.2.7. Ergebnis

Das dargestellte Vergabeverfahren nach dem GWB und den Verdingungsordnungen entspricht den Anforderungen an ein diskriminierungsfreies Bietverfahren.[168] Soweit einzelne Bestimmungen Vorschriften enthalten, die einen Ausschluss von Teilnehmern hervorrufen, ist dies nach dem Market Economy Test gerechtfertigt. Folglich sind öffentliche Aufträge, die ausschließlich nach den Regeln des GWB und der Verdingungsordnungen vergeben werden, beihilferechtlich unbedenklich.[169]

Das Auftragsentgelt kann dann begünstigende Elemente enthalten, wenn Verfahrensvorschriften nicht strikt beachtet werden. Zu nennen sind in diesem Zusammenhang vor allem die Ausschreibungspflicht, der Grundsatz des Vorrangs des offenen Verfahrens[170], der Gleichbehandlungsgrundsatz des § 97 Abs. 2 GWB und die Kriterien der Eignungsprüfung nach § 97 Abs. 4, Hs. 1 GWB. Auch die Abwägung zwischen verschiedenen Wirtschaftlichkeitskriterien im Rahmen des § 97 Abs. 5 GWB ist begünstigungsauslösend, wenn die Gewichtung nicht hinreichend rational vorgenommen wird.[171] In all diesen Fällen verstoßen öffentliche Auftraggeber allerdings bereits gegen deutsches und gemeinschaftliches Vergaberecht. Die Art. 87, 88 EG wären dann ergänzend anwendbar.[172]

2.2.3. Anwendung auf Vergaben unter Berücksichtigung beschaffungsfremder Kriterien

2.2.3.1. Konkretisierung der Anforderungen

Schwieriger wird die Beurteilung vergaberechtlicher Bestimmungen (und der darauf beruhenden einzelnen Vergaben), sobald sie den prinzipiell auftragsbe-

---

[168] Vgl. auch *Koenig/Kühling/Ritter*, S. 69: Bei Einhaltung des EG-Vergaberechts Auftragsvergabe ohne Beihilfeelemente.

[169] So im Ergebnis auch *Dreher/Haas/v. Rintelen*, S. 23 ff.; *v. Rintelen*, Behördenspiegel August 2002, S. 20 (ebda.); *Koenig/Kühling*, NVwZ 2003, 779 (784).

[170] Wenn das Verhandlungsverfahren an sich stattgemäß ist, kommt es im Einzelfall auf die Qualität der Verhandlungsführung an; vgl. *Commission*, Aid Element of Government R&D Contracts, S. 62.

[171] Vgl. auch *Triantafyllou* (DÖV 1999, 51 (52 f.)).

[172] Dazu unter 4.1.

zogenen Ansatz des GWB und der Verdingungsordnungen verlassen. Denn EuGH-Rechtsprechung und Kommissionspraxis lassen, wie sogleich darzustellen sein wird, nur wenig Raum für die Berücksichtigung von nicht einzelwirtschaftlichen Gesichtspunkten bei der Beihilfekontrolle. Damit sind auch die Möglichkeiten für beschaffungsfremde Kriterien begrenzt.

2.2.3.1.1. Nachteilskompensation für Gemeinwohlverpflichtungen

Nach den Grundsätzen des Market Economy Tests ist die Adäquanz von Leistung und Gegenleistung grundsätzlich beeinträchtigt, wenn ein Auftraggeber andere als betriebswirtschaftliche Kostenerwägungen in seine Angebotswahl einfließen lässt. Allerdings hält die Rechtsprechung eine begünstigungsausschließende Berücksichtigung bestimmter so genannter Gemeinwohlverpflichtungen des Auftragnehmers im Rahmen der Beihilfeprüfung für möglich.[173] In der *Ferring*-Entscheidung hat der EuGH seine in der Rechtssache *ADBHU*[174] eingeschlagene Richtung wieder aufgenommen und die Befreiung von Pharmagroßhändlern von einer Direktverkaufsabgabe als Gegenleistung für die ständige Bereithaltung eines bestimmten Sortiments von Arzneimitteln bewertet.[175] Er hat sich damit von der zwischenzeitlichen Rechtsprechung der Gemeinschaftsgerichte abgewandt, wonach besondere Kosten aufgrund der Erfüllung von Gemeinwohlverpflichtungen nicht den Tatbestand des Art. 87 Abs. 1 EG ausschließen, sondern nur im Rahmen von Art. 86 Abs. 2 EG zu berücksichtigen sind[176]. Nach der neueren Rechtsprechung, die der EuGH zuletzt in der Rechtssache *Altmark* bestätigt hat[177], können auch Zuwendungen ohne marktfä-

---

[173] Dazu allgemein *Evans*, S. 28 f.

[174] EuGH, Rs. 240/83 (*ADBHU*), Slg. 1985, 531 (550), Rn. 18. Gegenstand der Entscheidung waren Zuschüsse, die Unternehmen als Ausgleich ihrer Verpflichtung zur Entsorgung von Altöl gewährt wurden. Vgl. auch die Schlussanträge von GA *Lenz* (ebda., 531 (536)): „Wichtig ist weiter, daß es sich bei den Zuschüssen [...] nicht um reine Subventionen handelt; in Wahrheit sind sie gedacht als *Gegenleistung* für Verpflichtungen, die bestimmten Unternehmen im öffentlichen Interesse auferlegt werden." (Hervorhebung wie dort).

[175] EuGH, Rs. C-53/00 (*Ferring SA*), Urt. v. 22.11.2001, EuZW 2002, 48 (50), Rn. 23 ff.

[176] EuG, Rs. T-106/95 (*FFSA*), Slg. 1997 II, 229 (281), Rn. 172; bestätigt durch EuGH, Rs. C-174/97 P (*FFSA II*) ,Slg. 1998 I, 1303 (1315), Rn. 165; EuG, Rs. T-46/97 (*SIC*), Slg. 2000 II, 2125 (2155 f.), Rn. 81 ff.; Entscheidung der Kommission, ABl. 1986, L 40/17 (18); so wohl auch *Feltkamp*, EC Competition Policy Newsletter 2003/1, S. 29 (31).

[177] EuGH, Urt. v. 24.7.2003, Rs. C-280/00 (*Altmark*), Rn. 85 ff.

hige Gegenleistung[178] als Nachteilsausgleich das Begünstigungsmerkmal ausschließen. Ein Bietverfahren kann zur Vermeidung von Überkompensationen beitragen.[179]

Die vom EuGH akzeptierten nachteilsausgleichenden Zuwendungen zeichnen sich indes dadurch aus, dass die jeweilige Gemeinwohlverpflichtung selbst *Gegenstand der Leistungsbeziehung* ist. Ungeachtet der Frage, ob sich vergabefremde Ziele überhaupt als „gemeinwohlorientiert" beurteilen lassen, sind sie jedenfalls selbst nicht Bestandteil der Beschaffungsleistung. Sie treten vielmehr funktional isoliert neben den primären Beschaffungszweck. Nachteilskompensationen bei der Vergabe öffentlicher Aufträge kommen folglich nur insoweit in Betracht, als eine Gemeinwohlverpflichtung Bestandteil der Leistungsverpflichtung des Auftragnehmers ist.[180] Danach können politische Ziele und gesamtwirtschaftliche Kostenerwägungen bei der *Leistungsbeschreibung* beihilferechtskonform berücksichtigt werden.[181] Ein etwaiger höherer Preis entspricht den besonderen (primären) Leistungsanforderungen, die die Kalkulationsgrundlage der Bieter bilden. Ein Kostenanstieg im Unternehmen des Auftragnehmers, der mit der Erfüllung eines Sekundärkriteriums zusammenhängt, hat dagegen außer Betracht zu bleiben. Denn die Vergabeentscheidung selbst muss auf einer strikt einzelwirtschaftlichen Betrachtung beruhen.

2.2.3.1.2. Auferlegung „besonderer Verpflichtungen im öffentlichen Interesse"

In der Grundstücksmitteilung hat die Kommission anerkannt, dass der Fiskus an den Verkauf von Grundstücken - über die allgemeinen Bestimmungen des nationalen Rechts hinaus - *besondere Verpflichtungen im öffentlichen Interesse*

---

[178] Die Erfüllung öffentlicher Aufgaben ist nicht marktfähig; vgl. *Kinzl*, S. 115 und 119; *Dippel/Zeiss*, NZBau 2002, 376 (377).

[179] Vgl. dazu *Koenig*, EuZW 2001, 741 (744 f.); *Craufurd Smith*, LIEI 28 (2001), 3 (10 f.).

[180] Vgl. EuG, Urt. v. 5.8.2003, Verb. Rs. T-116/01 und T-118/01 (*P&O*), Rn. 136. Gemeinwohlleistungen könnten z.B. vorliegen bei der Übertragung von Aufgaben des öffentlichen Personennahverkehrs an Private oder der Ausschreibung besonders umweltfreundlicher Produkte.

[181] Dann handelt es sich im Übrigen nicht um vergabefremde Kriterien, da es gerade um die Definition des primären Beschaffungsziels geht; s.o. unter 1.3. a.E.

knüpfen kann.[182] Es handelt sich dabei um Anforderungen[183], an deren Beachtung ein privater Immobilienveräußerer in aller Regel kein Interesse hätte. Die Kommission akzeptiert auch ausdrücklich, dass die Erfüllung der zusätzlichen Bedingungen wirtschaftliche Nachteile verursachen kann, und dass diese mit dem Kaufpreis verrechnet werden.[184] Fraglich ist, ob diese Aufweichung des Market Economy Tests analog auf beschaffungsfremde Kriterien übertragbar ist.

Das erscheint zweifelhaft, weil die Ausnahmetatbestände der Grundstücksmitteilung nur solche Verpflichtungen erfassen, „die mit dem Gebäude oder Grundstück und nicht mit dem Käufer oder seinen Wirtschaftstätigkeiten verbunden sind“[185]. Die Bedingungen dürfen sich also nicht auf den Kaufinteressenten in seiner Eigenschaft als Unternehmer schlechthin, sondern allein auf den Kaufinteressenten in seiner Eigenschaft als künftiger Eigentümer des Grundstücks beziehen.[186] Letztlich geht es um die Art und Weise des Erwerbs und der Nutzung der Kaufsache. Übertragen auf den umgekehrten Fall des öffentlichen *Nachfrage*verhaltens lassen sich die im Sinne der Grundstücksmitteilung zulässigen Bedingungen allenfalls dahingehend interpretieren, dass der Auftraggeber bezüglich der Anforderungen an den Beschaffungsgegenstand ungebunden ist. Damit wird (nur) der bereits dargestellte Befund gestützt, dass der Inhalt der Leistungsbeschreibung beihilferechtlich unerheblich ist.

2.2.3.1.3. Berücksichtigungsfähigkeit langfristiger Rentabilitätsaussichten

Die Verfolgung sekundärer Ziele bei der Vergabe öffentlicher Aufträge könnte unter dem Gesichtspunkt der langfristigen Wirtschaftlichkeit zu berücksichtigen sein. Vergabefremde Kriterien mögen zwar die konkrete Beschaffung verteuern. Auf Dauer ergibt sich jedoch möglicherweise eine Kostenentlastung in anderen

---

[182] Vgl. Mitteilung der Kommission, Abl. 1997, C 209/3 (ebda.): „Einschränkungen aus Gründen des Nachbar- oder Umweltschutzes oder zur Vermeidung rein spekulativer Gebote sowie raumordnungsrechtliche Einschränkungen für den Eigentümer eines Grundstücks nach nationalem Recht beeinträchtigen nicht die Bedingungsfreiheit eines Angebots.“

[183] „[...] Verpflichtungen für den allgemeinen Schutz und die Erhaltung der Umwelt und der öffentlichen Gesundheit zugunsten der öffentlichen Hand oder der Allgemeinheit [...]“; Mitteilung der Kommission, ABl. 1997, C 209/3 (3 f.).

[184] Mitteilung der Kommission, ABl. 1997, C 209/3 (4).

[185] Mitteilung der Kommission, ABl. 1997, C 209/3 (4).

[186] Mitteilung der Kommission, ABl. 1997, C 209/3 (ebda.).

Bereichen, etwa eine geringere Belastung der Sozialkassen infolge der Berücksichtigung arbeitsmarktpolitischer Aspekte oder die Vermeidung ökologischer Folgekosten industrieller Produktion aufgrund besonderer Umweltanforderungen.[187] Derartige gesamtökonomische Effekte könnten sub specie des Vergaberechts im Rahmen von § 97 Abs. 5 GWB bei Annahme eines sehr weiten Wirtschaftlichkeitsbegriffs berücksichtigungsfähig sein.[188]

Mit Blick auf Eigenkapitalbeteiligungen der öffentlichen Hand hat der EuGH vorübergehende Verluste akzeptiert, soweit sie Bestandteil eines langfristigen Investitionskonzepts sind.[189] Als Anteilseigner kann der Staat mit einer privaten Holding vergleichbar sein, die „neben der schnellen Amortisierung eingesetzten Kapitals auch eine globale oder sektorale Strukturpolitik verfolgt und sich von längerfristigen Rentabilitätsaussichten leiten läßt."[190] Um strategische Ziele zu erreichen ist ein Verzicht auf einen unmittelbaren *return on investment* aus verschiedenen Gründen wirtschaftlich plausibel.[191]

Übertragen auf die Betrachtung beschaffungsfremder Ziele ist es bereits sehr problematisch, ob die Berücksichtigung der jeweiligen Sekundäraspekte überhaupt auf Dauer Mittelzuflüsse oder Ausgabenverschonungen für die öffentlichen Haushalte zur Folge hätte, die die Verteuerung der Beschaffung kompensieren würden. Die dafür erforderliche „wohlfahrtsökonomische (Total-)analyse"[192] ist so gut wie unmöglich. Letztlich handelt es sich hier um eine wirt-

---

[187] I.d.S. GA *Lenz*, EuGH, Rs. C-21/88 (*Du Pont de Nemours*), Slg. 1990 I, 889 (913), Tz. 58. Ausführlich zum angeblichen Ausgleich etwaiger regionaler Nachteile als Folge der Binnenmarktliberalisierung durch protektionistische Vergabepraktiken *Fernández Martín/Stehmann*, E.L.Rev. 16 (1991), 216 (232 ff.); vgl. auch *Pietzcker*, Staatsauftrag (S. 322) zum erhöhten Steuerrückfluss infolge regionaler Präferenzen; ferner *Flach*, S. 105; *Reich*, S. 26 ff.; *Kayser*, S. 59 f.

[188] Den die Kommission in ihren neuesten Mitteilungen zur Berücksichtigung ökologischer und sozialer Aspekte offenbar voraussetzt; vgl. Mitteilung Umweltbelange, KOM(2001) 274 endg., S. 20 ff.; Mitteilung Soziale Belange, KOM(2001) 566 endg., S. 14 ff.

[189] EuGH, Rs. C-303/88 *(ENI/Lanerossi)*, Slg. 1991 I, 1433 (1476), Rn. 21 f.; vgl. auch *Hancher/Ottervanger/Slot*, Rn. 12.20.

[190] EuGH, Rs. C-305/89 (*Alfa Romeo*), Slg. 1991 I, 1603 (1640), Rn. 20; vgl. auch EuG, Verb. Rs. T-129/95, T-2/96 und T-97/96 (*Neue Maxhütte Stahlwerke*), Slg. 1999 II, 17 (51), Rn. 109.

[191] EuGH, Verb. Rs. C-278 bis 280/92 (*Hytasa*), Slg. 1994 I, S. 4103 (4154), Rn. 25; EuG, Verb. Rs. T-129/95, T-2/96 und T-97/96 (*Neue Maxhütte Stahlwerke*), Slg. 1999 II, 17 (55), Rn. 122 ff. Vgl. im Einzelnen auch *Koenig*, ZIP 2000, 53 (57 f.); *Dreher*, in GS Knobbe-Keuk, S. 583 (595 f.).

[192] *Opitz*, NZBau 2001, 12 (14).

schaftspolitische Grundsatzfrage, die kaum befriedigend beantwortet werden kann. Aber selbst wenn ein quantifizierbarer gesamtwirtschaftlicher Nutzen bestünde, müssten erhöhte Beschaffungskosten „durch unternehmerische Gründe objektiv gerechtfertigt“[193] sein. Und unternehmerische Gründe sind auch nach dem EuGH nur solche, die sich auf die einzelne Unternehmenseinheit oder den Gegenstand der Investition beziehen.[194] Dagegen sind gesamtwirtschaftliche Nutzenüberlegungen[195] privaten Akteuren, die stets dem Unternehmenszweck verpflichtet sind[196], prinzipiell fremd.

In der Rechtssache *Hytasa* hat der Gerichtshof diese Unterscheidung von betriebs- und gesamtwirtschaftlichen Rentabilitätsaussichten in Bezug auf die Privatisierung öffentlicher Unternehmen trennscharf herausgearbeitet. Er folgte den Schlussanträgen von Generalanwalt *Darmon*, der vorgeschlagen hatte, im Rahmen des Market Economy Tests „Erwägungen sozialer, politischer oder philanthropischer Art"[197] generell außer Acht zu lassen. Nach dem Urteil des EuGH ist

„zwischen den Verpflichtungen zu unterscheiden [...], die der Staat als Eigentümer der Anteile einer Gesellschaft zu übernehmen hat, und den *Verpflichtungen, die ihm als Träger der öffentlichen Gewalt obliegen.* [...] Dies bedeutet im konkreten Fall, daß die Verpflichtungen, die sich aus den Kosten der Entlassung der Arbeitnehmer, der Zahlung von Arbeitslosenunterstützung und der Beihilfen für die Wiederherstellung der industriellen Struktur ergaben, bei der An-

---

[193] EuGH, Rs. C-56/93 (*Van der Kooy*), Slg. 1996 I, 723 (790), Rn. 79.

[194] EuGH, Rs. 40/85 (*Kommission/Belgien*), Slg. 1986, 2321 (2345); EuGH, Rs. C-142/87 (*Tubemeuse*), Slg. 1990 I, 959 (1012), Rn. 28 f.

[195] Zur Unterscheidung von betriebswirtschaftlicher und volkswirtschaftlicher Wirtschaftlichkeit vgl. *Opitz*, NZBau 2001, 12 (13); *Dreher/Haas/v. Rintelen*, S. 7, Fn. 2.

[196] Vgl. *Dreher*, ZHR 155 (1991), 349 (357 ff.); *Dreher/Haas/v. Rintelen*, S. 28.

[197] GA *Darmon*, in EuGH, Verb. Rs. T-278 bis 280/92 (*Hytasa*), Slg. 1994 I, 4103 (4112 f.), Rn. 28. Der EuGH hat in den vergangenen Jahren mehrfach festgestellt, dass staatliche Maßnahmen nicht schon wegen ihres sozialen oder regionalpolitischen Charakters von der Einordnung als Beihilfen im Sinne des Art. 87 Abs. 1 EG ausgenommen sind; EuGH Rs. C-75/97 (*Maribel a/b*), Slg. 1999 I, 3671 (3695), Rn. 25; EuGH, Rs. C-251/97 (*Frankreich/Kommission*), Slg. 1999 I, 6639 (6666), Rn. 37; EuGH, Rs. C-241/94 (*Kimberly Clark*), Slg. 1996 I, 4551 (4575), Rn. 21; EuGH, Rs. 40/85 (*Boch II*), Slg. 1986, 2321 (2345), Rn. 13; EuGH, Rs. 234/84 (*Meura*), Slg. 1986, 2263 (2286), Rn. 14.

wendung des Kriteriums des privaten Investors nicht berücksichtigt werden dürfen.“[198]

Folglich ist auch im Hinblick auf Beschaffungen der öffentlichen Hand eine einzelwirtschaftliche Betrachtung geboten, also allein auf die Wirtschaftlichkeit des konkreten Beschaffungsgegenstands abzustellen. Ein „gemeinwohlorientierter Wirtschaftlichkeitsbegriff“[199] ist im Rahmen des Begünstigungsmerkmals des Art. 87 Abs. 1 EG verfehlt. Gesamtwirtschaftliche Vorteile sind nach der Systematik des Beihilferechts auf der Rechtfertigungsebene zu würdigen.[200] Diese Sichtweise zeichnet auch die Entscheidung des EuG in der Sache *BAI* aus, in der das Gericht festgestellt hat, dass kulturelle und soziale Ziele bei der Qualifizierung öffentlicher Aufträge im Hinblick auf Art. 87 Abs. 1 EG nicht zu berücksichtigen sind.[201] Im Rahmen der Begünstigungsfeststellung sind nämlich die *Motive* für die Vornahme der begünstigenden Maßnahme irrelevant.[202] Einer (wirtschafts-) politischen „Gegenleistung“, mag der Fiskus sie auch für noch so opportun halten, kann kein Marktwert zugeordnet werden, „sie ist im Gegenteil ein starkes Indiz für das Vorliegen einer Beihilfe“[203]. Begünstigungsausschließend ist die Gegenleistung des Auftragnehmers also nur insoweit, als sie für den Auftraggeber betriebswirtschaftlich erstrebenswert ist. Führte die Berufung staatlicher Marktteilnehmer auf ihre Verpflichtungen als Träger öffentlicher Gewalt zum Ausschluss des Begünstigungsmerkmals, würde das Beihilferecht gegenstandslos. Ob eine Zuwendung unter gesamtökonomischen Gesichts-

---

198 EuGH, Verb. Rs. C-278/92 bis C-280/92 (*Hytasa*), Slg. 1994 I, 4103 (4153), Rn. 22 (Hervorhebung nicht im Original). Vgl. auch EuG, Verb. Rs. T-129/95, T-2/96 und T-97/96 (*Neue Maxhütte Stahlwerke*), Slg. 1999 II, 17 (54), Rn. 119.

199 Der sich darauf stützt, „daß das Wesen des Staates und seiner Einrichtungen gerade darin besteht, daß sie – anders als private Unternehmen – nicht nur betriebswirtschaftliche Ziele verfolgen dürfen (Gewinnmaximierung), sondern ihre Daseinsberechtigung der Verfolgung öffentlicher Zwecke verdanken“ (*v. Arnim*, S. 89, freilich mit der Einschränkung, dass die Disposition über finanzielle Mittel wiederum an die Kompetenzverteilung geknüpft ist (ebda., S. 90).

200 Eine einschränkende Auslegung des Verbotstatbestandes des Art. 87 Abs. 1 i.S.e. *rule of reason* widerspräche schließlich auch dem im EG-Vertrag angelegten Vorrang des Wettbewerbsprinzips; vgl. (in Bezug auf das Kartellrecht) *Dreher*, in Dörr/Dreher, S. 105 (118).

201 EuG, Rs. T-14/96 (*BAI*), Slg. 1999 II, 139 (166), Rn. 81: „[...] ist darauf hinzuweisen, daß die kulturellen und sozialen Ziele, die die spanischen Behörden möglicherweise verfolgen, bei der Qualifizierung von 1995 im Hinblick auf Art. 92 I EGV keine Rolle spielen.“

202 Vgl. auch *Koenig/Sander*, EuR 2000, 743 (759); *Häring*, S. 125.

203 *Schernthanner*, S. 31; *Häring*, S. 127.

punkten vernünftig ist oder nicht, ist eine Frage, die im Rahmen der Legalausnahmen der Art. 87 Abs. 2 und 3 EG zu beantworten ist, und zwar von der Kommission.[204] Langfristige Gesichtspunkte kommen bei Auftragsvergaben folglich nur dann in Betracht, wenn Folgekosten einer Beschaffung bei der Angebotswertung berücksichtigungsfähig sind. Beispielsweise kann die Anschaffung eines vergleichsweise teuren Produkts wegen seiner langen Lebensdauer gerechtfertigt sein. Andere als auftragsbezogene Kriterien sind dagegen unter dem Gesichtspunkt der langfristigen Rentabilität nicht zulässig.[205]

Eine eng begrenzte Ausnahme ist insoweit zu gestatten, als öffentliche Auftraggeber ihr Nachfrageverhalten darauf ausrichten, sich langfristig günstige Angebotsstrukturen zu erhalten oder zu schaffen. Entsprechende nicht leistungsgegenstandsbezogene Vergabekriterien mögen zwar teilweise auch einen gesamtwirtschaftlichen Nutzen haben.[206] Sofern sie aber dazu beitragen, den (Unterbietungs-) Wettbewerb auf der Angebotsseite zu sichern oder zu etablieren, profitiert der Auftraggeber selbst auf Dauer kostenmäßig von einem derartigen strategischen Unternehmensverhalten. Im Prinzip nichts anderes billigt der EuGH, wenn er staatlichen Kapitalgebern erlaubt, kurzfristige Verluste zu Gunsten einer längerfristig ausgerichteten Strukturpolitik in Kauf zu nehmen.

2.2.3.1.4. Fazit

Auf der Grundlage der Praxis von Kommission und Gerichtshof sind bei staatlicher Marktteilnahme andere als Wirtschaftlichkeitsgesichtspunkte nur unter sehr engen Voraussetzungen zulässig. Nach dem starren Gegenleistungskonzept des Art. 87 Abs. 1 EG ist der direkte Bezug zum Leistungsgegenstand für die Annahme einer begünstigungsausschließenden Gegenleistung ausschlaggebend. Folglich müssen sekundäre Ziele in die Definition des Beschaffungsgegenstands einfließen oder sonst aus einzelwirtschaftlichen Gründen gerechtfertigt sein; im Übrigen werden sie den Anforderungen an ein diskriminierungsfreies Bietverfahren nicht gerecht. Tendenziell gilt daher nach Beihilfe- wie nach Vergaberecht: Beschaffungsfremde Kriterien sind zulässig, wenn sie auftragsbezogen sind. Darüber hinaus sind langfristige Aspekte insofern unbedenklich, als sie dem Wettbewerb auf der Nachfrageseite dienen.

---

[204] Vgl. EuG, Rs. T-67/94 (*Ladbroke Racing*), Slg. 1998 II, 1 (26), Rn. 52; EuG, Rs. T-14/96 (*BAI*), Slg. 1999 II, 139 (166 f.), Rn. 81.

[205] Wie hier *Dreher/Haas/v. Rintelen*, S. 26 ff.; *v. Rintelen*, Behördenspiegel August 2002, S. 20 (ebda.).

[206] Dazu sogleich unter 2.2.3.3.6.

2.2.3.2. Folgen für Rechtstreueanforderungen

Die Eignungskriterien des § 97 Abs. 4 Hs. 1 GWB beschränken das Feld der Teilnehmer eines Vergabeverfahrens in einer grundsätzlich marktkonformen Weise. Bedenken bereiten im Einzelfall Zuverlässigkeitsanforderungen, welche nicht unmittelbar die Fähigkeit des Bieters betreffen, die nachgefragte Leistung zu erbringen, also Bestimmungen, die auf das Verhalten eines Unternehmens bei der Vergabe öffentlicher Aufträge generell oder in einem allgemeinen Sinn auf die ordnungsgemäße Betriebsführung abstellen. Vor allem Rechtstreueanforderungen lassen aufgrund ihrer konkreten Anwendung möglicherweise den Bezug zur Beschaffungsleistung vermissen. Maßgeblich ist jeweils, ob die betreffende Norm angesichts der konkreten Anforderungen an die zu erbringende Beschaffungsleistung eine Aussage über die Eignung des Bieters trifft, den Auftrag ausschreibungsgemäß auszuführen und abzuwickeln.

Unter dem Gesichtspunkt des Bietverfahrenskriteriums nicht akzeptabel ist ein Verständnis, wonach die vergaberechtliche Zuverlässigkeit „nur partiell aus dem betriebswirtschaftlichen Blickwinkel des Auftraggebers und des gerade zu vergebenden Auftrags zu sehen“[207] ist. Die Kontrolle der Rechtstreue darf kein Selbstzweck sein, sondern ist nur dann in begünstigungsausschließender Weise möglich, wenn ein Gesetzesverstoß im Einzelfall zu Zweifeln an der Fähigkeit des Bieters, den konkreten Auftrag auszuführen, berechtigt. Wie sich vor allem aus der *Hytasa*-Rechtsprechung des EuGH ergibt, haben Verpflichtungen, die dem Staat in seiner Eigenschaft als Träger öffentlicher Gewalt obliegen, ansonsten außer Betracht zu bleiben. Die unter dem Gesichtspunkt des verwaltungsrechtlichen Koppelungsverbots ungeklärte Frage, ob Vergabestellen aufgrund von Rechtstreueanforderungen Aufgaben anderer Behörden wahrnehmen können[208], ist sub specie des Beihilferechts zu verneinen.

---

[207] *Marx*, in Schwarze, S. 77 (79 f.).

[208] Danach ist die Nutzung nichthoheitlicher Handlungsformen, um damit hoheitliche Aufgaben zu verfolgen, im Hinblick auf die Kompetenzordnung problematisch. Vgl. dazu BVerwG, NJW 1980, 1294; *Kirchhof*, S. 346 ff.; *Pietzcker*, AöR 107 (1982), 61 (91 ff.); *Kling*, S. 97 ff.; S. 647: „Im modernen Staat mit seiner diversifizierten Kompetenzordnung sollte die Ahndung von Verstößen gegen Rechtsnormen mit den Mitteln erfolgen, die das jeweils einschlägige Gesetz vorsieht, und die Verfolgung von Verstößen sollte durch die von Gesetzes wegen berufenen Organe erfolgen.“ A.A. *Pietzcker*, AöR 107 (1982), 61 (91). Teilweise wird ein sachlicher Zusammenhang mit der Beschaffung verlangt (*Ehlers*, Verwaltung in Privatrechtsform, S. 231).

Angesichts dieser Vorgaben zu billigen ist die enge Auslegung der § 8 Nr. 5 Abs. 1 c), § 7 Nr. 5 c) VOL/A, die den Ausschluss von Bietern wegen „schwerer Verfehlungen“ vorsehen. Diese Auffangklausel ist streng auf die Zuverlässigkeit des Teilnehmers, den konkreten Auftrag zu erfüllen, bezogen.[209] Der Auftraggeber muss im Rahmen einer eingehenden Gesamtabwägung zu dem Ergebnis gelangen, dass der Teilnehmer aufgrund seines Verhaltens nicht mehr die Gewähr dafür bietet, die verlangte Leistung in der geforderten Weise zu erbringen.[210] Ein privater Auftragnehmer würde nicht anders handeln. Daher genügt dieses Kriterium den Marktanforderungen.

Sehr problematisch sind Vorschriften, die auf die ordnungsgemäße Zahlung von Steuern, Abgaben und Sozialversicherungsbeiträgen, die Nicht-Einhaltung von Arbeitsbedingungen und Arbeitsschutzbestimmungen oder die Beschäftigung von Schwarzarbeitern abstellen.[211] Einem Privatunternehmer dürfte die Einhaltung der entsprechenden öffentlich-rechtlichen Vorschriften durch seine Vertragspartner grundsätzlich gleichgültig sein. Es ist weder seine Aufgabe, noch hat er ein (betriebswirtschaftliches) Interesse daran, die Verpflichtungen anderer Unternehmen gegenüber der öffentlichen Hand oder in einem weiteren Sinn die Beachtung der Rechtsordnung zu überwachen und entsprechende Verstöße im Wege seiner Beschaffungspraxis zu ahnden.

Eine Vergabestelle, die bei Missachtung einer derartigen Rechtstreuevorschrift pauschal den Ausschluss vom Vergabeverfahren anordnet, nimmt beihilferelevante Begünstigungen des Auftragnehmers in Kauf. Nur wenn ein konkreter Verstoß aufgrund seiner Art und seines Umfangs die Annahme rechtfertigt, dass ein Teilnehmer nicht in der Lage ist, die nachgefragte Leistung in befriedigender Weise zu erbringen, ist die Beschränkung des Teilnehmerkreises gerechtfertigt. Dem kann der Auftraggeber nur auf der Grundlage eines eng verstande-

---

[209] Vgl. VÜA Bund 1 VÜ 19/97 (*Detlev-Rohwedder-Haus 2*), WuW/E Verg 74 (76 f.); *Prieß/Hausmann*, in Motzke/Pietzcker/Prieß, § 8 VOB/A, Rn. 101.

[210] Vgl. *Prieß/Hausmann*, in Motzke/Pietzcker/Prieß, § 8 VOB/A, Rn. 103.

[211] Vgl. z.B. § 8 Nr. 5 Abs. 1 d) VOB/A, § 7 Nr. 5 d) VOL/A; § 6 Abs. 1 EntwLandesvergabeG Nds (EntwVgG Nds): Steuern und Abgaben; § 5 SchwArbG; Ziff. 5.8. des Gemeinsamen Runderlasses MP v. 23.11.2000 (ABl., S. 1464); § 6 Abs. 2 AEntsG; Ziff. 5 und 6 Verwaltungsvorschrift Bbg zur Bekämpfung illegaler Beschäftigung, Schwarzarbeit und der wettbewerbsverzerrenden Ausnutzung arbeits- und sozialrechtlicher Gestaltungen („VwV zur Bekämpfung unlauterer Beschäftigung Bbg“) v. 6.2.1996 (ABl., S. 302).

nen, beschaffungsbezogenen Zuverlässigkeitsbegriffs gerecht werden.[212] Bei der Ermessensausübung im Rahmen der fakultativen Ausschlussgründe der § 8 Nr. 5 Abs. 1 d) VOB/A, § 7 Nr. 5 d) sind daher - bei Vorliegen der weiteren Voraussetzungen des Beihilfeverbots - in beihilferechtskonformer Weise die Wertungen eines privatwirtschaftlichen Beschaffungsverhaltens zugrunde zu legen. Sofern es sich bei Rechtstreueregelungen nach ihrem Wortlaut gar nicht um Ermessensvorschriften handelt, sind sie gemeinschaftsrechtskonform als solche zu behandeln.

2.2.3.3. Folgen für beschaffungsfremde Kriterien im engeren Sinn

2.2.3.3.1. Umweltschutz

Wie kein anderer beschaffungsfremder Aspekt findet der Umweltschutz auf verschiedenen Ebenen Eingang in Vergabeverfahren.[213] Bei der Definition der Beschaffungsleistung können auch nach den Vorgaben des Beihilferechts gesamtwirtschaftliche Überlegungen berücksichtigt werden. Die Vergabestelle ist also nicht gehindert, Umweltgesichtspunkte bei der Bestimmung der zu beschaffenden Leistung zu berücksichtigen. Die Schwelle zu möglichen beihilferelevanten Begünstigungen wird da überschritten, wo Auftraggeber bestimmte umweltfreundliche Produktionsmethoden und –mittel verlangen[214], da diese Anforderungen nicht direkt mit der zu beschaffenden Leistung an sich zusammenhängen.[215]

Werden Umweltkriterien zur Bestimmung der wirtschaftlichen, finanziellen und technischen Leistungsfähigkeit herangezogen, kommt es beihilferechtlich auf den Bezug zum Auftragsgegenstand an. Das ökologisch korrekte Verhalten eines Teilnehmers kann nur insofern in begünstigungsausschließender Weise von

---

[212] Vgl. dazu etwa die Kommentierung zu § 97 Abs. 5 GWB bei *Boesen*, § 97, Rn. 85; *Dreher*, in Immenga/Mestmäcker, § 97, Rn. 113 f: ferner oben unter 2.2.2.4.

[213] Vgl. z.B. § 37 Abs. 1 S. 2 KrW-/AbfG; § 2 LAbfWAG RP; Runderlass des niedersächsischen Wirtschaftsministeriums „Öffentliches Auftragswesen: Berücksichtigung des Umweltschutzes" („Umweltrichtlinien öffentliches Auftragswesen Nds") v. 5.5.1992 (MBl., S. 1286); Ziff. 3.8. der Anlage 1 zum Runderlass des hessischen Umweltministeriums „Vorbildfunktion der Landesverwaltung für umweltfreundliche Verhaltensweisen" („Umwelterlass Hess") v. 15.9.1994 (StAnz., S. 3283). S. ferner die zahlreichen Nachweise bei *Riese*, S. 244, Fn. 759.

[214] Vgl. z.B. § 2 Nr. 1 LAbfWAG RP; § 3 Abs. 2 Nr. 2 LAbfG Nds; entsprechend auch Kommission, Mitteilung Umweltbelange, KOM(2001) 274 endg., S. 12 ff.

[215] S.o. bei 2.2.3.1.3.

Belang sein, als es seine Eignung zur ordnungsgemäßen Leistungserbringung betrifft. Regelmäßig nicht mehr auftragsbezogen und damit beihilferelevant sind danach Kriterien, die auf das allgemeine Umweltverhalten eines Betriebes abstellen (z.B. die Verwendung von Lebensmitteln aus biologischem Anbau in der Kantine).[216]

Im Rahmen der Wirtschaftlichkeitsprüfung gemäß § 97 Abs. 5 GWB kann die Nachhaltigkeit und die Umweltfreundlichkeit eines Angebots in beihilferechtskonformer Weise positiv gewertet werden, wenn eine Verminderung von Folgekosten etwa wegen der Entsorgung des Produkts und damit ein konkreter wirtschaftlicher Vorteil zum unmittelbaren Nutzen des öffentlichen Auftraggebers abzusehen sind.[217] Diese Überlegungen gelten entsprechend für die Zulassung von umweltfreundlichen Nebenangeboten und Änderungsvorschlägen.[218] Wegen des einzelwirtschaftlichen Maßstabs des Art. 87 Abs. 1 EG können auch im Rahmen der Zuschlagsentscheidung solche gesamtvolkswirtschaftlichen Belastungen nicht als Folgekosten berücksichtigt werden, die mit bestimmten umweltfreundlichen Produktionsmethoden möglicherweise verringert werden können.[219]

2.2.3.3.2. Förderung benachteiligter Personengruppen

Die Bevorzugung frauenfördernder Betriebe[220] ist, unabhängig vom Ansatzpunkt dieses Kriteriums, aus der Perspektive des Market Economy Tests eine unzulässige Vergabebedingung. Denn es gibt keinen Anhalt dafür, dass Unternehmen

---

216 Vgl. aber Kommission, Mitteilung Umweltbelange, KOM(2001) 274 endg., S. 18 f Umweltmanagementsystem als Auswahlkriterium.

217 Vgl. z.B. § 2 Nr. 2 LAbfWAG RP. Mit den Anforderungen zu vereinbaren ist die Berücksichtigung von Kosten, die während des Lebenszyklus' eines Produkts anfallen (vgl. Kommission, Mitteilung Umweltbelange, KOM(2001), 274 endg., S. 22), nicht aber die Beachtung von Umweltschutzaspekten als „zusätzliche Kriterien" (ebda., S. 23). Vgl. *Kunzlik* (in Arrowsmith/Davies, S. 199 (216) und *Kling* (S. 616 ff. und S. 673) zur Berücksichtigung von Folgekosten aus vergaberechtlicher Sicht

218 Vgl. § 10 Nr. 5 Abs. 4 VOB/A, § 17 Nr. 3 Abs. 5 VOL/A.

219 Wie hier beurteilt auch *Frenz* (WuW 2002, 354 (360) die Beihilfequalität von Umweltkriterien bei der Vergabe.

220 Vgl. z.B. LandesgleichstellungsG Bln v. 31.12.1990 (GVBl. 1991, S. 8), zuletzt geändert durch Gesetz v. 16.6.1999 (GVBl., S. 341) i.V.m. FrauenförderungsVO (FrauFöV Bln) v. 23.8.1999 (GVBl. S. 498); FrauFöV Bbg v. 25.4.1996 (GVBl. Nr. 22 v. 17.5.1996, S. 354). Auf Bundesebene war eine entsprechende Regelung geplant, ist aber bislang nicht realisiert worden.

mit einem hohen Anteil weiblicher Beschäftigter (in Leitungspositionen) bessere Leistungen erbringen als andere Unternehmen.[221] Im Hinblick auf die Präferenzen zugunsten von Unternehmen, die Langzeitarbeitslose[222], Auszubildende[223], (Schwer-) Behinderte[224], NS-Verfolgte[225] oder Spätaussiedler[226] beschäftigen, verhält es sich genauso. All diese Kriterien verfolgen ausschließlich gesellschaftspolitische Zielsetzungen, die nach den hier entwickelten Maßstäben als Gegenleistungen außer Betracht zu bleiben haben.

2.2.3.3.3. Tariftreueerklärungen und Bieterausschluss wegen geringfügiger Beschäftigung

Tariftreueregelungen[227] ordnen die Einhaltung der am Auftragsort tarifvertraglich vereinbarten Löhne an. Das Lohnniveau ist aber kein verlässlicher Indikator für die Güte der Arbeit eines Unternehmens, wie auch das KG im Hinblick

221 Es gibt auch keinen Anhalt dafür, dass das Gegenteil der Fall ist.

222 Vgl. z.B. §§ 262 Abs. 2 i.V.m. 263 Abs. 1 SGB III sowie § 279 a Abs. 1 SGB III. Die Schaffung von Arbeitsplätzen ist keine bei Art. 87 Abs. 1 EG berücksichtigungsfähige Gegenleistung, s.o.

223 Vgl. z.B. § 2 VgG Bln v. 9.7.1999 (GVBl., S. 369); Bayerischer Lehrlingserlass für Auftragsvergaben unterhalb der Schwellenwerte v. 27.1.1998 und v. 12.12.2000 (AllMBl. 2001, S. 3).

224 §§ 56 und 58 SchwbG i.V.m. den Richtlinien des BMWi für die Berücksichtigung von Werkstätten für Behinderte und Blindenwerkstätten bei der Vergabe öffentlicher Aufträge („Behindertenrichtlinien Bund") v. 10.5.2001 (BAnz. Nr. 109 v. 16.6.2001, S. 11773); § 141 SGB IX. Die Bevorzugung betrifft anerkannte Blinden- und Behindertenwerkstätten.

225 § 68 BEG. Voraussetzung ist, dass die Verfolgten einen Schaden im beruflichen Fortkommen erlitten haben, §§ 64 bis 66 BEG. Gleichgestellt sind bestimmte Hinterbliebene und nahe Angehörige, § 1 Abs. 2 und 3 BEG.

226 § 14 Abs. 2 BVFG (früher § 74 BVFG). Die Bevorzugung gilt nur in den ersten zehn Jahren nach Verlassen der Aussiedlungsgebiete.

227 Mit Tariftreueerklärungen verpflichten sich Teilnehmer eines Vergabeverfahrens, ihren Beschäftigten im Fall der Auftragserteilung die im Gebiet des Auftraggebers gültigen Tariflöhne zu zahlen. Anders als die *deklaratorische* Tariftreueerklärung, die bloß zur Einhaltung bereits bestehender Tarifpflichten anhält, richtet sich die *konstitutive* Tariftreueerklärung auch an Unternehmen, die an sich nicht tarifgebunden sind. Vgl. z.B. Bauaufträge-VergabeG Bay (BayBauVG) v. 28.6.2000 (GVBl., S. 364); LandesvergabeG Bln (VgG Bln) v. 9.7.1999 (GVBl., S. 369); EntwTariftreueG Bund (am 26.4.2002 vom Bundestag verabschiedet, am 12.7.2002 im Bundesrat gescheitert); EntwVgG Nds.

auf die Berliner Tariftreueregelung festgestellt hat.[228] Tariftreueanforderungen laufen daher einem diskriminierungsfreien Bietverfahren entgegen.

In ähnlicher Weise wie Tariftreueregelungen stellt die brandenburgische „Verwaltungsvorschrift zur Bekämpfung unlauterer Beschäftigung“ Anforderungen, die über das gesetzliche Maß hinausgehen, um die „Ausnutzung arbeits- und sozialrechtlicher Gestaltungsmöglichkeiten“ einzudämmen: Falls mehr als ein Drittel der Arbeitnehmer eines Bieters in geringfügigen Beschäftigungsverhältnissen steht und der Bieter behauptet, eine Vollzeitbeschäftigung seiner Arbeitnehmer sei aus Gründen der Auftragslage nicht möglich, dann ist er mangels Leistungsfähigkeit von der Vergabe auszuschließen.[229] Hier ist der Schluss von einem an sich beschaffungsfremden Aspekt (Höhe der Sozialleistungen) auf einen auftragsbezogenen und marktgerechten Gesichtspunkt (Leistungsfähigkeit) zwar nicht generell abwegig. Gleichwohl ist der Ausschluss von der Vergabe als zwingende Rechtsfolge mit den beihilferechtlichen Vorgaben sind zu vereinbaren. Denn eine schlechte Auftragslage – etwa in konjunkturellen Baisse-Perioden – impliziert nicht unbedingt mangelnde Leistungsfähigkeit i.S.d. § 97 Abs. 4 GWB.

2.2.3.3.4. Scientology-Schutzerklärungen

Für so genannte Scientology-Schutzerklärungen[230] gilt im Grundsatz dasselbe wie für Rechtstreueanforderungen: Die Scientologyangehörigkeit muss sich negativ auf die Eignung des Teilnehmers auswirken, die konkrete Leistung ausschreibungsgemäß zu erbringen. Ein Bezug zwischen der jeweiligen Beschaffungsleistung und der Zugehörigkeit zu Scientology dürfte indes nur in so genannten sensiblen Dienstleistungsbereichen bestehen, also vor allem bei Beratungs- und Schulungsleistungen.[231] Ansonsten ist der Ausschluss vom

---

[228] KG, WuW/E Verg 111 (118) (*Tariftreueerklärung*): „Der Erfolg auswärtiger Unternehmen und die Heranziehung von Arbeitern aus Billiglohngebieten hätten nicht das beklagte Ausmaß angenommen, wenn die von ihnen erbrachte Leistung merklich hinter dem Leistungsstand der Tarifgebundenen zurückbliebe.“

[229] Ziff. 6.1. VwV zur Bekämpfung unlauterer Beschäftigung Bbg v. 6.2.1996 (ABl., S. 302).

[230] Vgl. z.B. Ziff. 1 des Rundschreibens des BMWi über die Anwendung einer Scientology-Schutzklausel („Scientology-Rundschreiben Bund“) v. 8.8.2001 (BAnz. Nr. 155 v. 21.8.2001, S. 18174); Scientology-Schutzerklärung aufgrund Ziff. 2.1. und 2.2. der Anlage zur Bekanntmachung der Bayerischen Staatsregierung v. 29.10.1996 (AllMBl., 701).

[231] Darauf beschränkt sich die Schutzklausel nach Ziff. 1 Scientology-Rundschreiben Bund v. 8.8.2001 (BAnz. Nr. 155 v. 21.8.2001, S. 18174), vgl. v.a. die differenzierte Regelung in Ziff. 3.

Vergabeverfahren nicht mit den Anforderungen an ein diskriminierungsfreies Bietverfahren zu vereinbaren.[232] Eine generelle Sanktionierung der Gesinnung der Geschäftsleitung unterliegt der weiteren beihilferechtlichen Prüfung. Deshalb ist auch hier bei undifferenziert formulierten Regelungen an eine restriktive gemeinschaftsrechtskonforme Auslegung zu denken.

2.2.3.3.5. Regionalförderung

Wenn eine Beschaffungsregelung Unternehmen bestimmter Regionen begünstigt[233], erschwert sie zugleich anderen Unternehmen den Zugang zu dem ausgeschriebenen Auftrag. Für einen privaten Marktakteur ergäbe eine solche (potenzielle) Verringerung des Teilnehmerkreises keinen Sinn; sie ist daher mit dem Bietverfahrenskriterium nicht zu vereinbaren.

2.2.3.3.6. Mittelstandsförderung

Schutz und Förderung des Mittelstandes haben im Konzept des deutschen Vergaberechts einen besonderen Rang.[234] Soweit das Vergaberecht lediglich die Aufforderung kleiner und mittlerer Unternehmen zur Angebotsaufgabe verlangt[235], bedeutet dies noch keine Beschränkung zu Lasten anderer Unternehmen. Dagegen kann die Aufteilung von Aufträgen in Fach- oder Teillose und die Übernahme von Aufträgen durch Bietergemeinschaften den Zu-

---

[232] Vgl. auch (aus vergaberechtlicher Sicht) *Kling*, S. 533 f.

[233] Vgl. z.B. Ziff. 2. und 3 des Runderlasses des Wirtschaftsministeriums Bbg über Ausnahmeregelungen zugunsten von Unternehmen aus Regionen der EU mit Entwicklungsrückstand („Entwicklungsrückstandserlass Bbg") v. 19.4.1996 (ABl., S. 476). Bestimmungen, die die Bevorzugung sämtlicher Unternehmen des gesamten Staatsgebiets vorsehen, gibt es jedenfalls in Deutschland nicht mehr. In § 7 Nr. 1 Abs. 1 S. 1 VOL/A ist das Gebot der Gleichbehandlung ausländischer Bieter ausdrücklich festgehalten.

[234] Vgl. § 97 Abs. 3 GWB; §§ 5 Nr. 1, 7 Nr. 1 Abs. 2 und Nr. 3, 10 Nr. 1 und 2 VOL/A; §§ 4, 9, 14, 20 Nr. 2 Abs. 1, 25 Nr. 6 VOB/A; Ziff. 3.1. der Richtlinien der Bundesregierung zur angemessenen Beteiligung kleiner und mittlerer Unternehmen in Handwerk, Handel und Industrie („Mittelstandsrichtlinien") v. 1.6.1976 (Beilage 16/76 zum BAnz. Nr. 111 v. 16.6.1976). Auch auf Länderebene gibt es zahlreiche Regelungen, z.B. § 5 Abs. 3 – 6 MittelstandsförderungsG Bbg v. 8.5.1992 (GVBl. I, S. 166); MittelstandsförderungsG BW v. 28.12.2000 (GVBl., S. 745).

[235] Z.B. § 7 Nr. 3 VOL/A.

schlag auf (ggf. günstigere) Angebote von Generalunternehmern unterbinden.[236] Praktisch handelt es sich um einen Nachteilsausgleich für KMU. Anders als gesellschaftspolitisch ausgerichtete Beschaffungskriterien, die allenfalls ferne gesamtwirtschaftliche Nutzen versprechen, bezwecken mittelstandsfördernde Vergabekriterien allerdings auf Dauer einen preiswerten Beschaffungsmarkt zu entwickeln oder zu erhalten.[237] Je marktmächtiger ein öffentlicher Auftraggeber ist, desto mehr kann er die Angebotsstrukturen beeinflussen. Breitgestreute Vergaben schützen strukturell unterlegene KMU vor Verdrängung, verhindern so Marktverengung und Oligopolisierung und tragen damit zur Sicherung des Preiswettbewerbs auf der Angebotsseite bei. Hinzu kommt das Innovationspotenzial der wegen ihrer geringeren Größe häufig flexibleren KMU.[238]

Grundsätzlich ist es mit der beihilferechtlich gebotenen einzelwirtschaftlichen Betrachtung unvereinbar, wenn die öffentliche Hand die Angebotsseite des Marktes durch ihre Auftragsvergabe strukturell beeinflusst. Gleichwohl kann ein solches Verhalten dazu beitragen, einen für den Nachfrager vorteilhaften Anbieter- und Preiswettbewerb zu gewährleisten. Derartige einzelunternehmensbezogene Überlegungen werden auch von der Beihilfe-Rechtsprechung des EuGH getragen.[239] Ausnahmen von der isolierten Betrachtung des Marktwertes der Beschaffungsleistung zugunsten mittelstandsfördernder Zwecke sollten daher dann in Betracht kommen, wenn (1.) ein öffentlicher Auftraggeber in dem relevanten Markt eine bedeutende Nachfragemacht hat, sodass (2.) seine Vergabeentscheidungen erheblichen Einfluss auf die Angebotsstruktur und damit auf das Preisniveau haben und (3.) im Ergebnis eine Relativierung der rein beschaffungsgegenstandsbezogenen Betrachtung dadurch gerechtfertigt ist, dass der konkrete Auftraggeber kostenmäßig auf Dauer von der Marktdiversifizierung profitiert. Gesamtwirtschaftliche Überlegungen haben bei diesen unternehmensstrategischen Wertungen nichts zu suchen. Außerdem bleibt die

---

[236] Vgl. *Dreher*, in Immenga/Mestmäcker, § 97, Rn. 86 m.w.N.; vgl. auch *Johannes*, EuR 1999, 821 (823). Das Risiko überteuerter Vergaben wird gleichwohl dadurch vermindert, dass § 4 Nr. 3 S. 2 VOB/A Ausnahmen von der Fachlosvergabe aus wirtschaftlichen oder technischen Gründen vorsieht.

[237] Vgl. *Stolz*, S. 96; *Johannes*, EuR 199, 821 (824); *Pietzcker*, Staatsauftrag, S. 319; *Jasper/Marx*, Einführung, S. XVII.

[238] Zum Ganzen *Johannes*, EuR 1999, 821 (823 ff.).

[239] S.o. unter 2.2.3.1.3.; vgl. auch Kommission, Sache C 39/98 (*EDF*), 28. Wettbewerbsbericht (1998), Tz. 204: Diskriminierendes Verhalten kann grundsätzlich zur Wahrung der eigenen Kundschaft „geschäftlich sinnvoll" sein.

Günstigkeit der konkreten Beschaffung primäres Vergabekriterium.[240] Im Ergebnis bleiben KMU-Präferenzen insoweit begünstigungsrelevant, als Vergabestellen diese Voraussetzungen nicht erfüllen.

Die hier dargestellten Überlegungen zur Berücksichtigung mittel- und langfristiger Konsequenzen einer Vergabe lassen sich analog auf das Nachverhandlungsverbot aus § 24 Nr. 1 Abs. 1 und Nr. 3 VOB/A, § 24 Nr. 1 Abs. 1, Nr. 2 Abs. 1 VOL/A[241] und den Ausschluss von Teilnehmern zur Vermeidung „ungesunder Begleiterscheinungen“[242] des Wettbewerbs gemäß § 2 Nr. 1 S. 3 VOB/A, § 2 Nr. 1 Abs. 2 VOL/A, § 4 Abs. 3 VOF sowie den Ausschluss von Angeboten, die auf Submissionsabsprachen zurückgehen (§ 25 Nr. 1 Abs. 1 c) VOB/A; § 25 Nr. 1 Abs. 1 f) VOL/A), übertragen.[243]

2.2.4. Wirkungsweisen der Begünstigung durch Vergaberegeln

Die vorangegangenen Ausführungen haben gezeigt, inwieweit welche inhaltlichen Vergabeanforderungen mit dem Kriterium eines diskriminierungsfreien Bietverfahrens unvereinbar sind. Diese Beschränkungen des Teilnehmerkreises

240 Unter diesem Gesichtspunkt zu billigen ist daher die Entscheidung der VK Bund v. 1.2.2001, WuW/E Verg 424 (426) (*Reisegepäckkontrollanlage*): Ein Abweichen von der Losvergabe ist gerechtfertigt, wenn diese im konkreten Einzelfall in hohem Maße unwirtschaftlich wäre. S. 426 f.: „Angesichts des hohen Stellenwerts wirtschaftlicher Beschaffung durch den öffentlichen Auftraggeber muss das Interesse der Ast., eigenständiger Vertragspartner der Vst. zu werden, hinter deren Interesse an einer möglichst kostengünstigen und technisch einheitlichen Lösung zurücktreten.“

241 Diese Bestimmungen verhindern zwar womöglich im Einzelfall eine Verringerung der Angebotspreise und damit eine preiswertere Beschaffung. Könnten die Bieter indessen ihre Angebote nach der Angebotseröffnung korrigieren, dürften sie sich zur Abgabe zunächst überhöhter Angebote eingeladen fühlen. Nachverhandlungs- und Nachbesserungsverbot schaffen ein Vertrauenverhältnis zwischen Auftraggeber und Auftragnehmer und bewirken so (auf Dauer) günstigere Angebote ohne unnötige Risikoaufschläge.

242 Das sind z.B. Preisabsprachen, Schmiergelder, Unterbietungen, unlautere Konkurrenzmittel, Angebote zu Schleuderpreisen; um ein kartellrechtswidriges Verhalten muss es sich dabei nicht handeln; vgl. *Prieß*, in Motzke/Pietzcker/Prieß, § 2 VOB/A, Rn. 58 ff.

243 Diese wettbewerbsschützenden Regelungen verhindern Angebote, die in der Absicht vorgenommen werden oder zumindest die Gefahr begründen, dass ein oder mehrere bestimmte Mitbewerber vom Markt verdrängt werden (OLG Düsseldorf, WuW/E Verg 427 (428) bezüglich § 25 Nr. 1 Abs. 1 c) VOB/A). Sie sichern dauerhaft preissenkende Wettbewerbsstrukturen, von denen letztlich der Auftraggeber profitiert.

können die Wahl eines im Verhältnis zu den Marktbedingungen ungünstigen Angebots und damit die Zuweisung einer beihilferechtlich beachtlichen Begünstigung zur Folge haben. Diese Konsequenz ist aber, wie bereits ausgeführt, nicht zwingend. Unter den unterlegenen Angeboten müssen sich nicht unbedingt günstigere befinden, auch bei einer marktwidrigen Beschränkung des Verfahrens kann sich letztlich ein Angebot zum Marktpreis durchsetzen.[244] Dieser Befund entspricht der vom EuGH in anderem Zusammenhang getroffenen Feststellung, dass eine Maßnahme allein „dadurch, daß sie zugleich einem politischen Ziel dient, nicht zu einer staatlichen Beihilfe im Sinne von Artikel 92 EWG-Vertrag" wird.[245]

Ob beschaffungsfremde Kriterien Begünstigungen zur Folge haben, hängt nicht nur von ihrem Inhalt, sondern auch davon ab, auf welcher Ebene des Vergabeverfahrens sie ansetzen und auf welche Art und Weise sie bestimmte Unternehmen bevorzugen oder benachteiligen. Deshalb werden vergabefremde Kriterien im Folgenden nach ihren Wirkungsweisen systematisch geordnet, um so ihre Begünstigungsrelevanz einzuschätzen.[246]

2.2.4.1. Die Entscheidung über das „Ob", das „Wann" und das „Was" der Beschaffung

Im Wege der Entscheidung, ob überhaupt und wann beschafft werden soll, sowie mit Hilfe der Definition der Auftragsleistung haben öffentliche Auftraggeber die Gelegenheit, politische Ziele bereits vor der Eignungs- und Auswahlprüfung in die Auftragsvergabe einfließen zu lassen. Neben der Gestaltung der Leistungsbeschreibung[247] werden auf dieser Vorstufe des eigentlichen Vergabeverfahrens vor allem konjunktur- und industriepolitische Zwecke reali-

---

244 S.o. unter 2.2.1.4. So auch GA *Lenz* bezüglich des italienischen Quotensystems in der Entscheidung *Du Pont de Nemours*; EuGH, Rs. C-21/88 (*Du Pont de Nemours*), Slg. 1990 I, 889 (913), Tz. 58 ; *Ose*, S. 217.

245 EuGH, Rs. C-56/93 (*Van der Kooy*), Slg. 1996 I, 723 (790), Rn. 79. Vgl. auch *Dreher*, in GS Knobbe-Keuk, S. 583 (590): „Erweist sich eine staatliche Eigenkapitalzufuhr bei Anwendung dieser Grundsätze als wirtschaftlich sinnvoll und damit als kommerzielle anstatt als politische Maßnahme, muß es unerheblich bleiben, wenn der Staat zugleich politische Sekundärmotivationen verfolgt. *Das Fehlen jeglicher eigentümerfremden Intention ist daher keine negative Voraussetzung für die Verneinung einer Beihilfe*" (Hervorhebung nicht im Original).

246 Vgl. auch die detaillierte Systematisierung bei *Benedict*, S. 35 ff.

247 Vgl. § 9 VOB/A, § 8 VOL/A. Vgl. z.B. § 37 Abs. 1 S. 2 KrW-/AbfG; § 2 Abs. 1 Nr. 1 LAbfG NRW; § 5 Abs. 2 LAbfG BW: Ausschreibung abfallfreundlicher Produkte.

siert, die für private Marktakteure nicht von Interesse wären. So ist die öffentliche Hand gemäß §§ 1, 6, 11 StWG, § 2 S. 3 HGrG, § 2 S. 3 BHO, Art. 109 Abs. 2 GG gehalten, zur Stimulierung der Konjunktur öffentliche Aufträge gerade auch in Phasen der Rezession zu vergeben und in Perioden konjunktureller Überhitzung die Auftragsinvestitionen zu drosseln. Für private Unternehmen gäbe es keinen Grund, Leistungen – auch wenn es sich um zeitlich variable Ausgaben handelt – nach den Prinzipien einer antizyklischen *fiscal policy* zu beschaffen. Industriepolitische Steuerungsintentionen[248] sind schließlich das Motiv für Ausschreibungen von Leistungen, für die aus der Sicht eines privaten Akteurs überhaupt kein entsprechender Bedarf besteht.

Allerdings berühren die aufgeführten Zwecke entweder das *„Ob"* (Industriepolitik), das *„Wann"* (antizyklische Konjunkturpolitik) oder das *„Was"* (besondere Anforderungen bei der Leistungsbeschreibung) der Beschaffung. Sie mögen zwar mit Blick auf das Prinzip der sparsamen Haushaltsführung im Einzelfall bedenklich sein. Aber der Begünstigungsbegriff des Art. 87 Abs. 1 EG setzt nicht bei der Belastung der öffentlichen Kassen im Verhältnis zum *Bedarf* der öffentlichen Hand an.[249] Oben konnte bereits festgestellt werden, dass marktfremde Gesichtspunkte bei der Definition einer staatlicherseits angebotenen oder nachgefragten Leistung beihilferechtskonform berücksichtigt werden können.[250] Das Beihilferecht interessiert sich nur für das Ergebnis auf der Seite des privaten Vertragspartners und vergleicht den von ihm für die *konkret ausgeschriebene Leistung* berechneten Preis mit dem marktüblichen Preis.[251] Die staatlichen Mehrkosten sind nur insoweit beachtlich, als mit ihnen ein Subventionsäquivalent auf der Seite des Auftragnehmers korrespondiert. Begünstigungen sind bei Durchführung eines diskriminierungsfreien Vergabeverfahrens jedoch nicht anzunehmen. Folgerichtig gilt dies selbst für die Bereitstellung besonderer Haushaltsmittel für Aufträge, denen betriebswirtschaftlich

---

248 Besonders die Förderung des technischen Fortschritts in Hochtechnologiesektoren wie Rüstung, Luft- und Raumfahrt oder Telekommunikation, deren Umsatz wesentlich von öffentlichen Aufträgen abhängt (in der Luft – und Raumfahrtindustrie z.B. bis zu 80 %; vgl. *Blankart*, S. 480).

249 A.A., jeweils ohne Begründung, EuG, Rs. T-14/96 (*BAI*), Slg. 1999 II, 139 (164 ff.), Rn. 76 und 79; EuG, Urt. v. 5.8.2003, Verb. Rs. T-116/01 und T-118/01 (*P&O European Ferries*), Tz. 116 und 137; Entscheidung der Kommission, ABl. 2001, L 89/28, Tz. 47 (*Ferries Golfo de Vizcaya*).

250 S.o. unter 2.2.3.1.

251 A.A. *Koppensteiner* (S. 101 ff.), der bezüglich der Auftragsvergabe in konjunkturellen Baisse-Perioden nicht auf die Wirkung, sondern die Intention der Zuwendung abstellt. Darauf kommt es aber gerade nicht an; s.o. unter 2.2.1.1.

kein Nachfragebedürfnis entspricht und die an eine in Schwierigkeiten geratene Branche ergehen, sofern die vergaberechtlichen Verfahrensvorschriften beachtet werden.

2.2.4.2. Vergabefremde Kriterien im Rahmen von Vorauswahl und Eignungsprüfung

2.2.4.2.1. Zubenennungsregelungen

So genannte Zubenennungsregelungen sehen vor, dass entweder der Auftraggeber selbst[252] oder dritte Stellen (meist Auftragsberatungsstellen)[253] Unternehmen unter bestimmten Gesichtspunkten auswählen, die dann zur Abgabe von Angeboten aufgefordert werden. Eine Bevorzugung der benannten Unternehmen bei der Eignungs- oder Zuschlagsprüfung hat das nicht zur Folge. Denn über die Erfolgsaussichten der aufgeforderten Unternehmen ist mit der Teilnahmeaufforderung noch nichts gesagt. Auch werden andere Unternehmen nicht ausgeschlossen. Begünstigende Wirkungen sind also nicht möglich.

2.2.4.2.2. Bevorzugung bei beschränkten Verfahren

Weiter als Zubenennungsvorschriften gehen Regelungen, die die Wahl eines nicht offenen Verfahrens oder eines Verhandlungsverfahrens unter Bevorzugung bestimmter Unternehmen anordnen.[254] Die Einschränkung des Teilnehmerkreises durch die Abweichung vom Grundsatz des offenen Verfahrens wird noch dadurch verschärft, dass die Teilnahme wiederum zugunsten bevorzugter Unternehmen quotiert wird. Dies bewirkt den Ausschluss potenziell günstigerer Angebote und somit mögliche Begünstigungszuweisungen.

---

[252] Vgl. z.B. § 7 Nr. 3 VOL/A; § 6 Nr. 1 und 2 der Richtlinien des BMWi (Bevorzugungsrichtlinien) v. 11.8.1975 zu §§ 74 BVFG (seit 1992 auch § 14 Abs. 2 BVFG), 68 BEG, 12a BEvakG (BAnz. Nr. 152 v. 20.8.1975), zuletzt geändert am 26.3.1990 (BAnz. Nr. 70 v. 10.4.1990) bzgl. freihändiger Verfahren und beschränkter Ausschreibungen („angemessene Beteiligung").

[253] Vgl. z.B. §§ 4 Nr. 2 Abs. 2, 7 Nr. 1 VOL/A; Ziff. 3.4. Entwicklungsrückstandserlass Bbg v. 19.4.1996 (ABl. S. 1996); § 3 Nr. 2 Behindertenrichtlinien Bund v. 10.5.2001 (BAnz. Nr. 109 v. 16.6.2001, S. 11773).

[254] Vgl. z.B. Ziff. 2. und 3. Entwicklungsrückstandserlass Bbg v. 19.4.1996 (ABl., S. 476).

2.2.4.2.3. Aufteilung des Auftragsvolumens in Lose

Haupterscheinungsform der KMU-Förderung ist die Aufteilung des Auftragsvolumens in Lose[255], deren grundsätzlicher Vorrang in § 97 Abs. 3 GWB festgeschrieben ist. Generalunternehmer haben dadurch im Einzelfall Schwierigkeiten, bei der Vergabe berücksichtigt zu werden, obwohl sie wegen unternehmensinterner Synergieeffekte Aufträge nicht selten preiswerter erfüllen könnten als mehrere selbstständige KMU gemeinsam. Damit bieten Losvergaben Einfallstore für Begünstigungen, sofern die Bevorzugung mittelständischer Betriebe nicht aufgrund unternehmensstrategischer Überlegungen marktkonform ist.[256]

2.2.4.2.4. Treue- und Schutzerklärungen bei Angebotsabgabe

Mit Treue- und Schutzerklärungen verpflichten sich die Teilnehmer eines Vergabeverfahrens bereits bei der Abgabe des Angebots zu einer bestimmten, ansonsten gesetzlich nicht verlangten Verhaltensweise.[257] Angebote von Unternehmen, die eine solche Erklärung nicht abgegeben haben, erreichen nicht die Stufe der Angebotswertung. Indem so die Zahl berücksichtigungsfähiger Angebote vermindert wird, bieten sich Ansatzpunkte für Begünstigungen.

2.2.4.2.5. Ausschluss wegen vorangegangenen Verhaltens

Die Missachtung von gesetzlichen Bestimmungen oder von Vertragsbedingungen, zumal von Treue- und Schutzerklärungen, hat nach verschiedenen Vorschriften den Ausschluss von Unternehmen von künftigen Ausschreibungen für

---

[255] Vgl. v.a. § 4 Nr. 2 und 3 VOB/A, § 5 Nr. 1 VOL/A; Ziff. 3.1. der Mittelstandsrichtlinien der Bundesregierung v. 1.6.1976 (Beilage 16/76 zum BAnz. Nr. 111 v. 16.6.1976).

[256] S.o. unter 2.2.3.3.6.

[257] Vgl. z.B. Ziff. 1 Scientology-Rundschreiben Bund v. 8.8.2001 (BAnz. Nr. 155 v. 21.8.2001, S. 18174); Scientology-Schutzerklärung aufgrund Ziff. 2.1. und 2.2. der Anlage zur Bekanntmachung der Bayerischen Staatsregierung v. 29.10.1996 (AllMBl., 701). Als Beispiele für Tariftreueerklärungen vgl. Art. 3 Abs. 1 BayBauVG v. 28.6.2000 (GVBl., S. 364); § 3 EntwTariftreueG Bund; § 3 EntwVgG Nds.

eine bestimmte Dauer zur Folge.[258] Besonders gravierend sind die Auswirkungen so genannter koordinierter Auftragssperren, die Unternehmen von allen Vergaben im Geltungsbereich einer Regelung für einen bestimmten Zeitraum ausschließen.[259] Wenn es sich bei dem Ausschlussgrund um ein marktwidriges Kriterium handelt, können alle während der Sperre von den beteiligten Stellen vergebenen Aufträge – auch wenn sie selbst ohne Berücksichtigung vergabefremder Kriterien vergeben worden sind – wegen der beihilferechtswidrigen Beschränkung des Teilnehmerkreises begünstigungsrelevant sein.

2.2.4.3. Vergabefremde Kriterien im Rahmen der Zuschlagsentscheidung

2.2.4.3.1. Stichentscheid bei gleichem Preis

Auf der Ebene des Zuschlags kommen eine Reihe von Regelungen zum Tragen, welche die Entscheidung für das Angebot bevorzugter Teilnehmer anordnen, wenn das Angebot „gleichwertig ist mit dem wirtschaftlichsten oder annehmbarsten Angebot eines anderen Bieters"[260]. Bei strikter Handhabung des Kriteriums der Gleichwertigkeit zahlt der Auftraggeber einen marktkonformen Preis. Praktisch dürfte aber kaum vorstellbar sein, dass zwei tatsächlich *gleich*wertige Angebote Gegenstand der Zuschlagsentscheidung sind.

---

[258] Vgl. z.B. Ziff. 3.3. Korruptionserlass NRW v. 12.4.1999 (MBl. 1999, S. 498): im Regelfall mindestens sechs Monate. Bei Nichteinhaltung von Tariftreueerklärungen sieht Art. 4 Abs. 3 BayBauVergG v. 28.6.2000 (GVBl., S. 364), § 1 Abs. 2 VgG Bln v. 9.7.1999 (GVBl., S. 369) einen Ausschluss von bis zu zwei Jahren vor. § 5 SchwArbG sieht nunmehr einen Ausschluss von drei Jahren, § 6 S. 1 und 2 AEntsG für eine von den Auftraggebern festzusetzende Dauer. Auch § 8 Nr. 5 Abs. 1) c) VOB/A, der auf eine nachweislich schwere Verfehlung von Bewerbern abstellt, ist als Anordnung einer Vergabesperre zu verstehen; vgl. *Prieß/Hausmann*, in Motzke/Pietzcker/Prieß, § 8 VOB/A, Rn. 100. Allgemein zur Vergabesperre *Dreher*, in Immenga/Mestmäcker, § 97, Rn. 116 f.

[259] Vgl. *Prieß/Hausmann*, in Motke/Pietzcker/Prieß, § 8 VOB/A, Rn. 123 ff.

[260] So §§ 6 und 7 FrauFöV Bbg v. 25.4.1996 (GVBl. II, Nr. 22 v. 17.5.1996) in Bezug auf das Angebot eines nach § 4 bevorzugten Bieters. Vgl. auch § 6 Nr. 3 der Bevorzugungsrichtlinien des BMWi v. 11.8.1975 (BAnz. Nr. 152 v. 20.8.1975); Ziff. 1 des (inzwischen ausgelaufenen) Beschlusses der Bundesregierung für die bevorzugte Berücksichtigung von Unternehmen, die Lehrlinge ausbilden („Bundeslehrlingserlass") v. 9.9.1997, BAnz. Nr. 181 v. 26.9.1997, S. 12441.

2.2.4.3.2. Mehrpreisstaffeln

Einschneidender sind so genannte Mehrpreisstaffeln, wodurch öffentliche Auftraggeber die Möglichkeit erhalten, einem bevorzugten Bieter den Zuschlag auch im Fall eines höheren Preises zu erteilen, wenn sein Angebot innerhalb einer bestimmten Marge über dem wirtschaftlichsten Angebot liegt.[261] Damit erhält der erfolgreiche Bieter explizit eine Begünstigung, die er unter normalen privatwirtschaftlichen Bedingungen nicht erhalten hätte.

2.2.4.3.3. Eintrittsrechte

Eintrittsrechte geben bevorzugten Bietern die Möglichkeit, den Auftrag anstelle des günstigsten Bieters zu übernehmen. Für die Bestimmung von Begünstigungselementen sind zwei Varianten zu unterscheiden: Sofern dem bevorzugten Bieter beim Eintritt in das annehmbarste Angebot eine *Preisabweichung* innerhalb einer gewissen Marge gestattet ist[262], handelt es sich - wie bei den Mehrpreisstaffeln - um eine Begünstigung, da dem letztlich erfolgreichen Bieter in jedem Fall ein höheres als das marktübliche Entgelt zukommt. Eintrittsrechte *zum Preis des günstigsten Angebots*[263] vermeiden dagegen gerade die Zuweisung eines höheren Entgelts. Der Umstand, dass ohne das Eintrittsrecht ein anderer Bieter den Zuschlag erhalten hätte und aus der Sicht eines privaten Akteurs die Übernahme des Auftrags durch den bevorzugten Bieter keine Vorteile bringt, bleibt bei der beihilferechtlichen Beurteilung außer Betracht, falls sichergestellt ist, dass das Angebot des eintretenden Bieters keine qualitativen Mängel aufweist. Denn die Bevorzugung eines bestimmten Bieters gegenüber anderen ist beihilferechtlich irrelevant, solange er kein überhöhtes Entgelt bekommt.[264]

---

[261] Vgl. z.B. § 6 Nr. 4 der Bevorzugungsrichtlinien des BMWi v. 11.8.1975 (BAnz. Nr. 152 v. 20.8.1975), zuletzt geändert am 26.3.1990 (BAnz. Nr. 70 v. 10.4.1990): 0,5 – 6 % über dem wirtschaftlichsten oder annehmbarsten Angebot; § 3 Nr. 4 Behindertenrichtlinien Bund v. 10.5.2001 (BAnz. Nr. 109 v. 16.6.2001, S. 11773): 15 %; § 13 Abs. 1 S. 4 LandesgleichstellungsG Bln v. 31.12.1990 (GVBl. 1991, 8), zuletzt geändert am 16.6.1999 (GVBl. 1999, 498).

[262] So z.B. Ziff. 6.2. der Mittelstandsrichtlinien der Bundesregierung v. 1.6.1976 (Beilage 16/76 zum BAnz. Nr. 111 v. 16.6.1976): Preisabweichung bis zu 4 % über dem wirtschaftlichsten Angebot.

[263] Vgl. z.B. § 7 Abs. 1 FrauFöV Bbg v. 25.4.1996 (GVBl. II, Nr. 22 v. 17.5.1996): Wenn das Angebot des Bieters mit der höchsten Kennziffernsumme nicht mehr als 20 % über dem günstigsten Preis liegt, kann er in das Angebot eines anderen Bieters zu *dessen* Preis eintreten.

[264] S.o. unter 2.2.1.6.

2.2.4.3.4. Erweiterung der Zuschlagskriterien

Obwohl die Auswahlprüfung gemäß § 97 Abs. 5 GWB nach h.M. rein angebotsbezogen vorzunehmen ist, sehen einige Regelungen die Berücksichtigung produzentenbezogener Kriterien im Rahmen der Zuschlagsentscheidung vor mit der Folge der Bevorzugung bzw. Benachteiligung bestimmter Teilnehmer.[265] Aber nur eine ausschließlich auf die Wirtschaftlichkeit des Angebots bezogene Betrachtung gewährleistet hier, dass eine Verteuerung der Beschaffung ausgeschlossen sind. Eine Erweiterung der Zuschlagskriterien kann daher begünstigende Wirkungen haben. Wenn es, wie bei Umweltanforderungen[266], auf die Abgrenzung einzel- und gesamtwirtschaftlicher Rentabilitätsüberlegungen ankommt, ergeben sich nuancierte Ergebnisse.

2.2.4.4. Vergabefremde Kriterien als Vertragsbedingungen

Schließlich gibt es noch die Möglichkeit, vergabefremde Aspekte als vertragliche Verpflichtungen für die Auftragnehmer auszugestalten.[267] Die Missachtung einer solchen Vereinbarung hat in der Regel den Ausschluss von künftigen Ausschreibungen mittels einer Vergabesperre zur Konsequenz.[268] Formal findet bis zur Zuschlagsentscheidung keine Beschränkung des Teilnehmerkreises statt. Da solche besonderen Bedingungen aber vor Durchführung des Vergabeverfah-

---

[265] Vgl. z.B. § 13 Abs. 2 LandesgleichstellungsG Bln a.F. v. 31.12.1990 (GVBl. 1991, 8), wonach „Anbieter, die Personen unterhalb der Grenze des § 8 Abs. 1 SGB IV beschäftigen, keinen Zuschlag erhalten" sollen; Ziff. 3.8. Umwelterlass Hess v. 15.9.1994 (StAnz., S. 3283); Ziff. 4 Abs. 2 Umweltrichtlinien öffentliches Auftragswesen Nds v. 5.5.1992 (MBl., S. 1286).

[266] Vgl. z.B. Ziff. 4 Abs. 2 Umweltrichtlinien öffentliches Auftragswesen Nds v. 5.5.1992 (MBl., S. 1286): In der Wirtschaftlichkeitsprüfung können auch „nicht ohne weiteres berechenbare volkswirtschaftliche Kosteneinsparungen" berücksichtigt werden. Unklar andererseits Ziff. 3.8. Umwelterlass Hess v. 15.9.1994 (StAnz., S. 3283): Als Bestandteile der Leistung sind auch „Aspekte des Umweltschutzes" zu bewerten.

[267] Vgl. z.B. §§ 262 Abs. 2 i.V.m. 263 Abs. 1, 279a Abs. 1 Nr. 1 SGB III; § 1 Abs. 1 VgG Bln v. 9.7.1999 (GVBl., S. 369); Art. 3 Abs. 1 BayBauVG v. 28.6.2000 (GVBl., S. 364); § 11 Abs. 1 FrauFöV Bbg v. 25.4.1996 (GVBl. II, Nr. 22 v. 17.5.1996); § 3 Abs. 1 EntwTariftreueG Bund; § 3 EntwVgG Nds.

[268] Vgl. z.B. Art. 4 Abs. 3 BayBauVG v. 28.6.2000 (GVBl., S. 364); § 1 Abs. 2 VgG Bln v. 9.7.1999 (GVBl., S. 369). Weitere mögliche Sanktionen sind Vertragsstrafen (§ 7 Abs. 1 EntwTariftreueG Bund; § 8 Abs. 1 EntwVgG Nds), fristlose Kündigung (§ 7 Abs. 2 Nr. 1 EntwTariftreueG Bund; § 8 Abs. 2 EntwVgG Nds) und Anfechtung wegen arglistiger Täuschung (§ 11 Abs. 2 FrauFöV Bbg v. 25.4.1996 (GVBl. II, Nr. 22 v. 17.5.1996)).

rens zu veröffentlichen sind, wissen alle potenziellen Auftragnehmer von vornherein von den zusätzlichen Anforderungen. Wer nicht in der Lage oder nicht bereit ist, die besondere Vertragsbedingung zu erfüllen, wird davon Abstand nehmen, überhaupt ein Angebot zu unterbreiten. Erst dadurch reduziert sich der Bieterkreis mit der Folge möglicher Begünstigungszuweisungen.

Beihilferechtlich gesehen beruht die Unterstützung des erfolgreichen Bieters also nicht direkt auf einer staatlichen Maßnahme, sondern auf einer Entscheidung der (potenziellen) Teilnehmer. Das könnte dem Zusammenhang des beschaffungsfremden Kriteriums mit der Vorteilswirkung auf Seiten des Auftragnehmers und folglich der Annahme einer Begünstigung entgegenstehen. Indes erfasst der weite und wirkungsbezogene Begünstigungsbegriff auch solche Zuwendungsformen, die von einem zwischengeschalteten Entschluss der Förderungsadressaten abhängig sind. Dies wird bekräftigt durch die Rechtsprechung des EuGH zu mittelbaren Zuwendungen, wonach sogar „das Hinzutreten einer autonomen Entscheidung“[269] des direkt begünstigten Dritten den erforderlichen Zusammenhang zwischen der Maßnahme und dem wirtschaftlichen Vorteil nicht entfallen lässt. Im Übrigen würde jede andere Lösung dazu führen, dass bei staatlichem Handeln in Vertragsform marktwidrige und somit begünstigungsverursachende Konditionen in beihilferechtskonformer Weise aufgestellt werden könnten, obwohl die wettbewerbsverfälschenden Wirkungen bei einer anderen Gestaltung des Subventionsverhältnisses die gleichen wäre.

Hinzu kommt, dass sich beschaffungsfremde Vertragsbedingungen für die in Frage kommenden Unternehmen, auf deren Teilnahme oder Nicht-Teilnahme es für die Feststellung etwaiger Begünstigungswirkungen ankommt, nicht anders darstellen als vergabefremde Kriterien bei der Eignungs- oder Zuschlagsprüfung.[270] Denn schließlich hält die Gefahr gravierender Sanktionen bei Missachtung dieser zusätzlichen Anforderungen Unternehmen von vornherein vom Vergabeverfahren ab, sodass sich eine Prüfung von Voraussetzungen der Vertragsbedingungen bereits bei der Bieterauswahl kaum vermeiden lässt, so vor allem bei Treue- und Schutzerklärungen.[271] Die in der Regel bieterbezogenen (Vertrags-)Bedingungen sind aufgrund ihrer Vorwirkung also oftmals De-facto-

---

[269] EuGH, Rs. C-156/98 (*52 Abs. 8 EStG*), 6857 (6893), Rn. 27.

[270] Vgl. auch *Dreher/Haas/v. Rintelen*, S. 15 f.

[271] Die deswegen auch bereits unter 2.2.4.2.4. als Eignungskriterien behandelt wurden. Vgl. auch *Kling*, S. 211 ff.

Eignungskriterien.[272] Eine Differenzierung nach den Wirkungsweisen beschaffungsfremder Anforderungen wäre hier gekünstelt. Im Gegensatz zu sachlich übereinstimmenden Kriterien würden geschickt formulierte und angewandte Sekundäranforderungen aus der Beihilfeaufsicht herausfallen. Der erforderliche Zusammenhang von vergabefremder Vertragsbedingung und Begünstigung ist folglich trotz der dazwischentretenden Entscheidung der potenziellen Bieter gegeben.[273]

2.2.4.5. Generell mehrstufige Wirkung vergabefremder Kriterien

Der für vergabefremde Vertragsbedingungen dargestellte Befund lässt sich tendenziell auf alle Wirkungsweisen vergabefremder Kriterien übertragen. Denn beschaffungsfremde Gesichtspunkte setzen in praxi regelmäßig auf mehreren Ebene des Vergabeverfahrens an. Bereits der Wortlaut beschaffungsfremder Regelungen gestattet häufig eine mehrstufige Berücksichtigung des Kriteriums.[274] Besonders unwägbar sind generelle Absichtserklärungen der Vergabestellen oder programmsatzartige Aussagen der zuständigen Gesetzgeber, die eine Begrenzung auf eine bestimmte Stufe des Vergabeverfahrens nicht erkennen lassen.[275]

Wenn die Berücksichtigung sekundärer Gesichtspunkte - wie vom EuGH vorausgesetzt - bereits in der Ausschreibung angezeigt wird, entfalten sie Vorauswirkungen über den Beginn des Vergabeverfahrens hinaus, indem Unternehmen

---

272 Vgl. *Winter*, C.M.L.Rev. 28 (1991), 741 (774); *Dreher/Haas/v. Rintelen*, S. 17 f.; *Kling*, S. 213; *Prieß*, PPLR 2000, 171 (183); *I. Seidel*, ZVgR 2000, 195 (196); andererseits das Vorbringen der französischen Regierung in der Rs. *Nord-Pas-de-Calais* (EuGH, Rs. C-225/98, Slg. 2000 I, 7445 (7460), Tz. 39).

273 So im Ergebnis auch *Dreher/Haas/v. Rintelen*, S. 15 ff., die allerdings in Anlehnung an die Rechtsprechung zu (über Drittbegünstigte vermittelten) mittelbaren Zuwendungen auf die finale Zweckgebundenheit der Begünstigung zur Durchsetzung des beschaffungsfremden Zwecks abstellen (ebda., S. 17).

274 Vgl. etwa Art. 3 Abs. 1 BayBauVG v. 28.6.2000 (GVBl., S. 364), wonach Bauaufträge „nur an Unternehmen vergeben werden [dürfen], die sich bei Angebotsabgabe verpflichten, ihre Arbeitnehmer [...] nach den jeweils in Bayern für Tarifvertragsparteien geltenden Lohntarifen zu entlohnen". Zwar bezieht sich die „Tariftreueerklärung" auf die Auftragsdurchführung selbst, doch fällt die entsprechende Verpflichtung bereits mit der Abgabe des Angebots zusammen. Auch eine Deutung als Zuschlagskriterium ist nicht ausgeschlossen.

275 Vgl. z.B. § 5 Abs. 2 MittelstandsförderungsG Bbg v. 8.5.1992 (GVBl. I, S. 166): An Vergaben sind „kleine und mittlere Unternehmen angemessen zu beteiligen."

von vornherein von der Abgabe eines Angebots abhalten werden, falls sie die Anforderungen nicht erfüllen.[276] Wird die zusätzliche Bedingung ausdrücklich als maßgebliches Auswahl- oder Zuschlagskriterium bezeichnet, ist die Abschreckungswirkung derartiger Bestimmungen offensichtlich. In anderen Fällen werden Unternehmen vor der Angebotsabgabe zurückschrecken, weil die Gewichtung des Sekundärzwecks weitgehend im Ermessen der Vergabestelle liegt und damit für Interessenten unwägbar wird. Im Zweifel dürften potenzielle Bieter von der arbeits- und kostenintensiven Anfertigung eines Angebots angesichts geringer Zuschlagschancen letztlich absehen. Der Kreis der Teilnehmer am Vergabeverfahren wird verringert mit der möglichen Folge, dass das günstigste Angebot gar nicht erst eingereicht wird. Wenn auch noch mehrere Präferenzregelungen zugleich bei einem Vergabevorgang zu berücksichtigen sind[277], ist der Abschreckungseffekt umso größer.[278] Schließlich können marktfremde Anforderungen an Auftragnehmer auf Dauer zur Etablierung eines Hoflieferantenwesens und somit zur Marktzersplitterung führen.[279] Kaum wägbar ist, wie sehr sich dadurch die Beschaffungskosten der öffentlichen Hand erhöhen.[280]

2.2.4.6. Angebotsverteuerung wegen Mehrkosten

Wenn ein Unternehmer einem vergabefremden Kriterium (noch) nicht gerecht wird, an einer Ausschreibung aber trotzdem mit Aussicht auf Erfolg teilnehmen möchte, wird er sich vielleicht zu Maßnahmen entschließen, die als zur Erfüllung des Kriteriums ausreichend angesehen werden. Mittels dieser – ja durchaus bezweckten – Anreizwirkung verursachen vergabefremde Kriterien Mehrkosten bei den Bietern, die sich wiederum auf die Preisbildung auswirken. Das Kammergericht kam daher zu dem Ergebnis, dass sich die Bindung an die Tarif-

---

276 Besonders offensichtlich ist das bei Scientology-Schutzerklärungen.

277 Zu diesem Problem allgemein *Kling*, S. 204 ff. Kollisionsregeln können hier hilfreich sein; vgl. das Beispiel des § 13 FrauFöV BbG v. 25.4.1996 (GVBl. II, Nr. 22 v. 17.5.1996): Bei Einschlägigkeit weiterer Präferenzregelungen ist (für die Entscheidung zwischen den jeweils bevorzugungsfähigen Bietern) allein auf das wirtschaftlichste oder annehmbarste Angebot abzustellen.

278 Vgl. dazu *Stehmann*, in Grabitz/Hilf, E 28, Rn. 13.

279 Auch die Bundesregierung hatte in der Begründung des VgRÄG zu § 106 Abs. 3 RegEntw (jetzt § 97 Abs. 4 GWB) erkannt: „Müßten sich die Unternehmen auf regional unterschiedliche und aus verschiedenen politischen Vorstellungen fließende, raschem Wandel unterworfene Anforderungen an das Unternehmensprofil jeweils neu einstellen, führte dies zur Zersplitterung der Märkte und einer Verteuerung des Einkaufs“ (BT-Drucks. 13/9340 vom 31.12.1997, S. 14).

280 Vgl. *Marx*, in Schwarze, S. 77 (81).

treueerklärung für auswärtige Bieter ähnlich auswirkt „wie die Belegung von Einfuhren mit Schutzzöllen. Ihre Angebote verteuern sich zwangsläufig, und sie büßen ihren Preisvorteil gegenüber den lokalen Konkurrenten ein.“[281] Vor allem die Übernahme fremder Tarifvereinbarungen kann in arbeitsintensiven Sektoren wie der Bauindustrie gravierende Auswirkungen auf die Kostenstruktur von Unternehmen aus Niedriglohnregionen haben.[282] Das Niveau der Angebotspreise steigt damit insgesamt mit dem möglichen Resultat, dass nicht auf ein objektiv marktgerechtes Angebot zugeschlagen wird und eine beihilferechtlich relevante Begünstigung vorliegen könnte.[283]

2.2.4.7. Fazit

Damit ergeben sich für verschiedene Wirkungsweisen beschaffungsfremder Regelungen folgende Ergebnisse:

2.2.4.7.1. Präferenzregelung ordnet Beihilfegewährung ausdrücklich an

Mehrpreisstaffeln und Eintrittsrechte mit möglicher Preisabweichung nach oben haben stets Begünstigungszuweisungen zur Folge. Vergaben, denen solche Bestimmungen zugrunde liegen, sind beihilferechtlich erheblich, wenn sie der Verfolgung eines marktwidrigen beschaffungsfremden Ziels dienen.

2.2.4.7.2. Möglichkeit einer Beihilfe durch Verringerung der Zuschlagskandidaten

Am Gebräuchlichsten sind Regelungen, die eine marktwidrige Beschränkung der Zuschlagskandidaten anstreben. Das sind all die Bestimmungen, die auf einer der Stufen des Vergabeverfahrens von der Vorauswahl der Teilnehmer bis zur Zuschlagsentscheidung ansetzen und Unternehmen aufgrund von anderen als den marktkonformen Eignungs- und Zuschlagskriterien die Chance nehmen, den Zuschlag zu erhalten. Potenzielle Beihilferelevanz ergibt sich des Weiteren aus abschreckenden (Voraus-) Wirkungen und Preiserhöhungen als Folge der Einbeziehung beschaffungsfremder Bedingungen. Ist das erfolgreiche Angebot ungünstiger als das, welches unter Marktbedingungen den Zuschlag erhalten hätte, liegt eine beihilferechtlich relevante Begünstigung vor.

---

[281] KG, WuW/E Verg, 111 (118) (*Tariftreueerklärung*).
[282] Vgl. *Seifert*, ZfA 2001, 1 (11).
[283] Vgl. auch *Martin-Ehlers*, WuW 1999, 685 (685f.).

2.2.4.7.3. Begünstigungsneutrale beschaffungsfremde Regelungen

Schließlich gibt es Vergabevorschriften, die zwar beschaffungsfremde Ziele verfolgen, beihilferechtlich aber unbedenklich sind. Dazu zählt die Berücksichtigung politischer Zwecke bei der Leistungsbeschreibung und die Beachtung konjunktur- und industriepolitischer Zielsetzungen im Rahmen der Entscheidung über das „Ob“ und das „Wann“ der Beschaffung. Auch Eintrittsrechte zum gleichen Preis geben öffentlichen Auftraggebern die Gelegenheit, noch im Vergabeverfahren selbst beschaffungsfremde Aspekte einfließen zu lassen und sie sogar zur Grundlage der Auswahlentscheidung zu machen. Dafür bedarf es, besonders zur Vermeidung von Abschreckungseffekten, differenzierter und flexibler Lösungen. Diesen Anforderungen genügt etwa die Brandenburgische Frauenförderverordnung, die Ausnahmen von der Bevorzugung frauenfördernder Betriebe vorsieht[284] und auch keine abschreckende Wirkung auf Unternehmen zu haben scheint, die den Frauenförderungsanforderungen nicht gerecht werden.[285] Denn auch sie haben realistische Aussichten, den Zuschlag zu erhalten. Damit unterbleibt auch eine Verteuerung der Angebote durch Kosten zur Erfüllung der zusätzlichen Anforderung.

2.2.5. Begünstigungsquantifizierung und Beihilfekontrolle von Vergabepräferenzen

Eine wirksame Beihilfekontrolle setzt grundsätzlich voraus, dass das Subventionsäquivalent der Zuwendung quantifizierbar ist.[286] Bei der Verringerung der Zuschlagskandidaten im Wege marktwidriger Beschaffungsanforderungen ist eine Vergabeentscheidung zugunsten eines marktgerechten Angebots im Einzelfall allerdings nicht ausgeschlossen.[287] An diese Feststellung schließt sich die

---

[284] Vgl. § 7 Abs. 3 FrauFöV Bbg v. 25.4.1996 (GVBl. II, Nr. 22 v. 17.5.1996), wonach in begründeten Fällen von der Bevorzugung gemäß § 7 Abs. 1 abgesehen werden kann, wenn die Bevorzugung unbillig wäre, weil die betroffenen Bieter erhebliche Unterscheide in der Unternehmensstruktur aufweisen oder weil in den maßgeblichen Berufszweigen kein ausreichendes Angebot an weiblichen Arbeitskräften besteht (§ 7 Abs. 3 S. 2 FrauFöV). Dazu auch *Kling*, S. 558, Fn. 71.

[285] Im Zeitraum von Mai 1996 bis August 1997 wurden nur 1,95 % der Aufträge an nach der FrauFöV Bbg bevorzugte Teilnehmer erteilt („Bericht zur Frauenförderung“ des Ministeriums für Arbeit, Soziales, Gesundheit und Frauen (1998), zit. nach *Kling*, S. 550).

[286] Vgl. dazu *Ciresa*, S. 54 ff.

[287] S.o. 2.2.1.4.

Frage an, ob und vor allem *in welcher Höhe* gegebenenfalls eine Verteuerung der Beschaffung zu Begünstigungselementen führt. Dafür kommt es darauf an, was die konkret ausgeschriebene Leistung auf einem privaten Markt wert wäre. Die Höhe des Beihilfeelements ergibt sich also erst aus einem Vergleich mit dem (tatsächlichen oder hypothetischen) Angebot, das den Zuschlag erhalten hätte, wenn vergabefremde Kriterien außer Betracht geblieben wären. Dafür bedarf es geeigneter Parameter für die Beurteilung des Werts eines Angebots im Einzelfall.

2.2.5.1. Vergleich mit den übrigen abgegebenen Angeboten?

Naheliegend wäre der Vergleich des erfolgreichen mit dem billigsten aller *abgegebenen* Angebote.[288] Jedenfalls bei Vergaben im offenen Verfahren könnte so möglicherweise das marktgünstigste Angebot ermittelt werden.[289] Dagegen spricht aber bereits, dass nach § 97 Abs. 5 GWB nicht allein der Preis, sondern eine Reihe von Wertungskriterien bei der Zuschlagsentscheidung zu beachten sind. Eine isolierte Betrachtung der Preise der konkurrierenden Angebote würde noch nichts über die Marktkonformität der Vergabe aussagen. Ferner wirken bietverfahrensbeschränkende beschaffungsfremde Kriterien, wie gesehen, abschreckend auf potenziell interessierte Unternehmen. Bei Unternehmen, die die zusätzliche Vergabebedingung (noch) nicht erfüllen, können sie zusätzliche Kosten bewirken, die wiederum das einzureichende Angebot verteuern. Wegen dieser Vorauswirkungen beschaffungsfremder Anforderungen spiegeln die abgegebenen Gebote nicht die Marktsituation wider. Das wirtschaftlichste oder niedrigste Angebot ist nur das *relativ* günstigste Angebot, ohne dass dieses eine Aussage über den Wert der Leistung auf dem privaten Beschaffungsmarkt träfe, dem Teilnahmebeschränkungen prinzipiell fremd sind.[290]

2.2.5.2. Begünstigungsquantifizierung mit Hilfe objektiver Kriterien

Die Quantifizierung der Begünstigung ist folglich nur mit Hilfe objektiver Kriterien auf Grundlage der allgemeinen Regeln des Market Economy Tests möglich. Eine Begünstigung im Sinne des Art. 87 Abs. 1 EG liegt danach vor, wenn der Fiskus zur Deckung seines Bedarfs das Angebot eines Anbieters in An-

---

[288] Dahingehend *Müller-Graff*, ZHR 152 (1988), 403 (420).

[289] Vgl. *Dreher/Haas/v. Rintelen*, S. 25 f., S. 37.

[290] A.A. bzgl. offener Verfahren *Dreher/Haas/v. Rintelen*, S. 37; wie hier wohl auch *Dippel/Zeiss*, NZBau 2002, 376 (377).

spruch nimmt, das ein hypothetischer rational handelnder privater Marktakteur, der sich nur von Wirtschaftlichkeitserwägungen leiten lässt, nicht gewählt hätte. Es fragt sich also, was ein derartiger hypothetischer Marktakteur für dieselbe Leistung – ungeachtet der Berücksichtigung der vergabefremden Anforderungen - zu zahlen bereit wäre. Im Wege eines Vergleichs mit dem am Markt üblicherweise gezahlten Preis ist bei Warenlieferungsverträgen über homogene Güter eine recht genaue Bestimmung des Marktwerts eines Leistungstyps möglich. Aber auch hier, und erst recht bei vielen Bau- oder Dienstleistungsaufträgen, sind im konkreten Fall meist komplexe Als-ob-Betrachtungen nötig, wie sich schon aus der Vielzahl möglicher Wertungskriterien im Rahmen des § 97 Abs. 5 GWB ergibt.

Entsprechend ist zutreffend festgestellt worden, dass weder die Statistik- und Informationspflichten öffentlicher Auftraggeber aus § 33 a VOB/A, § 30 a VOL/A und § 19 VOF noch die Ergebnisse vergaberechtlicher Preisprüfungen verlässliche Aussagen über die Marktkonformität des erfolgreichen Angebots erlauben.[291] Statistiken können allenfalls Auskunft über den Preis bestimmter Arten von Leistungen geben, über die Wirtschaftlichkeit konkreter Angebote ist damit wenig gesagt[292]; Preisprüfungen bieten nichts Erhellendes zum Wert einer Leistung bei Außerachtlassung beschaffungsfremder Kriterien.[293] So bleibt nur noch die Möglichkeit, die konkrete Überprüfung des Angebots angesichts der (zu erwartenden) Wirtschaftlichkeit der in Auftrag gegebenen Leistung einem Sachverständigen zu überlassen. Dieser hätte jeweils festzustellen, was ein Privater für die Leistung zu zahlen bereit gewesen wäre. Dass der Auftragnehmer zusätzlich zur Beschaffungsleistung eine vergabefremde Anforderung erfüllt, bliebe bei der Wertanalyse außer Betracht.[294] Die Differenz des so festgestellten Wertes der Leistung zu ihrem Preis würde das Begünstigungselement des Auftragsentgelts darstellen.

Die Kontrolle des Marktwertes der Leistung eines Auftragnehmers unter Berücksichtigung vielfältiger Wirtschaftlichkeitsgesichtspunkte ist kompliziert und aufwendig.[295] Gleichwohl scheint die Quantifizierung des Beihilfeelements

[291] Dreher/Haas/v. Rintelen, S. 31 f.
[292] Dreher/Haas/v. Rintelen, S. 31 f.
[293] Dreher/Haas/v. Rintelen, S. 32.
[294] Skeptisch zur Wertüberprüfung durch Sachverständige *Dreher/Haas/v. Rintelen*, S. 32.
[295] Vgl. auch GA *Lenz*, in EuGH, Rs. C-21/88 (*Du Pont de Nemours*), Slg. 1990 I, 889 (913), Tz. 58; *Commission*, Aid Element of Government R & D Contracts, S. 64; *Hoischen*, S. 52 f.; *V. Götz*, in Dauses, H. III Rn 42.

bei der Beurteilung einzelner Vergaben mitunter unvermeidlich zu sein. In der Regel ist die Kommission nämlich zur Entscheidung über die Gemeinschaftsrechtskonformität einer Beihilfe im Rahmen der Art. 87 Abs. 2 und 3 EG, spätestens aber für die Rückforderungsentscheidung auf Angaben über die Intensität der Beihilfe angewiesen.[296]

Trotz aller Berechnungsschwierigkeiten handelt es sich bei der Bestimmung des Subventionsäquivalents um ein Problem der (ökonomischen) Tatsachenfeststellung, das an der beihilfeaufsichtsrechtlichen Erheblichkeit bevorzugender Vergaben nichts ändert.[297] Erhebliche Erleichterungen für die beihilferechtliche Überprüfung bevorzugender Auftragsvergaben ergeben sich aber einerseits durch die Annahme einer Begünstigungsvermutung bei bevorzugenden Vergaben und die Behandlung von Präferenzregelungen als Beihilferegelungen andererseits. Nach den nun darzustellenden Regeln ist die Quantifizierung der Begünstigung mit Hilfe einer Marktanalyse im Ergebnis nur in wenigen Fällen der Rückforderung von Beihilfeelementen öffentlicher Aufträge durch nationale Behörden erforderlich.[298]

2.2.5.3. Beihilfevermutung und Beweislastumkehr

In Anlehnung an andere Gegenstandsbereiche der Beihilfeaufsicht ist auch im Hinblick auf öffentliche Auftragsvergaben vorgeschlagen worden, eine begünstigende Vorteilsgewährung bei Berücksichtigung marktwidriger vergabefremder Kriterien grundsätzlich zu *vermuten*.[299] Diese Ansicht stützt sich zu Recht auf die durch die hier bislang gefundenen Ergebnisse bestätigte Einsicht, dass beschaffungsfremde Gesichtspunkte i.e.S. in aller Regel staatliche Einkäufe ver-

---

[296] Vgl. auch *Dreher/Haas/v. Rintelen*, S. 36, Fn. 108; *Koenig/Sander*, EuR 2000, 743 (754).
[297] So auch *Kling*, S. 35; *W. Götz*, S. 36; *Dreher/Haas/v. Rintelen*, S. 37.
[298] Dazu unter 4.3.
[299] Dreher/Haas/v. Rintelen, S. 33 ff.

teuern.[300] Die Abweichung von einem diskriminierungsfreien Bietverfahren bietet insoweit die Vermutungsgrundlage.[301]

Für eine Begünstigungsvermutung und entsprechend eine Beweislastumkehr[302] zu Lasten des zuwendenden Mitgliedstaats bzw. der Auftraggeber lässt sich schließlich die Mitteilung der Kommission in der Sache *Kiener Deponie Bachmanning* anführen. Zur Begründung der (möglichen) Beihilfequalität eines öffentlichen Dienstleistungsauftrags führte die Kommission aus: „Die österreichischen Behörden haben jedoch weder die Preisfestsetzungsmethode ausreichend geschildert, noch ihre Auffassung, daß das Honorar dem Marktpreis entspricht, mit dem geforderten Nachweis in Form der Bescheinigung einer geeigneten unanhängigen Stelle belegt. Folglich wurde bisher nicht hinreichend *nachgewiesen*, daß das Honorar für ASA dem Marktpreis entspricht."[303] Auf der Grundlage dieser Kommissionspraxis ist davon auszugehen, dass Darlegung und Beweis der Marktkonformität des Auftragsentgelts vom Auftraggeber zu leisten sind.

2.2.5.4. Behandlung von Präferenzregelungen als Beihilferegelungen

Wenn alle Beschaffungsvorgänge, denen marktwidrige Vergaberegeln zugrunde liegen, der Notifizierungspflicht unterlägen, müsste die Kommission öffentliche

---

300 Vgl. auch Antwort der Bundesregierung auf eine parlamentarische Anfrage, BTDrucks. 13/10726 v. 15.5.1998, S. 23; s. ferner die Stellungnahme der italienischen Regierung zu der streitigen Vorschrift des Art. 17 des Gesetzes 64/86 in der (EuGH, Rs. C-21/88 (*Du Pont de Nemours*), Slg. 1990 I, 889 (898), Tz. 58) sowie die Schlussanträge von GA *Lenz* (ebda., S. 913, Tz. 58).

301 Vgl. *Dreher/Haas/v. Rintelen*, S. 33 ff. ; Kommission, Mitteilung über die Anwendung der Vorschriften über staatliche Beihilfen auf Maßnahmen im Bereich der direkten Unternehmenbesteuerung, ABl. 1998, C 384/3 (6), Tz. 22: „Jede Verwaltungsentscheidung, die von den allgemein geltenden Steuervorschriften abweicht, um einzelne Unternehmen zu begünstigen, begründet eine Vermutung für das Vorliegen einer staatlichen Beihilfe." Ferner Entscheidung der Kommission, ABl. 1995, L 253, 22 (29) (*Neue Maxhütte Stahlwerke*); Entscheidung der Kommission v. 24.2.1999, Sache NN 70/98 (*Kinderkanal und Phoenix*), Tz. 6.1.1.: „Wird die Gegenleistung [...] zu Marktbedingungen festgesetzt [...] und wird das mit der Dienstleistung betraute Unternehmen nach objektiven, geeigneten, Kriterien ausgewählt, so kann die Kommission annehmen, dass die Gegenleistung keine staatliche Beihilfe an den Dienstleistungserbringer darstellt. *Andernfalls besteht eine Beihilfevermutung* [...]" (Hervorhebung nicht im Original).

302 Vgl. Dreher/Haas/v. Rintelen, S. 34 f.

303 Mitteilung der Kommission gemäß Artikel 93 Abs. 2 EGV, ABl. 1998, C 201/8 (11) (*Kiener Deponie Bachmanning*); Hervorhebung nicht im Original.

Aufträge in einer Größenordnung kontrollieren, der sie angesichts der unüberschaubaren Menge der in der Gemeinschaft vergebenen Aufträge[304] und der starken Verbreitung vergabefremder Kriterien mit ihren personell und sachlich begrenzten Mitteln auch bei Annahme einer Beweislastumkehr nicht annähernd gewachsen wäre. Auch für öffentliche Auftraggeber und die Mitgliedstaaten würden Verfahren vor der Kommission gewaltige administrative Anstrengungen bedeuten. Das ohnehin schon stark formalisierte Vergabeverfahren würde noch weiter reglementiert und verzögert, wenn jede geplante Auftragsvergabe unter Berücksichtigung vergabefremder Kriterien der Notifikation bedürfte, die spätestens vor Abschluss des Vertrages über die zu erbringende Leistung erfolgen müsste.

Der Aufwand einer Einzelfallprüfung lässt sich umgehen, wenn bereits vergaberechtliche *Präferenzbestimmungen* als *Beihilferegelungen* im Sinne des Art. 1 lit. d) der Beihilfeverfahrensordnung[305] eingestuft werden können – vorausgesetzt, die weiteren Tatbestandsvoraussetzungen des Art. 87 Abs. 1 EG sind erfüllt. Gegen eine Qualifikation als Beihilferegelungen könnte eingewendet werden, dass vergaberechtliche Bevorzugungsregelungen im Gegensatz zu anderen Beihilfeformen keine festumrissenen Förderprogramme darstellen, gar nicht im Einzelnen die Beihilfeadressaten bezeichnen und vor allem nicht die förderfähigen Kosten der jeweiligen Anwendungsfälle angeben. Vielmehr ist es ja eine Frage der Einzelfallbetrachtung, ob und wenn ja, in welcher Höhe Begünstigungselemente im Auftragsentgelt enthalten sind.

Allerdings ist es nicht ungewöhnlich, dass die Kommission auch dann Bestimmungen der Mitgliedstaaten als Beihilferegelungen behandelt, wenn sie bei der Entscheidung über die Genehmigung kaum absehen kann, wie der Inhalt der zu fördernden Projekte aussehen wird.[306] Im Rahmen der Prüfung von allgemeinen Beihilfeprogrammen zugunsten einer nicht näher definierten Gruppe möglicher Zuwendungsadressaten lässt es der EuGH genügen, dass die Merkmale und

---

304 Allein in Deutschland gibt es rund 35.000 öffentliche Auftrageber, in der EU über 100.000, die in der Lage sind, Verträge mit einem über den Gemeinschaftsschwellen liegenden Wert zu schließen; vgl. *Jasper/Marx*, Einführung, S. XVII; *Bohan/Redonnet*, PPLR 1997, 141 ff. (155).

305 Verordnung (EG) Nr. 659/1999 des Rates vom 22.3.1999 über besondere Vorschriften zur Anwendung von Artikel 93 des EG-Vertrages; ABl. 1999, L 83.

306 Vgl. *Sinnaeve*, EuZW 2001, 69 (72).

Modalitäten des Programms Wirkungen hervorzurufen geeignet sind, die als Begünstigungen im Sinne des Art. 87 Abs. 1 EG anzusehen sind.[307]

Noch weiter geht die vom Gerichtshof akzeptierte[308] Beurteilung von § 52 Abs. 8 des deutschen Einkommensteuergesetzes (EStG), der eine besondere Steuervergünstigung für zum Erwerb von Anteilen an bestimmten ostdeutschen Kapitalgesellschaften reinvestierte Veräußerungsgewinne vorsah. Hier kam die Kommission zur Annahme einer Beihilferegelung zugunsten der Beteiligungsverkäufer[309], obwohl das Vorliegen einer Begünstigung überhaupt und auch die Quantifizierung des Beihilfeelements im Einzelfall nicht sichergestellt waren[310]:

„Tatsächlich kann [...] von der Zuweisung eines Vorteils *im typischen Fall* ausgegangen werden. [...] In diesem Zusammenhang ist festzustellen, daß die Kommission für die Beurteilung des Beihilfecharakters einer Regelung nicht auf jeden Einzelfall abzustellen hat. [...] Um daher zum Ergebnis zu kommen, dass *keine* staatliche Beihilfe vorliegt, müßte die Kommission das Vorliegen einer Zuweisung eines wirtschaftlichen Vorteils und somit einer staatlichen Beihilfe in jedem Einzelfall ausschließen können. Insofern muß gefolgert werden, daß die Regelung ihrem Wesen nach zur Wirkung hat, dem bestimmbaren Kreis von Kapitalgesellschaften [...] einen wirtschaftlichen Vorteil einzuräumen.“[311]

Eine Regelung ist folglich selbst dann pauschal als Beihilfe zu behandeln sein, wenn – wie im Fall vergaberechtlicher Präferenzvorschriften – nicht für jeden Anwendungsfall eine Begünstigung angenommen werden kann.[312] Dafür müssen

---

[307] EuGH, Rs. 284/84 (*Borken-Bocholt*), Slg. 1987, 4013 (4041), Rn. 18.

[308] EuGH, Rs. C-156/98 (*§ 52 Abs. 8 EStG*), Slg. 2000 I, 6857 (6910 f.), Rn. 96 ff.

[309] Die Annahme eines wirtschaftlichen Vorteils wurde damit begründet, dass § 52 Abs. 8 EStG die Nachfrage nach Beteiligungen an der beschriebenen Gruppe von Unternehmen in den neuen Bundesländern erhöhe, wodurch diese ihre Anteile zu für sie günstigeren Bedingungen veräußern könnten; vgl. Entscheidung der Kommission, ABl. 1998, L 212/50 (51 und 53).

[310] Die Kommission hob hervor, dass eine Begünstigung im Einzelfall nur dann überhaupt feststellbar wäre, wenn dem jeweiligen Beteiligungskäufer aufgrund der Vergünstigung durch § 52 Abs. 8 EStG eine Änderung seines Investitionsverhaltens zugunsten ostdeutscher Kapitalgesellschaften nachzuweisen wäre. Dies sei aber aufgrund einer Ex-ante-Prüfung nicht in jedem Einzelfall möglich; die Quantifizierung des Beihilfeelements sei selbst ex post nicht mit Sicherheit möglich. Vgl. ABl. 1998, L 212/50 (53f.).

[311] ABl. 1998, L 212/50 (53 f.); Hervorhebungen von mir.

[312] Vgl. auch *Bartosch*, C.M.L.Rev. 38 (2001), 1285 (1289).

die Bevorzugungsbestimmungen den erfolgreichen Bietern „im typischen Fall" eine Begünstigung zuweisen. Wie bereits ausführlich dargelegt wurde, verringern marktwidrig ausgestaltete Beschaffungspräferenzen die Teilnehmerzahl und schließen so gewöhnlich günstige Angebote von der Vergabe aus. Die für die Erfüllung von Zusatzanforderungen gegebenenfalls erforderlichen Aufwendungen resultieren in einer Verteuerung des Auftrags, sei es aufgrund der Selektions- oder aufgrund der Anreizwirkung vergabefremder Kriterien. Präferenzregelungen führen also im typischen Fall zu einer Begünstigung der Unternehmen, die bei Berücksichtigung vergabefremder Kriterien den Zuschlag erhalten. Bei Vorliegen der übrigen Voraussetzungen des Beihilfetatbestands sind Präferenzbestimmungen folglich - mit Ausnahme der vollständig begünstigungsneutralen Regelungen - als Beihilferegelungen anzusehen.[313]

Die neuere Praxis der Kommission ist im Sinne einer generellen Umkehr der Darlegungslast bei der Anmeldung von Beihilferegelungen interpretiert worden.[314] Falls ein staatliches Programm potenziell geeignet ist, Unternehmen oder Produktionszweigen wirtschaftliche Begünstigungen zuzuweisen, müsste der betroffene Mitgliedstaat plausibel darlegen und beweisen, dass die Anwendung der streitigen Regelung in keinem Anwendungsfall zu einer wirtschaftlichen Begünstigung einzelner Unternehmen führt.[315] Diese konsequente (und mit der in Bezug auf einzelne Vergaben gefundenen korrespondierende) Lösung ist auf Präferenzregelungen zu übertragen. Denn auch hier gilt die Überlegung, dass sich Schwierigkeiten bei der Quantifizierung des Beihilfeelements nur zu Lasten desjenigen auswirken können, der für die Wahl der Subventionsform verantwortlich ist. Dem verantwortlichen Mitgliedstaat wäre aufgegeben, den Nachweis einer beihilfeausschließenden angemessenen Gegenleistung zu führen. Angesichts der dargelegten Anforderungen an einen Begünstigungsausschluss dürfte nur bei wenigen Formen vergabefremder Regelungen der Beweis gelingen, dass Begünstigungszuweisungen ausgeschlossen sind.[316]

---

313 Ohne Begründung dieser Ansicht *Benedict*, S. 248.

314 So *Koenig/Sander*, EuR 2000, 743 (756).

315 *Koenig/Sander*, EuR 2000, 743 (756).

316 Vgl. auch *Koenig/Sander*, EuR 2000, 743 (756). Bei Ablehnung einer Darlegungslastumkehr müsste die Kommission aufgrund des in der Regelung bestimmten sachlichen und räumlichen Anwendungsbereichs das voraussichtliche Beihilfeausmaß der unter Berücksichtigung der jeweiligen Regelung zu vergebenden Aufträge abschätzen. Erforderlich wäre eine summarische Beurteilung, wie sich das vergabefremde Kriterium auf die Zahl der eingereichten Angebote und die Angebotskosten auswirken würde.

Aus den jüngeren Entscheidungen von EuGH und Kommission ergeben sich auch Folgerungen für die Rückabwicklung von Einzelbeihilfen, die aufgrund einer mit dem Gemeinsamen Markt nicht zu vereinbarenden Beihilferegelung vor Erlass der abschließenden Kommissionsentscheidung, also unter Verstoß gegen Art. 88 Abs. 3 S. 3 EG erlassen worden sind. Denn bei der Beurteilung komplexer Beihilfesysteme geht die Kommission mit Billigung des EuGH sogar zunehmend dazu über, das Subventionselement der Regelungen gar nicht zu beziffern, sondern dies den rückfordernden nationalen Behörden zu überlassen.[317] Dieses Vorgehen entbindet die Kommission auch im Fall von einzelnen Aufträgen, die auf Grundlage vergaberechtlicher Präferenzregelungen vergeben werden, von der Ermittlung des exakten Subventionsäquivalents. Berechnungsschwierigkeiten lassen sich so auf die Ebene der Mitgliedstaaten verlagern. Im Übrigen relativiert sich der damit scheinbar verbundene Aufwand im Ergebnis insoweit erheblich, als es in den meisten Fällen ohnehin zur Rückabwicklung des gesamten Vertrages kommen dürfte, selbst wenn man nicht in allen Fällen eine Gesamtnichtigkeit des beihilfegewährenden Vertrages annimmt.[318]

Als Ergebnis ist festzuhalten, dass marktwidrige Bevorzugungsvorschriften pauschal als Beihilferegelungen zu beurteilen sind, obwohl eine Vergabe unter Berücksichtigung vergabefremder Kriterien nicht per se ein Begünstigungselement enthält. Den Mitgliedstaaten obliegt es nachzuweisen, dass eine Bestimmung keine einzelwirtschaftlich nicht gerechtfertigten Überentgelte zu Folge hat. Soweit begünstigende Präferenzregelungen auch die weiteren Merkmale des Beihilfetatbestands erfüllen, unterliegen sie der Notifizierungspflicht gemäß Art. 88 Abs. 3 S. 1 EG.[319] Verstoßen die Mitgliedstaaten dagegen, obliegt ihnen bei der Rückforderung von Beihilfeelementen öffentlicher Aufträge die Bezifferung des Subventionsäquivalents.

Im Zentrum der weiteren Untersuchung werden (beschaffungsfremde) Vergabe*regelungen* stehen.

---

[317] EuGH, Rs. 102/87 (*FIM*), Slg. 1988, 4067 (4090), Rn. 32 f; EuGH, Rs. C-480/98 (*Magefesa*), Slg. 2000 I, 8717 (8742), Rn. 25; GA *Saggio*, in EuGH, Rs. C-156/98 (§ 52 Abs. 8 EstG), 6857 (6872), Tz. 23.

[318] Dazu unter 4.3.

[319] So im Ergebnis auch *Bartosch*, WuW 2001, 673 (685); *Benedict*, S. 248; a.A. *Dreher/Haas/v. Rintelen*, S. 57.

2.2.5.5. Verbleibende Fälle der Notifikation einzelner Vergaben

Mit der Qualifikation von Präferenzvorschriften als Beihilferegelungen kann die Kommission die Vergabepraxis der Mitgliedstaaten weitgehend ohne Betrachtung einzelner Beschaffungsvorgänge kontrollieren. Die Notifikation von Einzelvergaben kann deshalb und sollte - aus Praktikabilitätsgründen - die Ausnahme sein.[320] Auch wenn die nationalen Stellen ihrer Anmeldepflicht für Präferenzregelungen nachkommen und das Durchführungsverbot des Art. 88 Abs. 3 S. 3 EG beachten, bleiben gleichwohl eine Reihe möglicher Anwendungsfälle für Einzelfallprüfungen. Denn auch Vergaben ohne Berücksichtigung beschaffungsfremder Kriterien können bei Missachtung beschaffungsrechtlicher Verfahrensbestimmungen, vor allem der engen Grenzen für die Prüfung der Zuverlässigkeit der Teilnehmer und der Wirtschaftlichkeit des Angebots, Begünstigungselemente enthalten.

Besonders behutsam müssten öffentliche Auftraggeber mit Rechtstreueanforderungen umgehen, die Einfallstore für marktwidrige Vergaben seien können, wenn sie nicht allein eine Aussage über die Zuverlässigkeit eines Unternehmens im Hinblick auf die konkrete Beschaffungsleistung treffen.[321] Bei F&E-Aufträgen besteht bei beschränktem Bieterwettbewerb die Gefahr, dass positive externe Effekte nicht ausreichend im Rahmen der Preiskalkulation gewürdigt werden.[322] Gerade für solche komplexen Vergabekonstellationen empfiehlt sich, auf der Grundlage des gemeinschaftlichen Vergaberechts, die Entwicklung von Leitlinien für „beihilfesichere“ Vergabeverfahren durch die Kommission, aus denen sich der Ausschluss einer Beihilfevermutung einerseits und die Voraussetzungen einer Einzelfall-Notifizierungspflicht andererseits ergeben müssten. Derartige Vorkehrungen würden es der Kommission ermöglichen, die Überprüfung von Einzelvergaben auf evidente Verstöße konzentrieren zu können. Geringfügige Überpreise bräuchten noch keine beihilfeverfahrensrechtlichen Konsequenzen nach sich zu ziehen.[323]

---

320 Da *Dreher/Haas/v. Rintelen* (S. 57) bei der beihilferechtlichen Beurteilung öffentlicher Auftragsvergaben nur auf einzelne Vergaben abstellen, beziehen sie auch die Notifizierungspflicht allein darauf.

321 S.o. unter 2.2.3.2.

322 S.o. unter 2.2.2.6.

323 Vgl. auch die Mitteilung der Kommission zu kommunalen Grundstücksverkäufen (ABl. 1997, C 209/3 (4)): Eine Differenz zwischen vereinbartem Preis und Verkehrswert von bis zu 5 % bewertet die Kommission als marktkonform und damit beihilferechtlich unbedenklich. Dazu *Schütterle*, EuZW 1995, 391 (393).

Nicht zuletzt könnten konkurrierende Unternehmen eine wichtige Rolle bei der Beihilfekontrolle von öffentlichen Aufträgen spielen. Wegen der starken Formalisierung und Bieterbeteiligung bei Vergabeverfahren haben die Teilnehmer in einem Maß Transparenz über die anderen Angebote und damit über etwaige Begünstigungen, die andere Subventionsformen nicht kennen. Deshalb wäre es gerechtfertigt, die beihilferechtliche Überprüfung einzelner Vergaben vorrangig vom Engagement der unterlegenen Teilnehmer abhängig zu machen.[324] Die Kommission dürfte einzelne Vergabeverfahren kaum so wirkungsvoll überwachen können wie die daran unmittelbar beteiligten Privaten. Diese können aufgrund eigener Erfahrungen den Wert einer Beschaffungsleistung einschätzen und gegebenenfalls die Kommission alarmieren oder nationalen Rechtsschutz in Anspruch nehmen.[325]

---

[324] Deren Aktivitäten im Rahmen eines gezielten *State Aid Monitoring* (vgl. *Lübbig*, WuW 99, 249 (ebda.)) gefragt wären.

[325] Dazu unter 4.1.

2.3. Staatliche Zurechenbarkeit von Begünstigungselementen öffentlicher Aufträge

Beihilfen sind nur solche Begünstigungen, die von staatlichen Institutionen oder aus staatlichen Mitteln gewährt werden, während einseitige Zuwendungen aus privaten Mitteln („Kollegenhilfen") Art. 81 f. EG unterfallen. Diese Unterscheidung bereitet vor allem wegen der funktionalen Bestimmung des Auftraggeberbegriffs bei Vergaben oberhalb der Schwellenwerte[326] von Fall zu Fall Schwierigkeiten.

2.3.1. Staatliche öffentliche Auftraggeber

Ohne dass es im Ergebnis auf eine Abgrenzung der Tatbestandsvarianten „staatliche" und „aus staatlichen Mitteln gewährte" Beihilfen ankäme[327], sind staatliche Beihilfen im Sinne des Art. 87 Abs. 1 EG alle von staatlichen Hoheitsträgern gewährten Begünstigungen. Darunter fallen auch einseitige Vorteilsgewährungen innerstaatlich autonomer Hoheitsträger, die selbst nicht Partei des EG-Vertrages sind, wie die Bundesländer und die Gemeinden.[328] Folglich sind sämtliche Gebietskörperschaften sowie deren Sondervermögen im Sinne des § 98 Nr. 1 GWB als „klassische" Subventionsgeber von Art. 87 Abs. 1 EG erfasst. Dasselbe gilt für Verbände gemäß § 98 Nr. 3, 1. Alt. GWB.[329]

Der Auftraggeberbegriff des § 98 Nr. 1 GWB entspricht dem haushaltsrechtlichen institutionellen Auftraggeberbegriff, der für Vergaben unterhalb der Schwellenwerte maßgeblich ist[330], sodass auch insoweit die „Staatlichkeit" der Begünstigung eindeutig ist.

2.3.2. Nichtstaatliche öffentliche Auftraggeber mit staatlicher Finanzierung

Das Merkmal „aus staatlichen Mitteln gewährte Beihilfen" erfasst auch Begünstigungen von anderen Einrichtungen als Hoheitsträgern. Auf die Rechts-

---

[326] Vgl. jeweils Art. 1 lit. b) BKR, LKR, DKR. Zum Auftraggeberbegriff *Dreher*, WuW 1999, 244 ff.
[327] Vgl. *v. Wallenberg*, in Grabitz/Hilf, Art. 92, Rn. 17.
[328] Vgl. *Mederer*, in Groeben/Thiesing/Ehlermann, Art. 92, Rn. 13; *Gormley*, S. 815; *Rawlinson*, in Lenz, Art. 87, Rn. 5.
[329] So auch Dreher/Haas/v. Rintelen, S. 40.
[330] Vgl. § 105 BHO bzw. LHO, § 113 BHO bzw. LHO sowie die Regelungen der Gemeindehaushaltsverordnungen, z.B. § 31 GemHVO RP.

form des Zuwendungsgebers und eine *Zuordnung* zum Staat kommt es nicht an. Die gleichwohl erforderliche staatliche *Zurechenbarkeit*[331] ist jedenfalls immer dann gegeben, wenn staatliche Finanzmittel transferiert werden.[332] Das ist sowohl bei subventionierten Auftraggebern gemäß § 98 Nr. 5 GWB als auch bei öffentlichen Unternehmen im Sinne des § 98 Nr. 2, 1. Alt. GWB, die überwiegend von Gebietskörperschaften, deren Sondervermögen oder deren Verbänden finanziert werden, der Fall.[333]

2.3.3. Privat finanzierte öffentliche Auftraggeber

Zu klären bleibt die staatliche Zurechenbarkeit einseitiger Vorteilsgewährungen durch Einrichtungen, deren Aufwendungen sich nicht zu Lasten öffentlicher Haushalte auswirken. Dazu zählen die privat finanzierten „öffentlichen" Auftraggeber, nämlich *staatlich beherrschte öffentliche Unternehmen* gemäß § 98 Nr. 2, 2. und 3. Alt. GWB[334] sowie deren Verbände (§ 98 Nr. 3, 2. Alt. GWB), ferner *staatsnahe (staatlich beherrschte) Sektorenauftraggeber* im Sinne des § 98 Nr. 4, 2. Alt. GWB und *staatsferne Sektorenauftraggeber* gemäß § 98 Nr. 4, 1. Alt. GWB. Begünstigende Zuwendungen dieser Auftraggeber könnten angesichts der sehr weiten Interpretation des Tatbestandsmerkmals[335] als aus staatlichen Mitteln gewährte Beihilfen anzusehen sein.

2.3.3.1. Belastung staatlicher Haushalte nicht erforderlich

Der EuGH lässt für die Annahme einer Belastung staatlicher Mittel genügen, dass die Begünstigung *durch vom Staat errichtete oder beauftragte öffentliche oder private Einrichtungen* gewährt wird.[336] Keine Schwierigkeiten bereitet daher die beihilferechtliche Erfassung von Vorteilszuwendungen durch (privatrechtlich organisierte) Finanz-Intermediäre, die als zwischengeschaltete Stellen

---

331 Vgl. etwa EuGH, Rs. C-303/88 (*ENI/Lanerossi*), Slg. 1991 I, 1433 (1474), Rn. 11.

332 Vgl. *Mederer*, in Groeben/Thiesing/Ehlermann, Art. 92, Rn. 14.

333 So auch Dreher/Haas/v. Rintelen, S. 40.

334 Zum Oberbegriff der Beherrschung für die in § 98 Nr. 2 GWB genannten Möglichkeiten der Einflussnahme auf juristische Personen des öffentlichen oder des privaten Rechts und die jeweiligen Voraussetzungen vgl. *Marx/Prieß*, in Jestaedt/Kemper, S. 18 ff.

335 Vgl. Kommission, 26. Wettbewerbsbericht (1996), Tz. 171.

336 EuGH, Rs. C-295/97 (*Piaggio*), Slg. 1999 I, 3735 (3761), Rn. 35; EuGH, Rs. C-303/88 (*ENI/Lanerossi*), Slg. 1991 I, 1433 (1474), Rn. 11; EuGH, Verb. Rs. 67, 68 und 70/85 (*van der Kooy*), Slg. 1988, 219 (272), Rn. 35; EuGH, Rs. 290/83 (*CNCA*), Slg. 1985, 439 (449), Rn. 14.

Staatsmittel vergeben, und durch Nebenfisken, die sich über parafiskalische Abgaben finanzieren.[337] Auch bei anderen staatlich initiierten Begünstigungszuweisungen ist eine (direkte) staatliche Haushaltsbelastung nicht erforderlich.[338] Dahinter steht die Überlegung, dass sich die öffentliche Hand nicht im Wege der Ausgliederung von Aufgaben dem Beihilfekontrollregime entziehen können soll.[339]

Die Zuordnung der verwendeten Mittel zum Vermögen des Staates, ist folglich keine Bedingung der Beihilfequalifikation.[340] Deshalb können prinzipiell auch die aus Eigenmitteln aufgebrachten Vorteilsgewährungen privatrechtlich verfasster Auftraggeber als Beihilfen zu qualifizieren sein. Allerdings ist, wie sich aus der Rechtsprechung des EuGH zur Unterscheidung zwischen „staatlichen"

337 Vgl. *Mederer*, in Groeben/Thiesing/Ehlermann, Art. 92, Rn. 15; *Carbajo*, in Blumann, S.5.

338 Vgl. EuGH, Rs. 290/83 (*CNCA*), Slg. 1985, 439 (446 ff.), Rn. 5 ff.: „Bereits aus dem Wortlaut des Artikels 92 Absatz 1 ergibt sich, daß staatliche Beihilfen nicht nur solche sind, die aus staatlichen Mitteln finanziert werden."

339 Vgl. auch *Modlich*, S. 41 f.

340 So auch *Bär-Bouyssière*, in Schwarze, Art. 87, Rn. 32; *Koenig/Kühling*, NJW 2000, 1065 (1068); *Schernthanner*, S. 60 ff.; *Modlich*, S. 41 f.; a.A. *Cremer*, in Callies/Ruffert, Art. 87, Rn. 11. Vgl. auch EuGH, Rs. C-83/98 P (*Ladbroke Racing*), Slg. 2000 I, 3271 (3323), Rn. 50: Art. 87 Abs. 1 EG erfasst all die Geldmittel, „auf die der öffentliche Sektor tatsächlich zur Unterstützung von Unternehmen zurückgreifen kann, ohne dass es dafür eine Rolle spielt, ob diese Mittel auf Dauer zum Vermögen dieses Sektors gehören."

und „aus staatlichen Mitteln gewährten" Beihilfen[341] ergibt, auch in den Fällen der Begünstigung durch Maßnahmen Privater erforderlich, dass der Begünstigung eine finanzielle Belastung auf der Seite des Zuwendenden gegenübersteht.[342] Auf etwaige Steuermindereinnahmen des Staates als Folge einer begünstigenden Regelung kann dafür nicht abgestellt werden.[343]

---

341 Der Wortlaut des Art. 87 Abs. 1 EG gestattet die Annahme, dass das Merkmal „staatliche" Beihilfen umfassender sei als die Variante „aus staatlichen Mitteln gewährte" Beihilfen. Dann käme es auf eine Belastung öffentlicher Mittel nicht an und die Begünstigung müsste nur auf (irgendeine) staatliche Maßnahme zurückzuführen sein (vgl. GA *Darmon*, in EuGH, Verb. Rs. C-72/91 und C-73/91 (*Sloman Neptun*), Slg. 1993 I, 887 (906), Rn. 18 ff.; *Slotboom*, E.L.Rev. 20 (1995), 289 (295 ff.); *Rodger*, ECLR 1999, 251 (254); Koenig/Kühling, EuZW 1999, 517 (521)). Der EuGH hat dagegen klargestellt, dass die Unterscheidung von „staatlichen" und „aus staatlichen Mitteln" gewährten Beihilfen „nur dazu [dient], in den Beihilfebegriff die unmittelbar vom Staat gewährten Vorteile sowie diejenigen, die über eine vom Staat benannte oder errichtete öffentliche oder private Einrichtung gewährt werden, einzubeziehen"; EuGH, Verb. Rs. C-52 bis 54/97 (*Viscido*), Slg. 1998 I, 2629 (2641), Rn. 14; EuGH, Verb. Rs. C-72 und 73/91 (*Sloman Neptun*), Slg. 1993 I, 887 (933 f.), Rn. 19; EuGH, Rs. C-189/91 (*Kirsammer-Hack*), Slg. 1993 I, 6185 (6220), Rn. 16; EuGH, Rs. C-379/98 (*PreussenElektra*), Slg. 2001 I, 2099 (2181), Rn. 58. Denn der Begriff „aus staatlichen Mitteln gewährte Beihilfen" ist weiter als der Begriff „staatliche Beihilfen"; vgl. EuGH, Verb. Rs. 213 bis 215/81 (*Norddeutsches Vieh- und Fleischkontor*), Slg. 1982, 3583 (3602), Rn. 22. Zum Ganzen *Goossens/Emmerechts*, C.M.L.Rev. 38 (2001), 991 (1000 ff.).

342 Nähme man entgegen der hier vertretenen Ansicht an, dass eine Begünstigung auch in Fällen des marktgerechten Entgelts vorliegen kann (s.o. unter 2.2.1.6), so würde insoweit mangels eines finanziellen Nachteils keine Beihilfe vorliegen. Zahlt der Auftraggeber einen marktangemessenen Preis, dann erleidet er keine Einbuße, die einem finanziellen Vorteil auf der Seite des Auftragnehmers entspräche. Auch wenn auf eine Stoffidentität von empfangener Begünstigung und geleisteter Zuwendung verzichtet werden kann (vgl. *Bleckmann*, WiVerw 89, S. 83), so muss doch auf der Seite der öffentlichen Hand ein Vermögensverlust nachweisbar sein.

343 EuGH, Rs. C-200/97 (*Ecotrade*), Slg. 1998 I, 7907 (7937), Rn. 36. Die restriktive Auslegung des Staatlichkeitsmerkmals ist rechtspolitisch fragwürdig. Denn Maßnahmen, die sich etwa über parafiskalische Sonderfonds finanzieren (staatlich zurechenbar) und Maßnahmen wie die Regenerativstromförderung, die unmittelbar aus privaten Mitteln aufgebracht werden (nicht staatlich zurechenbar), unterscheiden sich in puncto Wettbewerbsverfälschung nicht. Die Gefahr des Umgehung des Art. 87 EG liegt auf der Hand. Vgl. dazu *Goossens/Emmerechts*, C.M.L.Rev. 38 (2001), 991 (1002 f.); *Ross*, C.M.L.Rev. 37 (2000), 401 (414); *Slotboom*, E.L.Rev. 20 (1995), 289 (296 ff.); *Rodger*, ECLR 1999, 251 (254 f.).

2.3.3.2. Anforderungen an die staatliche Einflussnahme

Nicht jede Veranlassung einer begünstigenden Zuwendung von Privaten an Private mittels einer hoheitlichen Regelung genügt den Anforderungen des Art. 87 Abs. 1 EG. So hat der EuGH in der Rechtssache *van Tiggele* eine staatliche Festsetzung von Mindestpreisen nicht als Beihilfe qualifiziert, weil die (auf Seiten der Käufer) eintretende Begünstigung allein durch Mehraufwendungen der Verbraucher finanziert wurde.[344] Auch in der *PreussenElektra*-Entscheidung ließ der EuGH die gesetzliche *Steuerung* des Mittelzuflusses an die Erzeuger von Regenerativstrom für die Annahme einer Beihilfe nicht ausreichen.[345] Genauso wenig genügt die bloße Verteilung eines Zollkontingents der Gemeinschaft[346] oder eine Insolvenzregelung, die eine Verringerung der Gewinne privater Gläubiger zur Folge hat.[347]

Vielmehr muss das private Unternehmen hinsichtlich der Verwendung seiner Mittel einer *nicht unerheblichen staatlichen Einflussnahme* unterliegen[348], deren Vorliegen im Wege einer „Indiziengesamtschau"[349] zu prüfen ist. Eine staatliche Kapitalbeteiligung ist insoweit zwar ein starkes Indiz, aber keine unerlässliche Bedingung.[350] Begünstigende Maßnahmen können auch dann staatlich zurechenbar sein, wenn Hoheitsträger in anderer Form Entscheidungsprozesse innerhalb privat finanzierter Rechtssubjekte (mit) zu bestimmen in der Lage sind. Als Kriterien hat der EuGH auf die Möglichkeiten staatlicher Einrichtungen abgestellt, Leitungsorgane (teilweise)[351] zu bestellen[352] oder Vetorechte mit Hilfe von

---

344 EuGH, Rs. 82/77 (*van Tiggele*), Slg. 1978, 25 (40 f.), Rn. 23/25 und 26.

345 EuGH, Rs. C-379/88 (*PreussenElektra*), Slg. 2001 I, 2099 (2181 f.), Rn. 59 ff.

346 EuGH, Verb. Rs. 213 bis 215/81 (*Norddeutsches Vieh- und Fleischkontor*), Slg. 1982, 3583 (3602), Rn. 22 f. Vgl. auch die Beispiele bei *Müller-Graff*, ZHR 152 (1988), 403 (424 f.): gouvernementale Aufforderungen zum Kauf von Inlandswaren, technische Spezialmaße, die die Produktion bestimmte Wettbewerber verteuern oder eine Wettbewerbsbeteiligung unattraktiv machen; in diesen Fällen liegt regelmäßig keine staatliche Mittelbelastung vor.

347 EuGH, Rs. C-200/97 (*Ecotrade*), Slg. 1998 I, 7907 (7939), Rn. 36.

348 Vgl. auch *Koenig/Kühling*, NJW 2000, 1065 (1068); *Koenig*, in Koenig, S. 9 (16); *Rodger*, ECLR 1999, 251 (252).

349 *Müller-Graff*, ZHR 152 (1988), 403 (413).

350 Vgl. EuGH, Verb. Rs. 67, 68 und 70/85 (*van der Kooy*), Slg. 1988, 219 (272), Rn. 35, wo eine staatliche Aktienbeteiligung von 50 % nur als eine von mehreren möglichen Ursachen für die staatliche Zurechnung aufgeführt wird.

351 Staatliche Vertreter müssen nicht die Mehrheit in den maßgeblichen Gremien haben; vgl. EuGH, Rs. 290/83 (*CNCA*), Slg. 1985, 439 (447), Rn. 7; EuGH, Verb. Rs. 67, 68 und 70/85 (*van der Kooy*), Slg. 1988, 219 (272), Rn. 36.

Genehmigungserfordernissen[353] auszuüben.[354] Danach unterliegen Privatunternehmen hinreichendem staatlichen Einfluss, wenn ihre Entscheidungsautonomie beschränkt ist oder sie auf eine enge Abstimmung mit hoheitlichen Stellen angewiesen sind.[355] Zusammenfassend kann danach festgehalten werden, dass eine staatliche Zurechenbarkeit wenigstens eine mittelbare *substanzielle hoheitliche Dispositions- und Kontrollgewalt* im Hinblick auf die Gewährung einseitiger Vorteile voraussetzt[356]; eine bloß informelle Einflussnahme genügt dagegen nicht.[357]

2.3.3.3. Folgerungen für privat finanzierte öffentliche Auftraggeber

2.3.3.3.1. Staatlich beherrschte öffentliche Auftraggeber

Sowohl in den Fällen der Leitungsaufsicht (§ 98 Nr. 2, 2. Alt. GWB), der Besetzung der Mehrheit der Geschäftsführungs- oder Aufsichtsorgane (§ 98 Nr. 2, 3. Alt. GWB) durch Vertreter von Gebietskörperschaften oder deren Verbände als auch bei beherrschendem Einfluss auf Sektorenauftraggeber (§ 98 Nr. 4, 2. Alt. GWB) ist die unternehmerische Autonomie erheblich beeinträchtigt. Eine staatliche Beherrschung setzt nämlich voraus, dass der alleinige oder gemeinsame Einfluss auf das Unternehmen die Möglichkeit gewährt, diesem gegenüber die eigenen Vorstellungen für das unternehmerische Verhalten durchzusetzen.[358] Dies gestattet hoheitlichen Stellen, über die Finanzmittel der beherrschten Unternehmen in wesentlicher Form mit zu disponieren. Sie können daher auch begünstigende Zuwendungen an Vertragspartner veranlassen, etwa indem sie die Berücksichtigung kostensteigernder beschaffungsfremder Gesichtspunkte mit Hilfe ihres beherrschenden Einflusses effektiv durchsetzen können. Eine derart umfassende Einflussnahme auf die Verwendung unternehmerischer Mittel erfüllt das Zurechenbarkeitserfordernis.[359] Begünstigungen staatlich beherrschter

---

352 EuGH, Rs. C-303/88 (*ENI/Lanerossi*), Slg. 1991 I, 1433 (1474), Rn. 12; EuGH, Rs. C-305/89 (*Alfa Romeo*), Slg. 1991 I, 1603 (1639), Rn. 14.

353 EuGH, Rs. 290/83 (*CNCA*), Slg. 1985, 439 (448 f.), Rn. 12 und 15; EuGH, Verb. Rs. 67, 68 und 70/85 (*van der Kooy*), Slg. 1988, 219 (272), Rn. 36.

354 Vgl. auch *Ross*, C.M.L.Rev. 26 (1989), 167 (173 f.).

355 Vgl. *Mederer*, in Groeben/Thiesing/Ehlermann, Art. 92, Rn. 15. Vgl. auch EuG, Rs. T-358/94 (*Air France*), Slg. 1996 II, 2109 (2133), Rn. 67.

356 Vgl. auch *Dreher/Haas/v. Rintelen*, S. 40; *Modlich*, S. 42.

357 So aber *Schernthanner*, S. 68; *Modlich*, S. 42 f.

358 Vgl. *Marx/Prieß*, in Jestaedt/Kemper, S. 19.

359 So im Ergebnis auch *Müller-Graff*, ZHR 152 (1988), 403 (413).

Auftraggeber nach § 98 Nr. 2, 2. und 3. Alt., Nr. 4, 2. Alt GWB unterfallen folglich Art. 87 Abs. 1 EG.[360]

2.3.3.3.2. Staatsferne Sektorenauftrageber

Auf die unternehmerischen Entscheidungen der Leitungsorgane staatsferner Sektorenauftraggeber (§ 98 Nr. 4, 1. Alt. GWB i.V.m. § 8 VgV) haben Vertreter staatlicher Interessen keinen (beherrschenden) Einfluss. Es fragt sich daher, ob andere hoheitliche Interventionsmöglichkeiten substanzielle Dispositions- und Kontrollbefugnisse begründen. Die gesetzliche Anordnung der Berücksichtigung vergabefremder Kriterien reicht dafür allein nicht aus. Zwar ist der normsetzende Staat damit Initiator einseitiger Vorteilsgewährungen. Aber ein wirtschaftsregulierendes Gesetz, das begünstigende Zuwendungen von Privaten an andere Private bewirkt, begründet für sich nach der dargestellten Rechtsprechung des EuGH noch nicht die Annahme einer Beihilfe.[361] So stellte der Gerichtshof in der erwähnten Entscheidung *van der Kooy* neben der Festsetzung eines niedrigen Energietarifs gerade auch auf verschiedene staatliche Möglichkeiten ab, die betriebswirtschaftlichen Entscheidungen eines Unternehmens zu steuern.[362]

Allein die Gewährung besonderer oder ausschließlicher Rechte ermöglicht noch nicht eine derart intensive Einflussnahme auf private Unternehmen, die sie veranlassen würde, ihr Eigenkapital über allgemeine gesetzliche Bindungen hinaus zu einzelwirtschaftlich nachteiligen Handlungsweisen einsetzen. Zwar privilegieren die eingeräumten Sonderrechte Sektorenauftraggeber und verschaffen ihnen eine dem Wettbewerb weitgehend entzogene Marktstellung, die wiederum Raum für wettbewerbsverfälschende Praktiken lässt.[363] Über den Regelungsumfang des Verwaltungsakts hinaus, der das besondere oder ausschließliche Recht gewährt[364], können staatliche Stellen gleichwohl nicht auf die Unternehmenspolitik Einfluss nehmen. Eine substanzielle hoheitliche Dispositions- und Kontrollgewalt des Staates fehlt daher bei staatsfernen Sektorenauf-

---

[360] So auch *Dreher/Haas/v. Rintelen*, S. 41 f., bezüglich Auftraggebern nach § 98 Nr. 2, 2. und 3. Alt. GWB und (S. 42 f.) bezüglich Auftraggebern nach § 98 Nr. 4, 2. Alt. GWB.

[361] EuGH, Rs. C-379/98 (*PreussenElektra*), Slg. 2001, Rn. 59. Wie hier auch *Dreher/Haas/v. Rintelen*, S. 43.

[362] EuGH, Rs. 67, 68, 70/85 (*van der Kooy*), Slg. 1988, 219 (270 und 272), Rn. 28 und 36.

[363] Vgl. *Dreher/Haas/v. Rintelen*, S. 44; *Dreher*, in Immenga/Mestmäcker, § 98, Rn. 104.

[364] Vgl. § 3 EnWG, §§ 2f., 9 ff. PBefG, § 5 AEG und die kommunalen Satzungen im Bereich der Trinkwasser- sowie der Wärmeversorgung.

traggebern, sodass Art. 87 Abs. 1 EG nicht auf ihre Beschaffungen anzuwenden ist.[365]

Die Berücksichtigung vergabefremder Kriterien durch staatsferne Sektorenauftraggeber unterliegt damit nicht Art. 87 Abs. 1 EG; Präferenzregelungen können insoweit beihilferechtskonform angewandt werden.

[365] A.A. Dreher/Haas/v. Rintelen, S. 44.

2.4. Selektive Unternehmensbegünstigung durch bevorzugende Auftragsvergaben

Begünstigende Elemente öffentlicher Auftragsvergaben müssten weiter *bestimmte Unternehmen oder Produktionszweige* zugute kommen, damit von Beihilfen die Rede sein kann.

2.4.1. Unternehmen und Produktionszweige

Angesichts der Weite des Tatbestandsmerkmals dürften öffentliche Auftragnehmer nur ganz ausnahmsweise nicht als *Unternehmen*[366] im Sinne des Art. 87 Abs. 1 EG anzusehen sein. Bei erwerbswirtschaftlicher Betätigung ist das maßgebliche Kriterium der dauerhaften Verfolgung eines bestimmten wirtschaftlichen Zwecks ohnehin erfüllt.[367] Bereits die Teilnahme an einem Vergabeverfahren indiziert normalerweise eine werbende Tätigkeit auf einem Markt. *Produktionszweige* sind alle Sektoren und Branchen im weiteren Sinne[368], auch Handel und Dienstleistungen sowie freie Berufe.[369] Falls eine Maßnahme eine Gruppe von Unternehmen aufgrund anderer als sektoraler Kriterien unterstützt, kann allenfalls das Merkmal „bestimmte Unternehmen" gegeben sein.[370]

---

[366] In Bezug auf Art. 80 EGKS-Vertrag hat der EuGH als Unternehmen definiert „eine einheitliche, einem selbständigen Rechtssubjekt zugeordnete Zusammenfassung personeller, materieller und immaterieller Faktoren, mit welcher auf die Dauer ein bestimmter wirtschaftlicher Zweck verfolgt wird"; EuGH, Rs. 17 und 20/61 (*Klöckner-Werke*), Slg. 1962, 653 (687). Diese Begriffsbestimmung lässt sich auch auf Art. 87 Abs. 1 EG anwenden. Vgl. auch *Bär-Bouyssière*, in Schwarze, Art. 87 EGV, Rn. 34.

[367] Vgl. *Bär-Bouyssière*, in Schwarze, Art. 87 EGV, Rn. 34.

[368] Vgl. nur *Mederer*, in Groeben/Thiesing/Ehlermann, Art. 92, Rn. 25. Insoweit deutlicher ist die englische Vertragsfassung, in der von *certain undertakings or the production of certain goods* die Rede ist.

[369] Vgl. nur *v. Wallenberg*, Art. 92 EGV, Rn. 22 m.w.N.

[370] So wohl auch *Bär-Bouyssière*, in Schwarze, Art. 87 EGV, Rn. 35; a.A. *V. Götz*, in Dauses, H. III, Rn. 26. Die Unterscheidung von Unternehmen und Produktionszweigen wirkt sich nur terminologisch aus.

2.4.2. Bestimmung der Selektivität bei einzelnen Vergaben und bei Präferenzregelungen

Bei begünstigenden staatlichen Maßnahmen zugunsten einzelner Unternehmen handelt es sich grundsätzlich um eine Begünstigung ***bestimmter*** Unternehmen[371] (= *selektive*[372] oder *spezifische* Begünstigung). Anders verhält es sich, wenn Einzelmaßnahmen auf abstrakt-generellen Regelungen beruhen, die dann die rechtliche Beurteilung ihrer Einzelanwendungsfälle vorgeben. Deshalb sollen im Folgenden die Voraussetzungen des Bestimmtheitsmerkmals in Bezug auf Präferenzregelungen geprüft werden. Daraus ergibt sich dann die Behandlung einzelner Vergaben, denen solche Bestimmungen zugrunde liegen.[373] Stets selektive Begünstigungen vermitteln Einzelvergaben indes dann, wenn sie nicht auf einer Präferenzregelung beruhen, sondern die Vergabestelle im konkreten Verfahren Beschaffungsgrundsätze, vor allem das Diskriminierungsverbot und das Wirtschaftlichkeitsprinzip, außer Acht lässt.

2.4.3. Selektive Maßnahmen und Maßnahmen der allgemeinen Wirtschaftspolitik

Auch und gerade mit Blick auf Vergabepräferenzen stellt sich das Problem der Abgrenzung spezifischer Maßnahmen gegenüber Maßnahmen der allgemeinen Wirtschaftspolitik. Letztere bleiben nach dem Konzept des Vertrages grundsätzlich Sache der Mitgliedstaaten[374] und sind lediglich Gegenstand der Rechtsangleichung nach Art. 99 EG Die Beihilfevorschriften erfassen mithin nicht Fördermaßnahmen, die in wettbewerbsneutraler Weise potenziell allen Unternehmen einer Volkswirtschaft zukommen[375], sondern setzen eine „Sonderunterstützung"[376] bestimmter Unternehmen voraus. Die genaue Bestimmung

---

[371] Vgl. GA *Capotorti*, EUGH, Rs. 730/79 (*Philip Morris*), Slg. 1980, 2671 (2698); *Bär-Boyssière*, in Schwarze, Art. 87 EGV, Rn. 35; *Koenig/Kühling*, NJW 2000, 1065 (1068); *Schernthanner*, S. 85.

[372] A.A. *Koenig/Kühling*, EuZW 1999, 517 (520), die unter dem Begriff *Selektivität* diejenige Wirkungsweise einer staatlichen Regelung verstehen, die zur Begünstigung bestimmter Unternehmen auf einem relevanten Markt führt. Danach handelt es sich also um ein Merkmal der Wettbewerbsverfälschung.

[373] Wie hier Dreher/Haas/v. Rintelen, S. 45.

[374] Vgl. Art. 98 und 99 Abs. 1 EG: „*ihre* Wirtschaftspolitik".

[375] Vgl. die Beispiele bei *Cremer*, in Calliess/Ruffert, Art. 87 EGV, Rn. 9. Kritisch zur Beschränkung der Betrachtung auf die nationalen Volkswirtschaften *Müller-Graff*, ZHR 152 (1988), 403 (428).

[376] *Mederer*, in Groeben/Thiesing/Ehlermann, Art. 87, Rn. 20.

des Selektivitätsbegriff bereitet allerdings im Einzelfall erhebliche Probleme.[377] Ohne weiteres lassen sich allein solche Begünstigungsregelungen als spezifisch qualifizieren, die ihre Förderungsadressaten nach Standort (= regional), Branchenzugehörigkeit (= sektoral) oder Größe (= strukturell) beschreiben.[378] Das Bestimmtheitserfordernis ist daher bei Regionalpräferenzen ohne weiteres erfüllt. Das gleiche gilt unter dem Gesichtspunkt der strukturellen Selektivität für begünstigende Vergaberegelungen, welche die Bevorzugung von kleinen und mittleren Unternehmen vorsehen.[379] Sektoral spezifisch sind schließlich solche Präferenzen, die nur Unternehmen bestimmter Produktionszweige betreffen.

Im Übrigen dienen vergabefremde Kriterien horizontalen Zielsetzungen (z.B. Umweltschutz, Beschäftigungsförderung, berufliche Integration von Frauen). Bei isolierter Betrachtung dieser Zwecke ließe sich das Selektivitätsmerkmal nur auf der Basis eines sehr weiten Begriffsverständnisses annehmen, für das es bereits genügt, dass die Förderung einer Gruppe von Unternehmen zugute kommt, die sich durch irgendwelche gemeinsamen Eigenschaften auszeichnen.[380] Solange die allgemeine Wirtschaftspolitik jedoch Domaine reservée der Mitgliedstaaten bleibt, lassen sich Zuwendungsregelungen, die übergeordnete gesamtwirtschaftliche Zwecke fördern sollen, nicht als spezifische Begünstigungen der gemeinschaftlichen Beihilfekontrolle unterordnen.[381]

---

[377] Vgl. Kommission, 27. Wettbewerbsbericht (1997), Tz. 227; *Ross*, C.M.L.Rev. 37 (2000), 401 (403).

[378] Vgl. *Rawlinson* in Lenz, Art. 87, Rn. 9; *Hoischen*, S. 56. Hinsichtlich sektoraler Maßnahmen ergibt sich das bereits aus dem Tatbestandsmerkmal „Produktionszweige".

[379] Zur Selektivität von KMU-Fördermaßnahmen vgl. EuG, Rs. T-55/99 (*CETM*), Slg. 2000 II, 3207 (3227), Rn. 42.

[380] Vgl. *Schina*, S. 31: „Aid is selective [...] to a group of undertakings sharing certain characteristics (for example, small and medium-sized undertakings and those employing predominantly female labour); so auch *Faber*, DVBl. 1992, 1346 (1350); *Lefèvre*, S. 123; noch weitergehend *Bleckmann*, RabelsZ 1984, 419 (444 f.): Selektivität liege nur dann nicht vor, wenn der Vorteil allen nationalen Unternehmen und Unternehmenszweigen gewährt werde.

[381] Vgl. auch Kommission, Mitteilung über die Anwendung der Vorschriften über staatliche Beihilfen auf Maßnahmen im Bereich der direkten Unternehmensbesteuerung, ABl. 1998, C 384/3 (5), Tz. 13, 2. Spiegelstrich; Kommission, 28. Wettbewerbsbericht (1998), Tz. 207.

2.4.4. Selektive Wirkung begünstigender Präferenzregelungen

An sich allgemeine wirtschaftspolitische Maßnahmen können jedoch selektiv *wirken.*[382] So nahmen Kommission und Gerichtshof in der Rechtssache *203/82* die Spezifität einer Regelung, die für weibliche Beschäftigte eine stärkere Reduzierung der Arbeitgeberbeiträge zur Krankenversicherung vorsah als für männliche Beschäftigte, zwar nicht direkt aufgrund der Bevorzugung von Betrieben mit hohem Frauenanteil an. Sie stellten aber auf die mittelbare Folge ab, dass die Ermäßigung Sektoren mit einem hohen Anteil weiblicher Arbeitskräfte stärker unterstützte, vor allem die Textil-, Bekleidungs-, Schuh- und Lederindustrie.[383]

Auch vergabefremde Regelungen können derartige mittelbar spezifische Wirkungen haben. Das gilt unter dem Gesichtspunkt der regionalen Selektivität etwa für Tariftreueerklärungen, soweit diese Unternehmen faktisch bevorteilen, die im Gebiet der vergebenden Stelle ihren Sitz haben und damit ohnehin an die dort geltenden Tarife gebunden sind.[384] Für bestimmte Branchen wird man bei allgemein ausgestalteten Präferenzregelungen, die in allen Sektoren gelten, eine mittelbar sektorale Selektivität annehmen können, wenn sie einen wesentlichen Teil ihres Umsatzes mit öffentlichen Aufträgen erzielen (Rüstungsindustrie, Informationstechnologie, Teile der Bauindustrie) und so mehr als andere Sektoren von begünstigenden Präferenzen profitieren.[385]

---

[382] Vgl. auch *Dreher/Haas/v. Rintelen*, S. 46 f.

[383] Entscheidung der Kommission, ABl. 1980, L-264/28 (29); bestätigt durch EuGH, Rs. 203/82 (*Kommission/Italien*), Slg. 1983, 2525 (2530), Rn. 4 ff. Ähnlich EuGH, Rs. C-75/97 (*Maribel a/b*), Slg. 1999 I, 3671 (3696 f.) Rn. 26 ff. Die Kommission hatte eine Ermäßigung der Sozialversicherungsbeiträge für (manuelle) Arbeiter als allgemeine Maßnahme angesehen, weil sie „keiner besonderen Gruppe von begünstigten Unternehmen zugute" kam (Entscheidung der Kommission, ABl. 1997, Nr. L 95/25 (27)). Erst die spätere Erhöhung der gewährten Reduzierung für Unternehmen, die ihre Haupttätigkeit in einem dem internationalen Wettbewerb am stärksten ausgesetzten Wirtschaftszweig ausüben, wurde als selektive Begünstigung und qualifiziert (ebda., S. 26 ff.).

[384] Vgl. auch Dreher/Haas/v. Rintelen, S. 47.

[385] Bezweckt oder bewirkt eine Maßnahme eine selektive Begünstigung, ist es unerheblich, dass auch Unternehmen aus einem anderen Sektor davon profitieren; EuGH, Rs. C-169/84 (*CdF Chimie*), Slg. 1990 I, 3083 (3116), Rn. 22.

2.4.5. Selektivität wegen Systemwidrigkeit

Abgesehen von diesen recht eindeutigen Fällen (mittelbar) selektiver Wirkungen bedarf es für die Beurteilung der verbleibenden Fälle horizontal ausgerichteter Sekundärkriterien weiterer Maßstäbe. Ausgangspunkt ist dabei, dass Vergabepräferenzen einseitige Vorteilszuweisungen gerade nicht allen Unternehmen zugute kommen lassen, die das jeweilige vergabefremde Kriterium bereits erfüllen oder erfüllen können. Voraussetzung einer Begünstigung ist vielmehr auch (1.) die Teilnahme an einer öffentlichen Ausschreibung, (2.) die Erteilung des Zuschlags – das Unternehmen muss also in der Lage sein, ein vergleichsweise günstiges Angebot abzugeben - und (3.) ein übermarktmäßiger Preis – dessen Differenz zum Marktpreis von Zufällen abhängt und von Fall zu Fall sehr unterschiedlich ausfällt.

Aufgrund dieser Charakteristika besteht ein Widerspruch begünstigender Vergaben zu dem Grundsatz, dass nur solche Begünstigungen als Maßnahmen der allgemeinen Wirtschaftspolitik anzusehen sind, die „ohne Unterscheidung sämtlichen Unternehmen zugute kommen“[386]. Durch dieses Merkmal unterscheiden sich allgemeine Förderungen normalerweise von sektoral, regional oder strukturell ausgerichteten Maßnahmen, die ihrem Wesen nach nicht alle Unternehmen einer Volkswirtschaft begünstigen können.[387] Doch nur weil die verfolgten Ziele für sich betrachtet nicht zu beanstanden sind, dürfen sie noch nicht durch mit dem Vertrag unvereinbare Maßnahmen verwirklicht werden.[388]

Gleichwohl steht die Einschränkung des potenziellen Begünstigtenkreises vergabefremder Regelungen der Annahme allgemeiner wirtschaftspolitischer Maß-

---

[386] Kommission, Mitteilung über „Beihilfenüberwachung und Senkung der Arbeitskosten“, ABl. 1997, Nr. C 1/10 (12); vgl. auch Kommission, Gemeinschaftsrahmen für Ausbildungsbeihilfen, Abl. 1998, C 343/10 (12): „Es ist hervorzuheben, daß eine Maßnahme, die theoretisch zwar allgemein anwendbar ist, in der Praxis jedoch eines oder mehrere Unternehmen oder Sektoren begünstigt, als eine spezifische Maßnahme anzusehen ist.“ Vgl. ferner Kommission, 23. Wettbewerbsbericht (1993), Rn. 390; *Slotboom*, E.L.Rev. 20 (1995), 289 (297).

[387] Das gleiche gilt für Begünstigungen für nationale Ausfuhrprodukte und für steuerliche Vorteile für öffentliche Unternehmen. In diesen Fällen ist der EuGH folgerichtig von spezifischen Maßnahmen ausgegangen; EuGH, Verb. Rs. 6 und 11/69 (*Kommission/Frankreich*), Slg. 1969, 523 (540), Rn. 20; EuGH, Rs. C-387/92 (*Banco Exterior de España*), Slg. 1994 I, 877 (908), Rn. 17 ff.

[388] So die Kommission ausdrücklich hinsichtlich des Ziels der Beschäftigungsförderung; Kommission, ABl. 1997, Nr. L 95, 25 (28).

nahmen womöglich unter dem Gesichtspunkt systemimmanenter Differenzierungen nicht entgegen.[389] Denn um eine allgemeine Regelung kann es sich auch dann handeln, wenn Unterscheidungen bei der Bestimmung der Begünstigungsadressaten auf objektiven Kriterien beruhen, die sich aus der Eigenart eines Regelungsbereichs ergeben.[390] Im Steuerrecht sind etwa verschieden lange Abschreibungsfristen je nach Lebenszeit eines Investitionsgutes[391], die Progressivität der Steuertabellen[392] oder die unterschiedliche Besteuerung von Kapital- und Personengesellschaften im Prinzip sachlich gerechtfertigt und Ausdruck sowie Konkretisierung der „Grundparameter des Systems“[393]. Erst unspezifische Anreizmechanismen begegnen beihilferechtlichen Bedenken.[394] Allgemeiner formuliert hat eine Maßnahme den für die Annahme von Selektivität erforderlichen Ausnahmecharakter, wenn sie nicht auf alle Unternehmen und auf alle Industriezweige anwendbar ist, die nach „der Natur oder dem inneren Aufbau des Systems“ in ihren Genuss kommen können.[395] Der konkrete Gebrauch einer an sich allgemeinen Bestimmung ist selektiv, sobald die Ausübung von Ermessen oder generell die Gewährung einer Ausnahme nicht anhand objektiver Kriterien vorgenommen wird.[396] Eine Begünstigung bestimmter Unternehmen ist also anzunehmen, wenn das verwendete Unterscheidungskriterium nicht durch das Wesen oder die allgemeinen Zwecke der fraglichen Rechtsvorschrift gerechtfertigt ist.[397]

---

[389] Dazu auch *Dreher/Haas/v. Rintelen*, S. 47 ff.

[390] Kommission, Mitteilung über die Anwendung der Vorschriften über staatliche Beihilfen im Bereich der direkten Unternehmensbesteuerung, ABl. 1998, C 384/3 (5 und 6 f.), Tz. 16 und 23 ff.

[391] Kommission, Mitteilung über die Anwendung der Vorschriften über staatliche Beihilfen im Bereich der direkten Unternehmensbesteuerung, ABl. 1998, C 384/3 (6 f.), Tz. 24.

[392] Kommission, Mitteilung über die Anwendung der Vorschriften über staatliche Beihilfen im Bereich der direkten Unternehmensbesteuerung, ABl. 1998, C 384/3 (6 f.), Tz. 24.

[393] *Schön*, in Koenig, S. 106 (122).

[394] Vgl. *Schön*, in Koenig, S. 106 (121).

[395] Stand. Rspr., EuGH, Rs. 173/73 (*Italien/Kommission*), Slg. 1974, 709 (719), Rn. 33/35; EuGH, Rs. C-75/97 (*Maribel a/b*), Slg. 1999 I, 3671 (3697 f.), Rn.39 ff.; EuG, Rs. T-67/94 (*Ladbroke Racing*), Slg. 1998 II, 1 (27), Rn. 55.

[396] EuGH, Rs. C-241/94 (*Kimberly Clark*), Slg. 1996 I, 4551 (4576), Rn. 22 ff. Vgl. auch EuGH, Rs. C-295/97 (*Piaggio*), Slg. 1999 I, 3735 (3762), Rn. 39; Kommission, Mitteilung über die Anwendung der Vorschriften über staatliche Beihilfen im Bereich der direkten Unternehmensbesteuerung, ABl. 1998, C 384/3 (4 f.), Tz. 12; *Ross*, C.M.L.Rev. 37 (2000), 401 (406).

[397] EuGH, Rs. C-143/99 (*Adria-Wien Pipeline*), Urt. v. 8.11.2001, EuZW 2002, 213 (215), Rn. 53.

Übertragen auf beschaffungsfremde Regelungen stellt sich die Frage, ob und gegebenenfalls inwieweit sich die Beschränkung des Kreises potenzieller Begünstigungsadressaten von Präferenzregelungen aus der „Natur" des Vergaberechts ergibt. Dafür ist von dem zentralen Grundsatz der Wirtschaftlichkeit der Vergabe auszugehen. Eine Vergütung, die über dem Marktwert einer Leistung liegt, sehen weder die sekundärrechtlichen noch die nationalen Vorschriften vor. Einseitige Vorteilszuwendungen stellen daher eine Abweichung von den allgemeinen Vergaberegeln dar, für die es – anders als etwa im Steuersystem, dessen Funktion nicht allein die Erzielung von Einnahmen zur Finanzierung von Staatsausgaben ist – keine systemimmanente Rechtfertigung gibt.[398] Denn Zuwendungen, denen nicht ein gleichwertiges Pendant in Form der Leistung des Auftragnehmers gegenübersteht, kennt das Vergaberecht an sich nicht. Die Verfolgung anderer Zwecke als das der preiswerten Beschaffung und damit eine Differenzierung nach verschiedenen Unternehmen im Hinblick auf die Vergütung ihrer Leistungen ist hier per se systemfremd. Folglich handelt es sich bei begünstigungswirksamen Präferenzen um Abweichungen von den allgemeinen Vergabevorschriften, die nicht aus der Eigenart des Vergaberechts folgen.[399] Mithin haben übermarktmäßige Vergütungen aufgrund beschaffungsfremder Kriterien stets den für die Annahme einer selektiven Begünstigung erforderlichen Ausnahmecharakter.

2.4.6. Fazit

Die Unterstützung von Unternehmen, die sich beispielsweise besonders der Förderung von Lehrlingen, (ehemaligen) Langzeitarbeitslosen oder Behinderten widmen, ist an sich beihilferechtlich irrelevant. Sobald die Förderung solcher Zwecke mit Hilfe des öffentlichen Beschaffungswesens betrieben wird, handelt es sich allerdings nicht mehr um eine Maßnahme der allgemeinen Wirtschaftspolitik. Die allgemein ausgerichteten vergabefremden Zwecke erhalten aufgrund ihrer Durchsetzung mittels des Vergabeverfahrens selektive Qualität, sofern sich diese nicht bereits aus ihrer (indirekt) regionalen, sektoralen oder

---

398 Begünstigungen können daher nicht – wie steuerliche Sonderabschreibungsbestimmugen (Entscheidung der Kommission, ABl. 1996, L 146/42 (46)) - „aufgrund wirtschaftlicher Überlegungen, die für die Leistungsfähigkeit des Systems erforderlich sind", aus dem Anwendungsbereich des Beihilfeverbots herausfallen.

399 Wie hier *Dreher/Haas/v. Rintelen*, S. 48 f.; *v. Rintelen*, Behördenspiegel August 2002, S. 20 (ebda.).

strukturellen Ausrichtung ergibt. Das gilt jeweils für Präferenzregelungen und die darauf beruhenden einzelnen Vergaben gleichermaßen.[400]

[400] Vgl. oben bei 2.4.2.

3. Die Vereinbarkeit von Beihilfeelementen öffentlicher Aufträge mit dem Gemeinsamen Markt und dem übrigen Gemeinschaftsrecht

3.1. Unvereinbarkeitsmerkmale in Art. 87 Abs. 1 EG

Unter den soeben dargestellten Voraussetzungen sind vergaberechtliche Präferenzregelungen und einzelne Vergaben Beihilfen im Sinne des Art. 87 Abs. 1 EG. Eine Beihilfe unterfällt als solche allerdings noch nicht dem gemeinschaftsrechtlichen Verbotstatbestand. Denn weiter ist erforderlich, dass die staatlich zurechenbare und selektive Begünstigung eine Verfälschung des Wettbewerbs zur Folge hat, die wiederum eine Beeinträchtigung des Handels zwischen den Mitgliedstaaten bewirkt. Wettbewerbsverfälschung und Handelsbeeinträchtigung sind nicht Elemente des Beihilfetatbestands, sondern autonome Tatbestandsmerkmale des Art. 87 Abs. 1 EG, welche die Vereinbarkeit von Beihilfen mit dem Gemeinsamen Markt betreffen.[401]

3.1.1. Wettbewerbsverfälschungen durch begünstigende Vergaben

3.1.1.1. Allgemeine Voraussetzungen der Annahme einer Wettbewerbsverfälschung

Eine Wettbewerbsverfälschung gemäß Art. 87 Abs. 1 EG liegt vor, wenn sich die Stellung des Begünstigten infolge der Beihilfe auf einem bestimmten Markt zu Lasten der gegenwärtigen und potenziellen Konkurrenten auf dem relevanten Markt verbessert[402] und damit künstlich neue Wettbewerbsbedingungen entstehen.[403] Die Veränderung der Konkurrenzsituation ergibt sich aus einem Vergleich mit dem Status quo ante.[404] Mit seiner Entscheidung in der Rechtssache *Leeuwarder Papierwarenfabriek* hat der EuGH klargestellt, dass die Kommission die (drohende) wettbewerbsverfälschende Wirkung einer Beihilfe wie auch die Beeinträchtigung des zwischenstaatlichen Handelsverkehrs im Wege einer

---

401 Vgl. *V.Götz*, in Dauses, H.III, Rn. 42; *Koenig/Kühling*, EuZW 1999, 517 (520); *Hoischen*, S. 59.

402 Vgl. EuGH, Rs. 730/79 (*Philip Morris*), Slg. 1980, 2671 (2688 f.), Rn. 11; *Mederer*, in Groeben/Thiesing/Ehlermann, Art. 92, Rn. 32 f.; *Cremer*, in Calliess/Ruffert, Art. 87 EGV, Rn. 12.

403 Vgl. *Bär-Bouyssière*, in Schwarze, Art. 87 EGV, Rn. 38; *Koenig/Kühling*, NJW 2000, S. 1065 (1069); *Modlich*, S. 79.

404 EuGH, Rs. 173/73 (*Italien/Kommission*), Slg. 1974, 709 (720), Rn. 36/40.

Marktanalyse positiv festzustellen hat.[405] Der Gewährung einer Beihilfe ist eine wettbewerbsverfälschende Wirkung grundsätzlich immanent, es sei denn im Gemeinsamen Markt sind nicht einmal potenzielle Konkurrenten des Beihilfe-empfängers ersichtlich.[406]

3.1.1.2. Inkongruenz von objektiver Begünstigung und wahrgenommenem Kostenvorteil

Der erforderliche Zusammenhang zwischen Begünstigung und Veränderung der Wettbewerbssituation könnte allerdings in den Fällen begünstigender Auftragsvergaben zweifelhaft sein. Denn auch bei Berücksichtigung beschaffungsfremder Aspekte erfolgt die Vergabe öffentlicher Aufträge im Wettbewerb. Damit sind die Bieter gezwungen, ihre Angebote knapp zu kalkulieren. Da aber zur Bestimmung des Subventionselements auf den Wert der Leistung für den Auftrag*geber* abzustellen ist, lässt sich nicht sagen, ob dem ein als solches „wahrgenommenes" Äquivalent auf der Seite des Auftragnehmers gegenübersteht. Denn obwohl der Preis der Leistung über dem Marktniveau liegt, genügt er einem aus politischen Motiven bevorzugten, aber ineffizienten Leistungserbringer möglicherweise gerade einmal zur Deckung seiner Kosten. Dann steht der staatlichen Zuwendung aus der Sicht des Auftrag*nehmers* eine gleichwertige Gegenleistung gegenüber; der objektiv ungerechtfertigte Kostenvorteil bildet sich gerade nicht in seinem Vermögen ab. Deshalb verbessert sich möglicherweise auch seine Wettbewerbssituation nicht.

Andererseits verlangt Art. 87 Abs. 1 EG keine Stoffgleichheit von staatlicher (Mehr-) Leistung und Vorteilswirkung beim Beihilfeadressaten. Denn eine solche Übereinstimmung kann der Tatbestand des Art. 87 Abs. 1 EG nicht verlangen, wenn zugleich in Art. 87 Abs. 2 lit. a) EG eine Regelung über bestimmte mittelbare Beihilfen getroffen ist, welche diese Voraussetzung naturgemäß nicht erfüllen.[407] Dies lässt sich dahingehend generalisieren, dass es auf eine Kongruenz von staatlichem Output und unternehmerischen Input nicht ankommt. Die Wettbewerbsverfälschung kann somit nicht nur dadurch ausgelöst werden,

---

[405] EuGH, Verb. Rs. 296 und 318/82 (*Leeuwarder Papierwarenfabriek*), Slg.1985, 809 (824), Rn. 24; *Cartou*, Rn. 400.

[406] Vgl. GA *Capotorti* in EuGH, Rs. 730/79 (*Philip Morris*), Slg. 1980, 2671 (2698); *Evans*, S. 77; *Cremer*, in Calliess-Ruffert, Art. 87 EGV, Rn. 12; *Bär-Bouyssiere*, in Schwarze, Art. 87 EGV, Rn. 38. Die Konkurrenz mit Substitutionsprodukten genügt.

[407] Vgl. auch *Koenig/Sander*, EuR 2000, 743 (753); *Bleckmann*, WiVerw 1989, 75 (83); *Modlich*, S. 59 f.

dass der Auftragnehmer „subjektiv" einen Kostenvorteil erlangt, der mit dem objektiv festgestellten übermarktmäßigen Entgelt korrespondiert. Auf einen Kostenvorteil des Beihilfeempfängers lässt sich sogar verzichten. Denn auch in den Fällen der verbrauchervermittelten Unternehmensbegünstigung (Art. 87 Abs. 2 lit. a) EG) erlangen die Unternehmen nur einen unter Marktbedingungen zustande gekommenen Preis. Die Voraussetzungen einer wettbewerbsverfälschenden Beihilfe können folglich schon allein dann gegeben sein, wenn der Staat keine (angemessene) Gegenleistung erhält. Es kommt nicht darauf an, ob der Begünstigte einen als solchen wahrgenommenen Kostenvorteil erlangt.[408] Für die Annahme einer Wettbewerbsverfälschung braucht lediglich in einem allgemeineren Sinne auf die Veränderung der Konkurrenzsituation aufgrund der mittelzuweisenden Marktintervention abgestellt zu werden.

Danach reicht es aus, wenn im Zusammenhang mit einer Beihilfe Leistungen der Wettbewerber auf einem relevanten Markt nicht (mehr) in dem Maße nachgefragt werden, wie es ohne die einseitige Vorteilszuwendung der Fall wäre. Denn bereits die Steuerung des Nachfrageverhaltens der öffentlichen Hand verändert die Kostenlage der im jeweiligen Markt agierenden Unternehmen[409] und damit den Ablauf des Wettbewerbs.[410] Dieses Ergebnis überzeugt auch unter Wertungsgesichtspunkten: Wäre für die Annahme einer Wettbewerbsverfälschung erforderlich, dass der staatlich zurechenbaren Mittelzuweisung ein äquivalenter und „wahrnehmbarer" Kostenvorteil auf der Seite des Beihilfeempfängers entspricht, dann könnten die mit Hilfe des Market Economy Tests konkretisierten objektivierten Begünstigungsmaßstäbe ausgehöhlt werden, und die strukturkonservierende Förderung ineffizienter und nicht konkurrenzfähiger Unternehmen wäre beihilferechtskonform möglich. Danach bleibt festzuhalten, dass Beihilfeelemente öffentlicher Aufträge auch dann wettbewerbsverfälschend sein können, wenn mit der objektiv festgestellten Begünstigung keine finanziell „wahrnehmbare" Begünstigungswirkung beim Auftragnehmer korrespondiert.

---

[408] Vgl. auch EuGH. Rs. C-143/99 (*Adria-Wien Pipeline*), Urt. v. 8.11.2001, EuZW 2002, 213 (215), Rn. 41.

[409] Vgl. auch *Dreher/Haas/v. Rintelen*, S. 50; *Schina*, S. 34.

[410] Vgl. auch die Definition bei *Mederer* (in Groeben/Thiesing/Ehlermann, Art. 92, Rn. 33): „Unter Verfälschung des Wettbewerbs ist jeder dem Staat zurechenbare Eingriff zu verstehen, der die Marktbedingungen für die Wettbewerber verändert."

3.1.1.3. Tatbestandsimmanente Rechtfertigungsgründe für Wettbewerbsverfälschungen?

Die Mitgliedstaaten setzen sich gegen die Einordnung ihrer begünstigenden Lenkungsmaßnahmen als wettbewerbsverfälschende Beihilfen zum Teil mit dem Argument zur Wehr, diese seien erforderlich, um Wettbewerbsnachteile der begünstigten Unternehmen zu korrigieren, sei es, dass diese auf besonderen Belastungen der betroffenen Gruppe von Unternehmen im Allgemeinen beruhen, sei es, dass damit Nachteile gegenüber Unternehmen anderer Mitgliedstaaten kompensiert werden sollen.[411] Aufgrund der Beihilfe würden unterschiedliche Kostenfaktoren der Unternehmen ausgeglichen und damit werde überhaupt erst eine „redliche“[412] Wettbewerbssituation geschaffen.[413] Diese Überlegungen könnten auch für Vergabepräferenzen gelten, da diese regelmäßig der Korrektur einer von politischen Entscheidungsträgern als nachteilig angesehenen gesellschaftlichen oder wirtschaftlichen Situation dienen. Kommission und EuGH haben Vorbringen der Mitgliedstaaten, eine Wettbewerbsverfälschung sei wegen der Eignung einer Beihilfe zum Ausgleich bestimmter Nachteile abzulehnen, indessen stets zurückgewiesen.[414] Bei der Beurteilung der Wettbewerbswirkungen einer Beihilfe muss nämlich von der Situation vor Gewährung der Beihilfe ausgegangen werden.[415] Gesichtspunkte des Nachteilsausgleichs sind im Rahmen der Art. 87 Abs. 2 und 3 EG zu berücksichtigen.

3.1.1.4. Bestimmung der Wettbewerbsverfälschung bei Einzelvergaben

Sofern *einzelne Vergaben*, bei denen vergabefremde Kriterien das Verfahren nicht beeinflussen, - ausnahmsweise - Beihilfeelemente beinhalten, gelten die allgemeinen Regeln zur Prüfung einer (drohenden) Wettbewerbsverfäl-

[411] Vgl. z.B. das Vorbringen der italienischen Regierung in EuGH, Rs. 173/73 (*Italien/Kommission)*, Slg. 1974, 709 (714 f.).

[412] *Mederer*, in Groeben/Thiesing/Ehlermann, Art. 92 EGV, Rn. 34.

[413] Vgl. *Rengeling*, in Börner/Neundörfer, 23 (30f.).

[414] EuGH, Verb. Rs. 6 und 11/69 (*Kommission/Frankreich*), Slg. 1969, 523 (541), Rn. 21/23; EuGH, Rs. 173/73 (*Italien/Kommission*), Slg. 1974, 709 (719), Rn. 29/32; EuGH, Rs. 78/76 (*Steinike und Weinlig*), Slg. 1977, 595 (613), Rn. 23 f. So auch die ganz herrschende Ansicht in der Literatur, vgl. *Wyatt/Dashwood*, S. 527; *Schina*, S. 28 f.; *V. Götz*, S. 107; *Müller-Graff*, ZHR 152 (1988), S. 403 (433); *Rawlinson*, in Lenz, Art. 87, Rn. 12; *Mederer*, in Groeben/Thiesing/Ehlermann, Art. 92, Rn. 34.

[415] EuGH, Rs. 173/73 (*Italien/Kommission*), Slg. 1974, 709 (720), Rn. 36/40.

schung[416]: Auf der Grundlage einer Bestimmung des relevanten Marktes[417], auf dem der erfolgreiche Bieter agiert, ist die Konkurrenzlage vor und nach der Subventionierung zu vergleichen.[418] Bei einer zunächst nur beabsichtigten Beihilfe ist aufgrund einer Prognose zu ermitteln, ob eine Wettbewerbsverfälschung droht. Teilnehmer von Vergabeverfahren befinden sich ohnehin in einer Wettbewerbssituation. Das Vorliegen einer Wettbewerbssituation indiziert wiederum eine Wettbewerbsverfälschung.[419] Daher dürfte das Merkmal der Wettbewerbsverfälschung bei begünstigenden Einzelvergaben normalerweise keine besonderen Schwierigkeiten bereiten. Allein bei marktfernen F&E-Aufträgen sind Wettbewerbsverfälschungen wegen der Entfernung zwischen den Vorhaben und den Endprodukten am Markt weniger wahrscheinlich.[420]

3.1.1.5. Wettbewerbsverfälschungen durch Präferenzbestimmungen

Bei der Überprüfung von Beihilferegelungen kann sich die Kommission darauf beschränken, die Merkmale des Programms zu untersuchen, um zu beurteilen, ob es wegen hoher Beihilfebeträge oder -sätze, wegen der Merkmale der geförderten Investitionen oder wegen anderer in dem Programm vorgesehener Modalitäten den Beihilfeempfängern gegenüber den Wettbewerbern einen Vorteil sichert.[421] Bei Präferenzbestimmungen lässt sich das Subventionsäquivalent nur im konkreten Anwendungsfall feststellen. Denn Bevorzugungsregelungen versetzen die Kommission gerade nicht in die Lage, auf konkretes Zahlenmaterial zurückzugreifen. Daher empfiehlt sich bei der vorbeugenden Überprüfung eine „pragmatische Begrenzung auf gewichtige Anhaltspunkte für eine Wettbe-

---

416 Vgl. dazu im Einzelnen etwa *Mederer*, in Groeben/Thiesing/Ehlermann, Art. 92, 32.

417 Zur Festlegung des relevanten Marktes werden herangezogen eine *sachliche* Komponente (das gegenständliche Produkt oder substituierbare Güter; vgl. dazu EuGH, Verb. Rs. 62 und 72/87 (*Exécutif régional wallon*), Slg. 1988, 1573 (1593), Rn. 14 f.), eine *zeitliche* Komponente (aufgrund der auch zu erwartende Entwicklungen zu berücksichtigen sind) sowie eine *räumliche* Komponente (systematisch ein Merkmal der Handelsbeeinträchtigung). Vgl. im Einzelnen *Koenig/Kühling*, NJW 2000, 1065 (1069); *Mederer*, in Groeben/Thiesing/Ehlermann, Art. 92, Rn. 32.

418 Vgl. *Cremer*, in Calliess/Ruffert, Art. 87 EGV, Rn. 12 m.w.N.

419 Vgl. *Mederer*, in Groeben/Thiesing/Ehlermann, Art. 92 EGV, Rn. 33. Nicht inkonsequent ist daher die Ansicht, die eigentliche Voraussetzung einer Wettbewerbsverfälschung sei die bloße Existenz von Wettbewerb auf dem relevanten Markt; vgl. *Schernthanner*, S. 100.

420 Vgl. *Ciresa*, S. 100.

421 EuGH, Rs. 248/84 (*Borken-Bocholt*), Slg. 1987, 4013 (4041), Rn. 18.

werbsverfälschung"[422], wenn zuvor festgestellt werden konnte, dass eine Präferenzregelung in hohem Maß geeignet ist, den im Wettbewerb agierenden Unternehmen eine Begünstigung zuzuweisen.[423]

3.1.2. Beeinträchtigung des zwischenstaatlichen Handels

3.1.2.1. „Handel zwischen Mitgliedstaaten"

Der Begriff des *Handels* in der deutschen Fassung des Art. 87 Abs. 1 EG ist irreführend eng, erfasst nach einhelliger Auffassung[424] gleichwohl den gesamten Wirtschaftsverkehr zwischen den Mitgliedstaaten, also neben dem Waren- auch den Dienstleistungsverkehr.[425] Es ist kein Produkt ersichtlich, das Gegenstand einer öffentlichen Ausschreibung sein kann, aber nicht von diesem Merkmal erfasst würde.

Nur die den *zwischenstaatlichen* Wirtschaftsverkehr betreffenden Auswirkungen einer Beihilfe fallen unter Art. 87 Abs. 1 EG.[426] Diese Voraussetzungen sind gegeben, wenn das begünstigte Unternehmen in andere Mitgliedstaaten exportiert oder, obwohl nur im Inland tätig, mit Produkten oder Dienstleistungsanbietern aus anderen Mitgliedstaaten konkurriert.[427] Damit unterliegen solche Zuwendungen nicht der Vorschrift, die sich nur auf einem begrenzbaren lokalen oder regionalen Markt auswirken[428] oder den Handel mit Drittstaaten betreffen.[429] Beide Fälle dürften, auch bei öffentlichen Auftragsvergaben, vergleichsweise selten sein.

---

[422] So generell bezüglich neu aufgelegter Beihilfesysteme *Müller-Graff*, ZHR 152 (1988), 403 (432). In einem Fall der Gewährung eines zinslosen Darlehens hat das EuG ausdrücklich festgestellt, dass es einer genauen zahlenmäßigen wirtschaftlichen Analyse der Auswirkungen auf Wettbewerb und Handel seitens der Kommission nicht bedarf; vgl. EuG, Rs. T-214/95 (*VLM*), Slg. 1998 II, 717 (743 f.), Rn. 67.

[423] S.o. unter 2.2.5.4.

[424] Vgl. *Evans*, S. 2; *Cremer*, in Calliess/Ruffert, Art. 87 EGV, Rn. 16 m.w.N.; *Mederer*, in Groeben/Thiesing/Ehlermann, Art. 92, Rn. 37.

[425] Das kommt in den Fassungen anderer Vertragssprachen besser zum Ausdruck: Französisch *échanges*, Italienisch *scambi*, Englisch *exchange*.

[426] Das Gemeinschaftsrecht bezweckt keine Schutz des Wettbewerbs schlechthin, sondern nur insoweit, als ein Gemeinschaftsbezug besteht.

[427] EuG, Rs. T-204/97 (*EPAC*), Slg. 2000 II, 2267 (2360), Rn. 91; vgl. auch *Rawlinson*, in Lenz, Art. 87, Rn. 13.

[428] Möglich z.B. bei Einzelhandel, Handwerk, Presseerzeugnissen.

[429] Vgl. *Mederer*, in Groeben/Thiesing/Ehlermann, Art. 92, Rn. 37.

3.1.2.2. Anforderungen an eine Beeinträchtigung des Handelsverkehrs

Im Normalfall weisen Beihilfen einen grenzüberschreitenden Bezug auf, weil Subventionen typischerweise Unternehmen zukommen, die in dem gewährenden Mitgliedstaats ansässig sind. Dann spricht bereits eine Vermutung dafür, dass eine Wettbewerbsverfälschung eine Handelsbeeinträchtigung gemäß Art. 87 Abs. 1 EG zur Folge hat, falls der Beihilfeempfänger im Wettbewerb mit Unternehmen aus anderen Mitgliedstaaten steht.[430] Die Besonderheiten von Beihilfeelementen öffentlicher Aufträge lassen diesen Schluss nicht ohne weiteres zu. Zwar sind Präferenzkriterien häufig auf nationale Verhältnisse zugeschnitten. Eine Reihe von beschaffungsfremden Anforderungen lassen sich jedoch auch so ausgestalten, dass sie weder eine direkte noch eine indirekte Bevorzugung einheimischer Unternehmen hervorrufen.[431] Mithin sind auch nicht zwangsläufig allein oder vorwiegend Unternehmen des vergebenden Mitgliedstaats die Nutznießer etwaiger Beihilfen. Aus diesem Grund kommt es auf die genauen Voraussetzung einer *Beeinträchtigung* des Handelsverkehrs an.

3.1.2.2.1. „Beeinträchtigung" auch durch einfuhrsteigernde Beihilfen

Im älteren Schrifttum ist die Ansicht verbreitet, nur eine Steigerung der eigenen Exporte oder eine Verminderung der Importe aus anderen Mitgliedstaaten sei eine Handelsbeeinträchtigung.[432] Beihilfen mit entgegengesetzter, die Einfuhren aus anderen Mitgliedstaaten steigernder Wirkung würden nicht unter Art. 87 Abs. 1 EG fallen.[433] Nach dieser Auffassung sind Regionalpräferenzen und solche Sekundärkriterien als Beihilferegelungen anzusehen, die zwar nicht ausdrücklich diskriminieren, sich jedoch auf nationale Bieter tendenziell vorteilhaft auswirken (z.B. Tariftreue). National neutral ausgestaltete und wirkende Präferenzbestimmungen sind danach allerdings vom Anwendungsbereich des Art. 87 Abs. 1 EG ausgeschlossen. Bei einzelnen Vergaben wäre entscheidend, ob ein einheimischer oder ein ausländischer Bieter den Zuschlag bekommt. Diese Ansicht ist vom insoweit nicht differenzierenden Wortlaut des Art. 87 Abs. 1 EG

---

[430] Vgl. *Müller-Graff*, ZHR 152 (1988), S. 403 (434); GA *van Gerven*, in EuGH, Rs. C-303/88 (*ENI/Lanerossi*), Slg. 1991, 1433 (1464).

[431] A.A. (grundsätzlich) *Dreher/Haas/v. Rintelen*, S. 51 f. Näher zu dieser Frage mit Blick auf die Grundfreiheiten des EG-Vertrages unter 3.3.2.2.

[432] *V. Götz*, S. 106 f.; *Ose*, S. 85; *Pietzcker*, AÖR 107 (1982), 61 (66); wohl auch *Cartou*, Rn. 400.

[433] Vgl. *V. Götz*, S. 106 f.

nicht gedeckt, der nämlich keinen Anhalt dafür gibt, dass eine „Beeinträchtigung" nicht genauso auf einer wettbewerbsverfälschenden Begünstigung ausländischer Unternehmen beruhen könnte, also auch in einer Einfuhrsteigerung liegen könnte.[434] Folglich erfasst das Beihilfeverbot auch einzelne Vergaben, die eine Auftragserteilung zu einem übermarktmäßigen Entgelt an einen ausländischen Bieter zur Folge haben.

3.1.2.2.2. National neutrale Präferenzregelungen

Damit ist aber noch nicht die Frage beantwortet, wie es sich mit Präferenzregelungen verhält, die sowohl von ihrem Zweck als auch von ihren Auswirkungen her bezüglich der Herkunft der Bieter neutral ausgerichtet sind, Teilnehmern aus anderen Mitgliedstaaten die Erfüllung des Sekundärkriteriums also potenziell genauso leicht oder schwer fällt wie einheimischen Unternehmen. Setzte man für eine Handelsbeeinträchtigung entweder eine positive oder eine negative Einflussnahme auf den Wirtschaftsverkehr im Gemeinsamen Markt voraus, wären derartige Bevorzugungsregeln beihilferechtskonform.

Richtigerweise wird man jedoch jede Beeinflussung der Handelsströme, also auch die, die durch eine neutral ausgerichtete Beihilferegelung hervorgerufen wird, genügen lassen müssen. Der Gerichtshof hat dies zum Merkmal der Eignung zur Handelsbeeinträchtigung bei Art. 81 Abs. 1 EG[435] klargestellt. Eine Beeinträchtigung i.S.d. Art. 81 EG liegt nicht nur dann vor, wenn der zwischenstaatliche Handel eingeschränkt wird. Nach der Entscheidung in der Rechtssache *Frubo* genügt es, dass die betroffene Maßnahme geeignet ist, „die natürlichen Handelsströme in andere Richtungen zu lenken"[436], sich der Wirtschaftsverkehr also ohne die Beeinflussung durch die wettbewerbsbeschränkende Maßnahme anders hätte entwickeln können.[437]

---

[434] So auch *Bleckmann*, RabelsZ 1984, 419 (445); *Müller-Graff*, ZHR 152 (1988), S. 403 (433 f.); *Ciresa*, S. 67 f.; *Mederer*, in Groeben/Thiesing/Ehlermann, Art. 92, Rn. 38; GA *Capotorti* in EuGH, Rs. 730/79 (*Philip Morris*), Slg. 1980, 2671 (2697); eingehend dazu *Schernthanner*, S. 104

[435] Die Parallelität der Tatbestandsmerkmale betont auch GA *Capotorti* in EuGH, Rs. 730/79 (*Philip Morris*), Slg, 1980, 2671 (2697).

[436] EuGH, Rs. 71/74 (*Frubo*), Slg. 1975, 563 (584). Rn. 37/38; ähnlich EuGH, Rs. 23/67 (*Brasserie de Haecht*), Slg. 1967, 543 (556).

[437] Vgl. *Grill*, in Lenz, Vorbem. Art. 81-86, Rn. 14.

Dieses Auslegungsergebnis lässt sich angesichts des Wortlauts der Art. 81 Abs. 1 und 87 Abs. 1 EG auf das Beihilferecht übertragen. Beim Merkmal der Beeinträchtigung stimmt nämlich der deutsche, französische und niederländische Wortlaut in Art. 81 Abs. 1 und 87 Abs. 1 EG jeweils überein, während der italienische Text[438] bei Art. 81 Abs. 1 EG sogar strengere Anforderungen an den Einfluss auf die Handelsbeziehungen stellt (*pregiudicare*) als bei Art. 87 Abs. 1 EG (*incidere*).[439] Die extensive Interpretation des Beeinträchtigungsmerkmals durch die Rechtsprechung zu Art. 81 Abs. 1 EG muss daher bei Art. 87 Abs. 1 EG erst recht gelten. Nur so lässt sich der Funktion des Art. 87 Abs. 1 EG, den unverfälschten Wettbewerb in der Gemeinschaft als Ausdruck marktmäßiger Prozesse zu schützen, gerecht werden. Denn jede Einflussnahme auf die natürliche Wechselbeziehung von Angebot und Nachfrage ist marktwirtschaftlich betrachtet systemwidrig und insoweit negativ zu beurteilen.[440] Das vertragliche System unverfälschten Wettbewerbs ist bereits dann beeinträchtigt, wenn das Volumen des zwischenstaatlichen Warenaustausches durch staatliche Beihilfen eine Größenordnung erreicht, die es sonst nicht erlangt hätte.[441] Damit umfasst das Verbot des Art. 87 Abs. 1 EG nicht nur die künstliche Erleichterung oder Erschwerung von Einfuhren und Ausfuhren, sondern *jede* Einflussnahme auf die Handelsströme.[442] Folglich ist jede Beeinflussung des Wirtschaftsverkehrs als Beeinträchtigung des Handels anzusehen.[443] Da das Beihilfeaufsichtsrecht der Art. 87 ff. EG mittlerweile in erster Linie auf eine – naturgemäß prognosti-

---

[438] Also der der vierten Originalsprache des Vertrages.

[439] Im Übrigen sind die Verben *affecter*, *incidere* und *affecter* weitaus neutraler als *beeinträchtigen* und *ongunstig kunnen beinvloeden*.

[440] Vgl. *Modlich*, 94.

[441] Vgl. bereits EuGH, Verb. Rs. 56 und 58/64 (*Consten-Grundig*), Slg. 1966, 321 (389) zu Art. 81 EG (ex-Art. 85): „Deshalb schließt der Umstand, daß eine Vereinbarung zu einer selbst beträchtlichen Ausweitung des Handelsvolumens zwischen Mitgliedstaaten führt, noch nicht aus, daß die Vereinbarung den Handel in der genannten Weise ‚beeinträchtigen' kann."

[442] So auch *Lehman*, in Léger, Art. 87 CE, Rn. 78; *Prasifka/Fry*, in Smit/Herzog, Art. 92, 3-387; i.d.S. bereits GA *Roemer*, für den maßgeblich ist, ob ohne die Beihilfe „die Handelsbeziehungen [...] sich in anderer Weise entwickeln würden"; in EuGH, Verb. Rs. 6 und 11/69 (*Kommission/Frankreich*), Slg. 1969, 523 (553).

[443] So im Ergebnis auch *Schina*, S. 34; *Mederer*, in Groeben/Thiesing/Ehlermann, Art. 92, Rn. 38; *Rawlinson*, in Lenz, Art. 87, Rn. 13; *Lefèvre*, S. 126 f.; eingehend *Schernthanner*, 105; *Ciresa*, S. 67 f.; *Modlich*, S. 95. Dieses Ergebnis ist auch für das Konkurrenzverhältnis von Art. 87 EG und zu den Grundfreiheiten des Vertrages von eminenter Bedeutung, da beispielsweise Art. 28 EG an die Diskriminierung oder Beschränkung durch Maßnahmen gleicher Wirkung andere Anforderungen stellt; s. dazu unter 3.3.2.

sche - Präventivkontrolle abzielt[444], genügt es, wenn die Handelsbeeinträchtigung noch nicht eingetreten ist, sondern nur droht.[445]

Mit Blick auf national neutrale Präferenzregelungen gilt folglich, dass sie bereits dann den zwischenstaatlichen Wirtschaftsverkehr „beeinträchtigen", wenn sie geeignet sind, dem Fluss der Handelsströme einen anderen Verlauf zu geben. Diese Voraussetzung ist erfüllt, soweit eine wettbewerbsverfälschende beihilferelevante Bevorzugungsregelung Produkte von Unternehmen betrifft, die mit Anbietern aus anderen Mitgliedstaaten konkurrieren. Im Ergebnis kommt es nicht darauf an, ob eine Präferenzbestimmung einheimische Unternehmen explizit oder faktisch bevorteilt.

3.1.3. Beihilfeelemente öffentlicher Aufträge und die De-minimis-Verordnung

Eine Einschränkung der Anwendung von Art. 87 Abs. 1 EG auf vergaberechtliche Bevorzugungsregelungen könnte sich aufgrund der „De-minimis-Verordnung"[446] ergeben, derzufolge Beihilfen, die eine Gesamtsumme von 100.000 € pro Unternehmen in drei Jahren nicht überschreiten, von der Anmeldepflicht gemäß Art. 88 Abs. 3 EG freigestellt sind. Mit der Verordnung hat sich die Debatte um das Erfordernis einer spürbaren Wettbewerbsverfälschung und/oder Handelsbeeinträchtigung erledigt.[447] Gleichwohl bereitet die Einordnung von De-minimis-Beihilfen als „Maßnahmen, die nicht alle Tatbestandsmerkmale des Artikels 87 Absatz 1 EG-Vertrag erfüllen" in Art. 2 Abs. 1 der Verordnung[448], Bedenken. Zur Änderung des materiellen Beihilferechts fehlt es nämlich an einer hinreichenden Grundlage, da die zugrunde liegende Ermächtigungsverordnung keine echte Freistellung vom Beihilfeverbot, sondern lediglich eine Befreiung von der Anmeldepflicht vorsieht. Außerdem ermächtigt Art. 89 EG nur

---

[444] Vgl. Art. 88 Abs. 3 EG.

[445] Vgl. *Geiger*, Art. 87 EGV, Rn. 14; *Müller-Graff*, ZHR 152 (1988), 403 (432).

[446] Verordnung (EG) Nr. 69/2001 über die Anwendung der Artikel 87 und 88 EG-Vertrag auf „De-minimis"-Beihilfen, ABl. 2001, L 10/30.

[447] Die Kommission hatte sich in der Mitteilung über „De-minimis"-Beihilfen (ABl. 1996, C 68/9) für das Spürbarkeitskriterium ausgesprochen. Der EuGH hatte (ohne sich zu der Spürbarkeitsfrage explizit zu äußern) wiederholt betont, dass es auf den Umfang der Beihilfe im Rahmen der Merkmale Wettbewerbsverfälschung und der Handelsbeeinträchtigung nicht ankommt; vgl. EuGH, Rs. 234/84 (*Meura*), Slg. 1986, 2263 (2287), Rn. 20;); zustimmend GA *Lenz* (ebda., 2263 (2274 f.)); gegen das Spürbarkeitskriterium auch *Bartosch*, C.M.L.Rev. 38 (2001), 1285 (1290 f.); *v. Wallenberg*, in Grabitz/Hilf, Art. 92 EGV, Rn. 31; *V. Götz*, in Dauses, H.III., Rn. 29.

[448] Vgl. auch den 3. und 5. Erwägungsgrund der VO.

zum Erlass von Durchführungsverordnungen.[449] Art. 2 Abs. 1 der Verordnung ist daher primärrechtskonform bloß als Ausnahme vom Verfahren des Art. 88 Abs. 3 EG und damit vom Notifizierungsgebot auszulegen.[450]

Der Wortlaut der Verordnung schließt nicht aus, dass ihr auch Beihilferegelungen unterfallen.[451] Da sich im Fall vergaberechtlicher *Präferenzbestimmungen* das übermarktmäßige Entgelt für alle Anwendungsfälle ex ante gar nicht quantifizieren lässt, könnte eine Überschreitung des in der Verordnung festgelegten Schwellenwerts von 100.000 € je Unternehmen für einen Zeitraum von drei Jahren gar nicht festgestellt werden. Die Verordnung verlangt aber, dass die jeweiligen Subventionsäquivalente für jeden Anwendungsfall im Voraus bezifferbarer sind.[452] In dem bereits angesprochenen Urteil zu § 52 Abs. 8 EStG, wo Vorliegen und Quantifizierung der Begünstigung ebenfalls nicht von vornherein feststellbar waren, hat der EuGH die Anwendung der De-minimis-Mitteilung abgelehnt, weil durch nichts gewährleistet war, dass die 100.000 ECU-Schwelle nicht überschritten werden würde.[453] Diese Bewertung lässt sich auf Vergabepräferenzen übertragen; die De-minimis-Verordnung findet hier keine Anwendung.

Bei der Betrachtung *einzelner Vergaben* ist die Verordnung grundsätzlich anwendbar. Einschränkungen ergeben sich aus den Ausnahmen des Art. 1 der Verordnung für den Verkehrssektor und für exportbezogene Tätigkeiten sowie für Beihilfen, die von der Verwendung heimischer Erzeugnisse zu Lasten von Importwaren abhängig gemacht werden.[454] In diesen Fällen scheidet eine Befreiung öffentlicher Auftraggeber von der Anmeldepflicht aus.

Erhebliche praktische Schwierigkeiten dürfte öffentlichen Auftraggebern die Verpflichtung aus Art. 3 der Verordnung bereiten. Danach hat der Mitgliedstaat gegenüber dem Zuwendungsadressaten klarzustellen, dass es sich um eine De-minimis-Beihilfe handelt. Im Gegenzug erhält er eine Übersicht über sonstige in den letzten drei Jahren erhaltene De-minimis-Beihilfen. Dies stellt öffentliche

---

[449] Vgl. auch *Sinnaeve*, EuZW 2001, 69 (75); *Dreher/Haas/v. Rintelen*, S. 54.
[450] Vgl. Dreher/Haas/v. Rintelen, S. 54.
[451] Vgl. *Sinnaeve*, EuZW 2001, 69 (76).
[452] Vgl. *Sinnaeve*, EuZW 2001, 69 (76).
[453] EuGH, Rs. C-156/98 (*§ 52 Abs. 8 EStG*), Slg. 2000, 6857 (6896), Rn. 40 f.
[454] Wegen Art. XVII GATS und der Gleichstellung von Waren und Dienstleistungen im Rahmen des Merkmals der Handelsbeeinträchtigung durch den EuGH ist diese Ausnahme entsprechend auf Dienstleistungen anzuwenden; vgl. *Dreher/Haas/v. Rintelen*, S. 54 f.

Auftraggeber vor die schwierige Aufgabe, das Subventionsäquivalent begünstigender Vergaben zu quantifizieren. Verletzen sie die Überwachungspflicht aus Art. 3 der Verordnung, ist die Beihilfegewährung nach zutreffender Ansicht als formell rechtswidrig gemäß Art. 88 Abs. 3 EG zu behandeln.[455] Denn eine Beihilfe, die entgegen den verfahrensrechtlichen Anforderungen der De-minimis-Verordnung gewährt wird, kann nur wie eine notifizierungsbedürftige Beihilfe behandelt werden. In der Praxis kommt die Anwendung der De-minimis-Verordnung auf beihilferelevante Auftragsvergaben folglich kaum in Betracht.

[455] So Dreher/Haas/v. Rintelen, S. 55 f.

3.2. Vereinbarkeit mit dem Gemeinsamen Markt gemäß Art. 87 Abs. 2 und 3 EG

Präferenzregelungen und einzelne Vergaben, die wettbewerbsverfälschende und handelsbeschränkende Beihilfen im Sinne des Art. 87 Abs. 1 EG darstellen, sind möglicherweise aufgrund der Legalausnahmen und der Ausnahmetatbestände des Art. 87 Abs. 2 und 3 EG mit dem Gemeinsamen Markt vereinbar und damit zulässig[456] - sofern nicht ein Verstoß gegen andere gemeinschaftsrechtliche Bestimmungen gegeben ist.[457] Im Folgenden sollen die Anforderungen der Art. 87 Abs. 2 und 3 EG in erster Linie für verschiedene Präferenzbestimmungen untersucht werden. Für einzelne Vergaben ohne Berücksichtigung beschaffungsfremder Kriterien kann ohne Umschweife festgehalten werden, dass es für eine Rechtfertigung von Überentgelten wegen Missachtung vergaberechtlicher Verfahrensvorschriften sub specie der Art. 87 Abs. 2 und 3 EG keinen Raum gibt.

Über das Vorliegen der Voraussetzungen der Legalausnahmen des Art. 87 Abs. 2 EG und der Genehmigungstatbestände des Art. 87 Abs. 3 EG entscheidet die Kommission. Beide Vorschriften sind Ausprägungen des Grundsatzes, dass wettbewerbsverzerrende Wirkungen hingenommen werden können, wenn und soweit sie von einer im Gemeinschaftsinteresse liegenden Gegenleistung ausgeglichen werden.[458]

3.2.1. Vergabepräferenzen als Gegenstand der Legalausnahmen des Art. 87 Abs. 2 EG

Von den Legalausnahmen des Art. 87 Abs. 2 EG[459] ist im Hinblick auf vergaberechtliche Bevorzugungsregelungen Art. 87 Abs. 2 lit. a) EG ebenso wenig[460]

---

[456] Regelungstechnisch handelt es sich bei Art. 87 EG damit um ein Verbot mit Erlaubnisvorbehalt; vgl. *Evans*, S.2 f.; *Koenig/Kühling*, NJW 2000, 1065 (ebda.); *Deckert/Schroeder*, EuR 1998, 291 (292).

[457] Dazu unter 3.3.

[458] Vgl. *Schina*, S. 47 ff. und 52 f.

[459] Beihilfen, die Art. 87 Abs. 2 EG unterfallen, sind per se mit dem Gemeinsamen Markt vereinbar. Damit steht der Kommission bei der Kontrolle solcher Beihilfen kein Ermessen zu. Sie fallen aber tatbestandsmäßig unter Art. 87 I EGV, vgl. für die h.M. *Mederer*, in Groeben/Thiesing/Ehlermann, Art. 92, Rn. 51 m.w.N; nach a.A. entfällt bereits die Tatbestandsmäßigkeit der in Art. 87 Abs. 2 EG genannten Beihilfen, so *Rengeling*, in Börner, S. 28 (33).

von Bedeutung wie 87 Abs. 2 lit. b) EG.[461] Falls das Gebiet der neuen Bundesländer unter Art. 87 Abs. 2 lit. c) fiele, wären entsprechende Regionalpräferenzen stets mit dem Gemeinsamen Markt vereinbar. EuG und EuGH haben sich jedoch für eine restriktive Auslegung dieser so genannten Teilungsklausel entschieden. Danach sind von Art. 87 Abs. 2 lit. c) EG nur solche wirtschaftlichen Nachteile erfasst, die unmittelbar durch Errichtung und Aufrechterhaltung der innerdeutschen Grenze bedingt sind, also beispielsweise der Verlust des Hinterlandes oder eines Teils der Infrastruktur.[462] Der Vorschrift verbleibt damit nur ein bescheidener Anwendungsbereich, etwa für das frühere Zonenrandgebiet. Entsprechende vergaberechtliche Bevorzugungsprogramme des Bundes sind Anfang der neunziger Jahre ausgelaufen. Folglich können Art. 87 Abs. 2 lit. c) EG und damit Art. 87 Abs. 2 EG insgesamt bei der Beurteilung von Präferenzregelungen außer Betracht bleiben.[463]

3.2.2. Vergabepräferenzen und die Genehmigungsmöglichkeiten des Art. 87 Abs. 3 EG

3.2.2.1. Begünstigungsweisen von Präferenzen im System der Ausnahmetatbestände

Bei der Entscheidung über die Freistellung von Beihilfen gemäß Art. 87 Abs. 3 EG verfügt die Kommission über ein weites Ermessen. Dieses unterliegt wegen der dabei erforderlichen komplexen ökonomischen Wertungen nur einer marginalen Missbrauchskontrolle durch den EuGH.[464] Die richterliche Überprüfung darf nicht die wirtschaftliche Beurteilung der Kommission ersetzen.[465] Insge-

460 Öffentliche Auftragnehmer sind keine Verbraucher und sie werden auch nicht verbrauchervermittelt indirekt begünstigt.

461 Diese Bestimmung ist sehr restriktiv und begrenzt auf Ereignisse höherer Gewalt auszulegen; vgl. *Geiger*, Art. 87, Rn. 17.

462 Der wirtschaftliche Rückstand der neuen Bundesländer im Vergleich zu den alten beruht dagegen vor allem auf den Bedingungen der unterschiedlichen politisch-wirtschaftlichen Systeme in der Bundesrepublik und der DDR; EuG, Verb. Rs. T-132/96 und T-143/96 (*Volkswagen Sachsen*), Slg. 1999 II, 3663 (3715), Rn. 134 ff.; EuGH, Rs. C-156/98 *(§ 52 Abs. 8 EStG)*, Slg. 2000 I, 6857 (6897 f.) Rn. 46 ff.

463 So im Ergebnis auch *Dreher/Haas/v. Rintelen*, S. 58.

464 Der Gerichtshof überprüft vor allem die Einhaltung der Verfahrens- und Begründungsvorschriften und stellt fest, ob offensichtliche Beurteilungsfehler oder Ermessensmissbrauch vorliegen; EuGH, Rs. 56/93 (*Gasunie*), Slg. 1996 I, 723 (772), Rn. 11; EuGH, Rs. C-225/91 (*Matra*), Slg. 1993 I, 3203 (3256), Rn. 23.

465 EuG, Rs. T-149/95 (*Ducros*), Slg. 1997 II, 2031 (2052), Rn. 63.

samt legt die Kommission Art. 87 Abs. 3 EG restriktiv aus.[466] Aus ihrer Praxis haben sich drei wesentliche Prüfungskriterien entwickelt, die zugleich die Grenzen des Ermessens vorgeben.[467]

Das Ermessen ist unabhängig vom Inhalt des jeweiligen Ausnahmetatbestands nach Maßgabe sozialer und wirtschaftlicher Wertungen auszuüben, die auf die Gemeinschaft als Ganzes zu beziehen sind (so genannter *Gemeinschaftskontext*).[468] Der Beihilfegewährung muss die Verfolgung eines Ziels der Gemeinschaft gegenüberstehen.[469] Das ist bei vielen horizontal ausgerichteten Vergabepräferenzen der Fall, wie die Zielbestimmungen des Art. 2 EG zeigen.

Im Zusammenhang mit der Genehmigungsfähigkeit begünstigender Vergabepräferenzen sind die weiteren Erfordernisse der *Notwendigkeit*[470] und der *Angemessenheit*[471] der Beihilfe im Hinblick auf die Verwirklichung des angestrebten Ziels näher zu untersuchen. Auf diesen Ebenen findet eine Abwägung zwischen dem sozioökonomischen Nutzen einer Beihilfe einerseits und ihren schädlichen Auswirkungen auf Wettbewerb und Wirtschaftsverkehr andererseits statt.

3.2.2.1.1. Keine *Notwendigkeit* begünstigender Vergaben

Nur wenn eine erwünschte Entwicklung unter den Konditionen des Marktes nicht zu erwarten ist, kann eine Beihilfe *notwendig* sein.[472] Daran mangelt es, wenn der Zuwendungsadressat die Maßnahme auch ohne die Beihilfe durchführen würde oder bereits durchgeführt hat.[473] Denn die Genehmigungsfähigkeit einer Beihilfe setzt, wie sich aus dem Wortlaut der Art. 87 Abs. 3 lit. a) – d) EG („Beihilfen *zur Förderung* [...]") ergibt, eine Zweckbindung voraus. Diese fehlt

---

466 Vgl. nur Entscheidung der Kommission, ABl. 1989, L 143/44 (46) (*Valéo*); *Cartou*, Rn. 404; *Bär-Bouyssière*, in Schwarze, Art. 87 EGV, Rn. 50.

467 Vgl. dazu *Caspari*, in FS von der Groeben, S. 69 (81).

468 EuGH, Rs. C-303/88 (*ENI/Lanerossi*), Slg. 1991 I, 1433 (1479), Rn. 34; EuGH, Verb. Rs. C-278, 279 und 280/92 (*Hytasa*), Slg. 1994 I, 4103 (4162), Rn. 51; vgl. auch *Cartou*, Rn. 404; *Evans*, S. 108; *Chérot*, S. 68 ff.

469 Entscheidung der KOM, ABl. 1979, L 217, S. 17 (18 f.) (*Philip Morris*). Nationale oder firmenspezifische Interessen sind insoweit zu berücksichtigen, als sie auch im sozialen und ökonomischen Kontext der Gemeinschaft von Belang sind.

470 Vgl. dazu *Evans*, S. 110 ff.

471 Vgl. dazu *Cartou*, Rn. 404.

472 Entscheidung der Kommission, ABl. 1984, L 276/37 (38); Entscheidung der Kommission, ABl. 1989, L 123/52 (54); vgl. auch *Chérot*, S. 71.

473 EuGH, Rs. 730/79 (*Philip Morris*), Slg. 1980, 2671 (2690), Rn. 16 f.

vergaberechtlichen Präferenzbestimmungen aber häufig. Denn beschaffungsfremde Kriterien, die bei der Bieterauswahl oder der Zuschlagsprüfung ansetzen, knüpfen an gegenwärtige Umstände an. Das aufgrund der Erfüllung des Kriteriums gewährte Überentgelt hat also gerade keine *Anreizfunktion* zur Vornahme einer bestimmten erwünschten Maßnahme. Es lässt sich dann nur als (nachträgliche) *Prämierung* für bereits durchgeführte Maßnahmen auffassen; die Subvention wirkt sich nur insofern aus, als sie der Erhaltung des Status quo dienen. Solche Zuwendungen stellen Betriebsbeihilfen dar[474], die die Kommission wegen ihrer besonders wettbewerbsschädigenden Wirkungen nur in seltenen, hier nicht einschlägigen Konstellationen zulässt.[475]

Sehen Vergabebestimmungen vertragliche Verpflichtungen zur Erfüllung eines vergabefremden Kriteriums vor, liegt die Annahme einer notwendigen Beihilfe näher. Der Auftragnehmer erhält das übermarktmäßige Entgelt unter der Voraussetzung, dass er eine bestimmte Handlung vornimmt oder unterlässt. Das Kriterium richtet sich also auf ein erwünschtes Verhalten in der Zukunft. In den Fällen der vertraglichen Verpflichtungen ist die Notwendigkeit mithin zu bejahen, da der Auftragnehmer die jeweilige Bedingung nicht ohnehin schon erfüllen muss, sondern gegebenenfalls noch zu entsprechenden Maßnahmen veranlasst wird.

3.2.2.1.2. Keine *Angemessenheit* der Modalitäten begünstigender Vergaben

Wenn es nicht bereits an der Notwendigkeit fehlt, muss eine Beihilfe auch *angemessen* sein. Voraussetzung dafür ist, dass die Beihilfemodalitäten[476] zum

---

[474] Beihilfen zur Senkung der laufenden und gewöhnlichen Ausgaben eines Unternehmens ohne (strukturelle) Anpassung; vgl. dazu *Schina*, S. 46; *Rawlinson*, in Lenz, Art. 87, Rn. 36.

[475] Genehmigungsfähig sind Betriebsbeihilfen zugunsten von Unternehmen in Fördergebieten nach Art. 87 Abs. 3 lit. a) EG, sofern diese degressiv ausgestaltet und zeitlich begrenzt sind; vgl. Kommission, Leitlinien für staatliche Beihilfen mit regionaler Zielsetzung; ABl. 1998, C 74/9 (16), Tz. 4.15. ff. Diese Voraussetzungen erfüllen Präferenzregelungen ohnehin nicht. Das gleiche gilt für Betriebsbeihilfen an Unternehmen, die in außergewöhnlichen Situationen unter der Voraussetzung gleichzeitiger Restrukturierungsmaßnahmen genehmigt werden; vgl. *Schina*, S. 46; *Rawlinson*, in Lenz, Art. 87, Rn. 36.

[476] In diesem Sinne sind das vor allem: Höhe des Subventionsäquivalents, Beihilfeintensität, Kreis der Begünstigten, Laufzeit und Rückzahlungsbestimmungen.

Erreichen des Förderziels unerlässlich sind.[477] Es handelt sich also um eine Art Verhältnismäßigkeitskontrolle.

Bereits im Rahmen der Prüfung des Spezifitätsmerkmals konnte festgestellt werden, dass sich der Kreis der wegen vergabefremder Kriterien subventionierten Unternehmen auf Teilnehmer von Vergabeverfahren beschränkt, die den Zuschlag meist auch der Wirtschaftlichkeit ihres Angebots zu verdanken haben.[478] Warum gerade sie die einzigen Zuwendungsadressaten sein sollen, leuchtet aus der Perspektive einer um effizienten Mitteleinsatz bemühten Subventionspolitik nicht ein. Es ist kein Grund ersichtlich, aus dem Unternehmen, die überhaupt nicht an Ausschreibungen teilnehmen, oder die dabei nicht erfolgreich sind, im Hinblick auf das jeweilige Beihilfeziel weniger unterstützungsbedürftig sein sollten. Eine derartig ungezielte Förderung verfehlt das Subventionsziel.[479]

Außerdem haben die Beihilfegewährungen als Folge der Berücksichtigung vergabefremder Kriterien völlig uneinheitliche Ergebnisse. Denn mit Ausnahme von Mehrpreisstaffeln[480] determinieren Präferenzregelungen nicht ansatzweise die Höhe des Subventionsäquivalents. Die politische Bevorzugung eines bestimmten Unternehmens führt ja nicht einmal zwangsläufig zu einer beihilferelevanten Begünstigung.[481] Ob und in welcher Höhe Beihilfeelemente vorliegen, hängt von den Umständen des Einzelfalles ab, besonders von der (Un-)Wirtschaftlichkeit des Angebots des bevorzugten Teilnehmers. Damit ergibt sich die Subventionshöhe nicht aus dem Grad der Förderungsbedürftigkeit, sondern ist

---

477 Vgl. *Chérot*, S. 71; *Mederer*, in Groeben/Thiesing/Ehlermann, Art. 92 EGV, Rn. 73.

478 S.o. unter 2.4.5.

479 So bereits *Lange*, in Meessen, S. 61 (71): „Nur selten wird der Adressatenkreis, der von einer struktur- oder sozialpolitischen Förderungsmaßnahme ihrem Sinn nach erfaßt werden soll, [...] nur aus Bewerbern um öffentliche Aufträge bestehen. Die Beschränkung der betreffenden Förderungsmaßnahme auf Bewerber um öffentliche Aufträge, die durch die Instrumentalisierung des öffentlichen Auftrags erzwungen wird, ist daher zumeist unsachgerecht." In diesem Sinne auch *Wallerath*, S. 157 zu sozialpolitischen Präferenzen: „Die Schwächen einer derartigen Intervention zugunsten einzelner benachteiligter Gruppen liegen auf der Hand: Es werden nur diejenigen Angehörigen der als förderungswürdig betrachteten Gruppe begünstigt, die *Unternehmer* sind; von diesen werden wiederum nur solche gefördert, die an den *Staat* liefern können." (Hervorhebungen wie dort); zustimmend *Rittner*, in FS Benisch, S. 99 (107).

480 Da Mehrpreisstaffeln bei der Zuschlagsentscheidung ansetzen, fehlt es aber schon an der Notwendigkeit der Beihilfe, s.o. bei 3.2.2.1.1.

481 S.o. unter 2.2.1.4.

Resultat von Zufällen. Folglich korrespondieren das Subventionsäquivalent und etwaige Anstrengungen für das erwünschte Verhalten nicht miteinander. Eine Beihilfe ist indes nur dann sachlich gezielt und angemessen, wenn der Beihilfebetrag tatsächlich dafür eingesetzt wird, die in Art. 87 Abs. 3 EG genannten Ziele zu verfolgen. Daran fehlt es in aller Regel auch bei Beihilfen aufgrund vergabefremder Vertragsbedingungen. Selbst wenn der schließlich erfolgreiche Teilnehmer zusätzliche Kosten zur Erfüllung des Kriteriums gehabt haben sollte, dürften diese nur ausnahmsweise mit dem Überentgelt übereinstimmen. Unangemessene Folgen ergeben sich schließlich dadurch, dass beschaffungsfremde Bestimmungen die Kumulierung von Beihilfen für präferenzgerechte (und leistungsfähige) Unternehmen begünstigen, da diese immer wieder in den Genuss übermarktmäßiger Auftragsentgelte kommen können.

Angesichts der Modalitäten beschaffungsfremder Kriterien ließen sich beihilfenartige Zuwendungen allenfalls dann als angemessen beurteilen, wenn kein anderes adäquates Mittel zur Verfügung stände, um das Förderziel zu erreichen. Doch selbst gesellschaftspolitische Zielsetzungen lassen sich durch die Bindung der in Form offener Subventionen gewährten Zuwendungen an die Erfüllung des jeweiligen Förderkriteriums realisieren. Zumindest für den Regelfall ist davon auszugehen, dass auf diese Weise die Ziele vergabefremder Regelungen in angemessener und damit eventuell gemeinschaftsrechtskonformer Weise herbeigeführt werden können.[482] Beispiele finden sich in den jeweiligen Gruppenfreistellungsverordnungen, Gemeinschaftsrahmen, Leitlinien und Mitteilungen für horizontale Beihilfen.

3.2.2.1.3. Fazit

Beihilfen aufgrund vergabefremder Kriterien sind meist schon nicht notwendig und regelmäßig nicht angemessen. Allgemein lässt sich daher sagen, dass eine Rechtfertigung aufgrund Art. 87 Abs. 3 EG die Ausnahme bleiben dürfte. Für die verbleibenden Fälle – und hilfsweise für die Annahme eines anderen Ergebnisses - ist zu klären, inwieweit die Voraussetzungen der einzelnen Befreiungstatbestände erfüllt sind. Im Übrigen könnten Vergabepräferenzen allenfalls dann als mit dem Gemeinsamen Markt vereinbar angesehen werden, wenn der

---

[482] Vgl. *Welter*, S. 254: „Wird das geschilderte Ziel nicht viel zweckmäßiger durch Anwendung von wirtschaftspolitischen Mitteln erreicht, die – anders als die öffentlichen Aufträge – auch den Firmen zugute kommen, die nicht zufällig gerade Lieferanten des Staates sind?“. In diesem Sinne auch *Stolz*, S. 97.

Rat dies auf Vorschlag der Kommission (Art. 87 Abs. 3 e) EG) oder auf Antrag eines Mitgliedstaates (Art. 88 Abs. 2 UAbs. 3 EG) mit qualifizierter Mehrheit beziehungsweise einstimmig entscheidet.

3.2.2.2. Überprüfung verschiedener Inhalte vergabefremder Kriterien

Vor allem im Hinblick auf Art. 87 Abs. 3 lit. c) EG orientiert sich die Genehmigungspraxis der Kommission an einer Reihe von ermessenslenkenden Leitlinien und Gemeinschaftsrahmen sowie für bestimmte horizontale Beihilfen an Gruppenfreistellungsverordnungen.[483] Diese Vorschriften regeln[484], wann eine Beihilfe den Genehmigungserfordernissen des Art. 87 Abs. 3 EG beziehungsweise den Voraussetzungen einer Freistellung von der Anmeldepflicht genügt. Zu diesen Anforderungen gehören die Angabe des Kreises der förderfähigen Unternehmen, der zuschussfähigen Ausgaben sowie der maximalen Beihilfeintensität und der Beihilfehöchstsätze.

Präferenzbestimmungen sind im Gegensatz zu anderen Beihilferegelungen keine fest umrissenen Förderprogramme. Sie lassen nicht einmal die Höhe etwaiger Beihilfeelemente erkennen. Da sie nicht der (teilweisen) Finanzierung bestimmter Investitionen dienen, können weder zuschussfähige Ausgaben noch Beihilfeintensitäten oder Beihilfehöchstbeträge angegeben werden. Präferenzbestimmungen sind deshalb von Gruppenfreistellungsverordnungen, Leitlinien und Gemeinschaftsrahmen nicht erfasst. Eine darauf beruhende Freistellung scheidet aus. Gleichwohl steht es der Kommission frei, auch Beihilfen zu genehmigen, die nicht in ihren allgemeinen Rechtsakten vorgesehen sind. Dann richtet sich die Prüfung ausschließlich und unmittelbar nach dem Vertrag.[485]

---

[483] Verordnungen (EG) des Rates Nr. 68/2001 (Ausbildungsbeihilfen) und Nr. 70/2001 (Beihilfen an KMU), ABl. 2001, L 10. Rechtsgrundlage ist die aufgrund Art. 89 EG erlassene Ratsverordnung (EG) Nr. 994/98 über die Anwendung der Art. 92 und 93 EGV auf bestimmte Gruppen horizontaler Beihilfen, ABl. 1998, L 142/1. Zur Frage, inwieweit Gemeinschaftsrahmen und Leitlinien daneben fortbestehen vgl. *Sinnaeve*, EuZW 2001, 69 (70).

[484] Leitlinien und Gemeinschaftsrahmen haben eo ipso keine Außenwirkung, wie die Veröffentlichung in Teil C des Amtsblatts zeigt. Ihre quasigesetzliche Wirkung folgt aus der Ermessensselbstbindung der Kommission und bei Gemeinschaftsrahmen aus der Zustimmung der Mitgliedstaaten (Art. 88 Abs. 1 EG); vgl. EuG, Rs. T-214/95 (*Vlaams Gewest*), Slg. 1998 II, 717 (747), Rn. 79; vgl. auch *Oppermann*, Rn. 1129; *Mederer*, in Groeben/Thiesing/Ehlermann, Art. 92 EGV, Rn. 74.

[485] EuG, Rs. T-298/97 (*Alzetta Mauro*), Slg. 2000 II, 2319 (2379), Rn. 128.

3.2.2.2.1. Art. 87 Abs. 3 lit. a) und c) 2. Alt. EG (Regionalförderung)

Für regionale Präferenzsysteme kommt eine Rechtfertigung aufgrund Art. 87 Abs. 3 lit. a) und c) 2. Alt. EG in Betracht. Der von Art. 87 Abs. 3 lit. a) EG vorausgesetzte wirtschaftliche Rückstand bemisst sich nach dem Gemeinschaftsniveau.[486] Die fünf neuen Bundesländer sind (noch) als Förderregionen gemäß Art. 87 Abs. 3 lit. a) EG anerkannt, sodass entsprechende Präferenzen prinzipiell unter Art. 87 Abs. 3 lit. a) fallen könnten.[487] Geringere Anforderungen an die Förderungsbedürftigkeit stellt Art. 87 Abs. 3 lit. c) 2. Alt. EG[488], der nach den Umständen des Einzelfalles als Ausnahmeregel für regionale Bevorzugungsregelungen in Betracht kommt. Nicht immer einfach dürfte allerdings der Nachweis eines positiven regionalwirtschaftlichen Effekts von Präferenzen sein, der wiederum in Relation zu ihren handelsbeschränkenden Wirkungen beurteilt werden müsste.[489]

3.2.2.2.2. Art. 87 Abs. 3 lit. b) 1. Alt. EG (Vorhaben von gemeinsamem Interesse)

Das von Art. 87 Abs. 3 lit. b) 1. Alt. EG vorausgesetzte gemeinsame europäische Interesse ist im Hinblick auf die Vertragsziele auszulegen. Grundsätzlich könnten eine Reihe vergabefremder Zwecke von dieser Bestimmung erfasst

---

[486] Vgl. EuGH, Rs. 730/79 (*Philip Morris*), Slg. 1980, 2671, (2691 f.), Rn. 25. Die Fördergebiete i.S.v. Art. 87 Abs. 3 lit. a) entsprechen den Ziel 1-Gebieten i.S.d. Strukturfonds. Das sind Gebiete auf NUTS II-Ebene mit einem BIP/Einwohner in Kaufkraftparitäten von unter 75 % des Gemeinschaftsdurchschnitts.

[487] Z.B. also der Entwicklungsrückstandserlass Bbg v. 19.4.1996 (ABl., S. 476).

[488] Vgl. die Leitlinien der Kommission für staatliche Beihilfen mit regionaler Zielsetzung (ABl. 1998, C 74/9). Die Förderungsbedürftigkeit richtet sich nach dem BIP pro Kopf und der strukturellen Arbeitslosigkeit. Die regionale Mindestabweichung muss bezüglich des BIP mindestens 15 % unter, die strukturelle Arbeitslosigkeit mindestens 10 % über dem Landesdurchschnitt liegen; die Abweichung vom nationalen Durchschnitt muss umso höher sein, je besser die Lage des Mitgliedstaates im Vergleich zu den anderen ist.

[489] Vgl. *Winter* (C.M.L.Rev. 28 (1991), 741 (777) zu dem italienischen Präferenzsystem, das Gegenstand des Verfahrens in der Sache *Du Pont de Nemours* war: „This preference regime has not exercised a demonstrable positive impact on the economic development of the regions concerned. In addition, competitors of firms established within these regions are increasingly known to complain of the unequal treatment to which they are subjected." Kritisch zu den Möglichkeiten regionaler Strukturpolitik durch öffentliches Beschaffungsverhalten auch *Stolz*, S. 95 f.

werden.[490] Kommission und EuGH haben sie allerdings nicht nur auf einzelne Gebiete wie Umweltschutz, Infrastruktur, Energie sowie Forschung und Entwicklung beschränkt[491], sondern auch eine Beteiligung mehrerer Mitgliedstaaten vorausgesetzt.[492] Ein Gemeinschaftsinteresse muss also nicht nur im Hinblick auf das verfolgte Ziel, sondern auch im Sinne einer Transnationalität des Vorhabens vorliegen. Teilweise wird vertreten, dass in besonderen Fällen die Beteiligung nur eines Mitgliedstaats an einem Vorhaben genügt.[493] Dann müssen davon aber auch andere Mitgliedstaaten Nutzen ziehen, und das Vorhaben muss Teil eines grenzüberschreitenden Programms sein.[494]

Nicht abgestimmte Fördermaßnahmen einzelner Mitgliedstaaten fallen damit nicht unter Art. 87 Abs. 3 lit. b) 1. Alt. EG. Da Präferenzregelungen bislang nicht koordiniert Interessen verschiedener Mitgliedstaaten verfolgen, können sie nicht als Beihilfen zur Förderung wichtiger Vorhaben von gemeinsamem europäischen Interesse qualifiziert werden. Eine andere Beurteilung würde eventuell möglich, wenn die Kommission ihre tendenziell positive Haltung gegenüber bestimmten vergabefremden Aspekten (wie Umweltschutz und sozialen Belangen)[495] etwa in Form so genannter Aktionsprogramme zum Ausdruck brächte und die gemeinschaftsweite Verfolgung bestimmter Zwecke als abgestimmte Fördermaßnahme ausgestaltet würde.

3.2.2.2.3. Art. 87 Abs. 3 lit. b) 2. Alt. EG (Behebung wirtschaftlicher Störüngen)

Art. 87 Abs. 3 lit. b) 2. Alt. EG erfasst Störungen, welche die gesamte Wirtschaft eines Mitgliedstaates, zumindest mehrere Regionen oder Wirtschaftsbereiche, in Mitleidenschaft ziehen.[496] Dabei muss es sich um übergreifende, also nicht rein sektorale Störungen handeln.[497] Das können beispielsweise ein

---

[490] Art. 2 EG nennt als Aufgaben der Gemeinschaft unter anderem die Förderung eines hohen Beschäftigungsniveaus, die Gleichstellung von Männern und Frauen sowie ein hohes Maß an Umweltschutz und die Verbesserung der Umweltqualität.

[491] Vgl. *Bär-Bouyssière*, in Schwarze, Art. 87 EGV, Rn. 54.

[492] EuGH, Verb. Rs. 62 und 72/87 (*Exécutif régional Wallon*), Slg. 1988, 1573 (1595), Rn. 22.

[493] *Schina*, S. 57; *Mederer*, in Groeben/Thiesing/Ehlermann, Art. 92, Rn. 99.

[494] Vgl. *Mederer*, in Groeben/Thiesing/Ehlermann, Art. 92, Rn. 99.

[495] Vgl. Mitteilung Umweltbelange, KOM(2001) 274 endg.; Mitteilung Soziale Belange, KOM(2001) 566 endg.

[496] Vgl. nur *Mederer*, in Groeben/Thiesing/Ehlermann, Art. 92, Rn. 101.

[497] Vgl. *Schina*, S. 58.

erheblicher Beschäftigungsrückgang und vor allem Jugendarbeitslosigkeit sein.[498] Arbeitsmarktpolitische Vergabepräferenzen bezwecken zwar auch die Behebung wirtschaftlicher Schwierigkeiten. Nur in den seltensten Fällen wird aber ein gesamtwirtschaftlicher, nicht bloß konjunkturell veranlasster Krisenzustand bestehen, den Art. 87 Abs. 3 lit. b) 2. Alt. EG verlangt. Die Kommission stellt außerordentlich hohe Anforderungen an die Schwere der Krise und die Dringlichkeit ihrer Bekämpfung.[499] Das zeigt schon der Umstand, dass sie die Vorschrift seit der Erdölkrise 1973/74 erst zweimal angewandt hat.[500] Die wirtschaftliche Situation jedenfalls in Deutschland lässt für Art. 87 Abs. 3 lit. b) 2. Alt. EG keinen Raum.

3.2.2.2.4. Art. 87 Abs. 3 lit. c) 1. Alt. EG (Förderung gewisser Wirtschaftszweige)

Nicht nur sektorale, sondern auch horizontale Subventionen gelten als Beihilfen zur Förderung der Entwicklung gewisser Wirtschafts*zweige* im Sinne des Art. 87 Abs. 3 lit. c) 1. Alt. EG.[501] Beihilfen zur Förderung der Beschäftigung im allgemeinen oder speziell von Frauen oder Lehrlingen wie auch Umweltschutzbeihilfen oder Beihilfen zugunsten von KMU sind danach grundsätzlich genehmigungsfähig.[502] Daneben subsumiert die Kommission häufig F&E-Beihilfen unter Art. 87 Abs. 3 lit. c) 1. Alt. EG.[503] Weiter ist für jeden Einzelfall das Maß der Beeinträchtigung der Handels- und Wirtschaftsbedingungen zu beurteilen.

Die Leitlinien, Gemeinschaftsrahmen und Gruppenfreistellungsverordnungen zu den verschiedenen horizontalen Beihilfeformen haben für Vergabepräferenzen zwar nur Indizwirkung. Sie bringen jedoch klar zum Ausdruck, dass Zu-

---

[498] Vgl. im Einzelnen *Mederer*, in Groeben/Thiesing/Ehlermann, Art. 92, Rn. 102.

[499] Entscheidung der Kommission, ABl. 1988, L 76/18; vgl. auch *Schina*, S. 58; *Mederer*, in Groeben/Thiesing/Ehlermann, Art. 92, Rn. 101 ff.

[500] Vgl. die Nachweise bei *Schina*, S. 58 f.; *Rawlinson*, in Lenz, Art. 87 EGV, Rn. 30.

[501] Vgl. nur *Cremer*, in Calliess/Ruffert, Art. 87 EGV, Rn. 35. Die weite Auslegung des Merkmals „Wirtschaftszweige" korrespondiert mit der französischen (*certaines activités économiques*) und der englischen (*certain economic activities*) Vertragsfassung.

[502] Soweit ersichtlich waren Beihilfen zur Förderung der Beschäftigung von Behinderten, Aussiedlern und Verfolgten bislang nicht Gegenstand der Beihilfekontrolle. Wegen der Nähe zu anderen gesellschaftspolitischen Zielsetzungen dürften indes auch sie Art. 87 Abs. 3 lit. c) EG unterfallen.

[503] Teilweise fallen diese auch unter Art, 87 Abs. 3 lit. b) 1. Alt EG; vgl. *Rawlinson*, in Lenz, Art. 87 EGV, Rn. 29.

wendungen mit Anreizwirkung auf ein deutlich größeres Wohlwollen der Kommission stoßen als bloße Erhaltungssubventionen ohne Zweckbindung.[504] Diese Wertung hebt Art. 87 Abs. 3 lit. c) 1. Alt. EG mit dem Merkmal „zur Förderung der Entwicklung“ besonders hervor.[505] Es fehlt an der Notwendigkeit der Förderung, wenn die Maßnahme bereits durchgeführt worden ist[506], wenn ein Unternehmen selbst zur Durchführung der Maßnahme in der Lage wäre[507], oder wenn die Maßnahme bloß der Erhaltung des Status quo dient.[508] Solange eine Beihilfe nicht mit einem konkreten Vorhaben in Zusammenhang steht, fehlt es an der Anreizwirkung. Das ist aber, wie gesehen, bei Präferenzbestimmungen die Regel.

Prinzipiell haben horizontale Beihilfen wegen geringerer Selektivität geringere Auswirkungen auf den Wettbewerb als sektorale oder gar allgemeine Beihilfen.[509] Dieser Grundsatz gilt für vergaberechtliche Bevorzugungsregelungen nicht, da ihr Adressatenkreis über das jeweilige horizontale Merkmal hinaus eng begrenzt ist. Noch weniger übertragen lässt er sich auf Präferenzen mit horizontalen Zielsetzungen, wenn deren Adressatenkreis sektorspezifisch beschränkt ist.

Im Ergebnis können sich, mit Ausnahme von Regionalpräferenzen, Befreiungen vom Beihilfeverbot für vergabefremde Regelungen allenfalls aus Art. 87 Abs. 3 lit. c) 1. Alt. EG ergeben. Es ist jedoch nicht ersichtlich, wie derart wettbewerbsverzerrende betriebsbeihilfenartige Zuwendungen nach dieser Vorschrift genehmigungsfähig sein sollten. Etwas günstiger fällt die Beurteilung für Vergabepräferenzen aus, die das jeweilige Kriterium als vertragliche Anforderung vorsehen. Aber auch sie haben dieselben selektiven Wirkungen und werden nicht selten Unternehmen prämieren, die die Präferenzbedingungen ohnehin erfüllen, sodass es jedenfalls am Erfordernis der Angemessenheit fehlt.

---

504 Vgl. Kommission, Gemeinschaftsrahmen für Ausbildungsbeihilfen, ABl. 1998, C 343/10; Mitteilung „Beihilfenüberwachung und Senkung der Arbeitskosten“, ABl. 1997, C 1/10; Leitlinien für Beschäftigungsbeihilfen, ABl. 1995, C 334/4.

505 Hier gilt erst recht, dass es an der Notwendigkeit der Förderung fehlt, wenn die gewünschte Maßnahme bereits durchgeführt ist; vgl. Entscheidung der Kommission, ABl. 1989, L 106/34 (35).

506 Entscheidung der Kommission, ABl. 1989, L 106/34 (35).

507 Entscheidung der Kommission, ABl. 1989, L 106/34 (36).

508 Entscheidung der Kommission, ABl. 1989, L 105/15.

509 Vgl. *Cremer*, in Calliess/Ruffert, Art. 87 EGV, Rn. 35, Fn. 182; *Schina*, S. 94.

3.2.3. Primärrechtliche Bereichsausnahmen

Der EG-Vertrag sieht als Ausnahmen vom Beihilfeverbot des Art. 87 Abs. 1 EG Sonderregelungen für die Bereiche Landwirtschaft (Art. 36 Abs. 1 EG), Verkehr (Art. 73 und 76 EG) und die äußere und innere Sicherheit (Art. 296 Abs. 1 lit. b)) vor. Folglich unterfallen Auftragsvergaben in diesen Bereichen nicht Art. 87 EG. Mit Blick auf Beschaffungen im Rüstungssektor gilt indes, dass Art. 296 Abs. 1 lit. b) EG Dual-use-Güter nicht erfasst; es bedarf also eines engen Bezuges zu den Sicherheitsinteressen des Mitgliedstaats.

Für Auftragsvergaben an Unternehmen, die mit Dienstleistungen von allgemeinem wirtschaftlichen Interesse betraut sind, ist schließlich an den Ausnahmetatbestand des Art. 86 Abs. 2 EG zu denken. Ausnahmen von den Wettbewerbsvorschriften kommen danach in Betracht, wenn sonst die Erfüllung einer Daseinsvorsorgeaufgabe verhindert würde. Nach dem so genannten Verhinderungsmaßstab muss die Nichtbeachtung der Wettbewerbsvorschriften notwendig sein, um die Dienstleistung überhaupt erbringen zu können.[510] Es ist aber nicht ersichtlich, warum für die Erfüllung derartiger Verpflichtungen ausgerechnet auftragsvermittelte Subventionen unvermeidlich sein sollten. Denn die Überentgelte aufgrund der Erfüllung vergabefremder Kriterien beziehen sich nicht auf etwaige Daseinsvorsorgeaufgaben der Auftragnehmer.

---

[510] EuGH, Rs. C-393/92 (*Almelo*), Slg. 1994 I, 1477 (1520), Rn. 46.

3.3. Verhältnis der Art. 87 ff. EG zu anderen Vertragsvorschriften und Folgen für die Anwendung des Beihilferechts auf öffentliche Aufträge

Berührt eine Beihilfe auch andere gemeinschaftsrechtliche Vorschriften als die Art. 87 ff. EG, unterliegt das Ermessen der Kommission bei der Prüfung der Genehmigungsfähigkeit eines Beihilfevorhabens möglicherweise einer weiteren, negativen Bindung. Ob und inwieweit das der Fall ist, hängt vor allem vom Konkurrenzverhältnis der Art. 87 ff. EG zu den jeweils einschlägigen anderen Regelungen ab. Auch hinsichtlich der Vergabe öffentlicher Aufträge fragt sich, in welcher Beziehung andere Vertragsbestimmungen, vor allem die Grundfreiheiten[511], zum Beihilferecht stehen[512] und wie sie sich auf dessen Anwendbarkeit auswirken.[513] Zur Beantwortung dieser Frage ist zunächst das Verhältnis der Beihilferegeln zu anderen Vertragsvorschriften zu klären. Dabei handelt es sich um ein allgemeines Problem, das prinzipiell sämtliche staatlichen Zuwendungsarten betrifft. Die Besonderheiten und Konsequenzen für öffentliche Aufträge werden anschließend erörtert.

3.3.1. Das Konkurrenzverhältnis der Art. 87 ff. EG zu anderen Vertragsvorschriften

3.3.1.1. Das Problem: Tatbestandliche Überschneidung

Wenn eine Beihilfe oder ein Teil einer Beihilfe auch den Tatbestand einer anderen Vertragsvorschrift erfüllen, ergeben sich Konkurrenzfragen, für die der EuGH weitgehend noch keine klaren Antworten gefunden hat. Das gilt auch und gerade im Verhältnis des Art. 87 EG zu der praktisch herausragend wichtigen Vorschrift des Art. 28 EG, welches im Vordergrund der weiteren Untersuchung steht.

---

511 Zahlreiche Vorschriften der Koordinierungsrichtlinien sind letztlich eine Verkörperung des Prinzips der Grundfreiheiten; vgl. *Trepte*, S. 170; *Kling*, S. 596.

512 Zum Verhältnis der Marktfreiheiten zu Beihilfe- und Wettbewerbsregeln vgl. *Rittner*, in Dreher/Schmidt-Leithoff, S. 52. Auch Art. 81 ff. und 87 ff. EG bezwecken letztlich die Gewährleistung des freien Waren- und Dienstleistungsverkehrs in der Gemeinschaft, indem sie den Einschränkungen des zwischenstaatlichen Handels verhindern und damit den Marktzugang für Konkurrenz (aus anderen Mitgliedstaaten) gewährleisten sollen. Nach *H.P. Ipsen* (S. 669 f.) handelt es sich daher beim Beihilfeverbot um „eine Variante des Diskriminierungsverbotes“.

513 Vgl. auch Mitteilung der Kommission, ABl. 1989, C 311/7 (11).

Eine Maßnahme gleicher Wirkung wie eine mengenmäßige Einfuhrbeschränkung im Sinne des Art. 28 EG ist nach der Entscheidung in der Rechtssache *Dassonville* „jede Handelsregelung der Mitgliedstaaten, die geeignet ist, den innergemeinschaftlichen Handel unmittelbar oder mittelbar, tatsächlich oder potentiell zu behindern."[514] Von diesem umfassenden Anwendungsbereich sind nicht nur Handelsregelungen im engeren Sinn, sondern auch Einzelfallmaßnahmen erfasst.[515] Die Warenverkehrsfreiheit wird also prinzipiell durch eine wie auch immer geartete Schlechterstellung grenzüberschreitender Vorgänge beeinträchtigt.[516] Demnach lässt sich jede Beihilfe, die einheimischen Unternehmen einen Wettbewerbsvorsprung verschafft, ob in Form einer abstrakten Regelung oder in Gestalt einer Einzelzuwendung, wegen ihrer nachteiligen Auswirkungen auf ausländische Konkurrenten zugleich als Maßnahme gleicher Wirkung einstufen.[517]

Wenn jede diskriminierend wirkende Beihilfe als Maßnahme gleicher Wirkung qualifiziert würde, liefen die Art. 87 ff. EG praktisch ins Leere.[518] Das differenzierte System obligatorischer und fakultativer Genehmigungstatbestände würde durch das Verbot des Art. 28 EG, das Rechtfertigungen aus wirtschaftspolitischen Gründen prinzipiell nicht zulässt, ausgehebelt. Auch lässt sich die unmittelbare Anwendbarkeit der Grundfreiheiten nicht mit dem für die „Beihilfepolitik" vorgesehenen Prüfungsmonopol der Kommission, deren Entscheidungen nur einer beschränkten Kontrolle durch den EuGH unterliegen[519], in Einklang bringen.[520]

---

[514] EuGH, Rs. 8/74 (*Dassonville*), Slg. 1974, 837 (852), Rn. 5.

[515] EuGH, Rs. 4/75 (*Rewe*), Slg. 1975, 843 (858), Rn. 2; EuGH, Rs. C-224/97 (*Ciola*), Slg. 1997 I, 2517 (2540), Rn. 32: „individuell-konkrete Verwaltungsentscheidungen".

[516] Vgl. *Jarass*, EuR 2000, 705 (712).

[517] So schon 1977 das Vorbringen der Kommission in der Rechtssache *Ianelli*, in EuGH, Rs. 74/76 (*Ianelli*), Slg. 1977, 557 (562); vgl. auch *Scheuing*, S. 289; *Cremer*, EuR 1996, 225 (226); *ders.*, in Calliess/Ruffert, Art. 87 EGV, Rn. 47; *Flynn*, E.L.Rev. 12 (1987), 124 (135 f.); *Schramme*, RTDE 1985, 487 (499 ff.); *Winter*, C.M.L.Rev. 28 (1991), 741 (779); *Stehmann/Fernández Martín*, E.L.Rev. 16 (1991), 216 (228 f.); *Carbajo*, in Blumann, S. 2. Aufgrund dieses weiten Verständnis des Art. 28 EG lassen sich die von *Ose* (S. 198 ff.) entwickelten Abgrenzungskriterien (Beihilfevorschriften anwendbar bei „staatlichem Finanzopfer"; Beihilfe begünstigt primär, Maßnahme gleicher Wirkung belastet primär) nicht mehr aufrecht erhalten.

[518] Vgl. *Arrowsmith*, L.Q.Rev. 111 (1995), 235 (257); *Koenig/Kühling/Ritter*, S. 37; *Ehlers*, JZ 1992, 199 (200): „Existenzbedrohung" für das Beihilferecht.

[519] S.o. unter 3..2.2.1.

[520] Vgl. auch *Winter*, C.M.L.Rev. 28 (1991), 741 (779).

3.3.1.2. Rechtsprechung der Gemeinschaftsgerichte

3.3.1.2.1. Das *Ianelli*-Urteil

In der Rechtssache *Ianelli* (1977) unterwarf der Gerichtshof nationale Rechtsvorschriften[521] trotz ihrer Eigenschaft als Beihilfen zum Teil dem Verbot des Art. 28 EG (ex-Art. 30). Er hielt fest,

> „daß Beihilfen im Sinne der Artikel 92 und 93 des Vertrages als solche nicht dem Anwendungsbereich des in Artikel 30 aufgestellten Verbots von mengenmäßigen Einfuhrbeschränkungen und Maßnahmen gleicher Wirkung unterliegen, daß aber die Modalitäten einer Beihilfe, die zur Erreichung des Beihilfezwecks oder zu ihrem Funktionieren nicht erforderlich sind und diesem Verbot zuwiderlaufen, aus diesem Grund mit der genannten Bestimmung unvereinbar sein können."[522]

Diese Entscheidung fußte auf der Überlegung, dass die Beihilfebestimmungen als Lex specialis dem Verbot von Maßnahmen gleicher Wirkung grundsätzlich vorgehen.[523] Auch wenn Beihilfen eine einfuhrbeeinträchtigende Wirkung haben, ist das allein kein Grund, sie als Maßnahmen gleicher Wirkung zu behandeln.[524] Ansonsten würde die Tragweite der Art. 87 und 88 EG (ex-Art. 92 und 93) geändert und die Zuständigkeitsverteilung zwischen Kommission und nationalen Gerichten in Frage gestellt.[525] Bezüglich der mit anderen Vertragsbestimmungen nicht zu vereinbarenden Voraussetzungen oder Bestandteile (*Modalitäten*) einer Beihilfe ist zu unterscheiden: Modalitäten, die zur Verwirklichung des Zwecks der Beihilfe oder zu ihrem Funktionieren unerläßlich (= *untrennbar*) sind, können allein im Verfahren des Art. 88 EG (ex-Art. 93) beurteilt werden.[526] *Abtrennbare* Modalitäten können dagegen, soweit die im konkreten Fall anzuwendenden Vertragsvorschriften unmittelbare Wirkung haben, selbst-

---

521 Es ging um italienische Regelungen, nach denen Zeitungshersteller subventioniert wurden, wenn sie Zeitungspapier aus italienischer Herstellung oder von einer Körperschaft des italienischen Rechts importiertes Papier erwarben, während der Kauf von direkt eingeführtem Papier nicht unterstützt wurde; zum Sachverhalt s. EuGH, Rs. 74/76 (*Ianelli*), Slg. 1977, 557 (559 ff.).

522 EuGH, Rs. 74/76 (*Ianelli*), Slg. 1977, 557 (577), Rn. 17.

523 EuGH, Rs. 74/76 (*Ianelli*), Slg. 1977, 557 (575), Rn. 9/10.

524 EuGH, Rs. 74/76 (*Ianelli*), Slg. 1977, 557 (575), Rn. 9/10.

525 EuGH, Rs. 74/76 (*Ianelli*), Slg. 1977, 557 (575), Rn. 11/12.

526 EuGH, Rs. 74/76 (*Ianelli*), Slg. 1977, 557 (576), Rn. 14.

ständiger Gegenstand eines Prozesses vor einem einzelstaatlichen Gericht sein[527]; die Beihilfe bliebe im Übrigen wirksam.[528]

3.3.1.2.2. Die Entscheidungen der achtziger Jahre

In anschließenden Entscheidungen verzichtete der EuGH darauf, die Beihilfequalität der jeweils streitigen Regelungen festzustellen und unterließ die Differenzierung nach verschiedenen Beihilfemodalitäten. In der Entscheidung *Sovraprezzo* (1980) nahm der EuGH eine Abgabenregelung nicht deshalb von der Anwendung des Art. 90 EG (ex-Art. 95) aus, weil sie „*womöglich*" zugleich als Finanzierungsweise einer staatlichen Beihilfe einzustufen ist.[529] Im Urteil *Buy Irish* (1982) unterwarf der EuGH eine Kampagne zugunsten irischer Produkte insgesamt der Regelung des Art. 28 EG (ex-Art. 30), obwohl die Beihilferegeln auf die Finanzierung der Kampagne angewandt werden „*könnten*"[530].

Diese Spruchpraxis führte der EuGH in den folgenden Entscheidungen zu den Rechtssachen *18/84*[531] (1985) und *103/84*[532] (1986) weiter. Gegenstand waren jeweils Rechtsvorschriften, die Subventionen vom Bezug von Waren beziehungsweise der Inanspruchnahme von Dienstleistungen aus dem Inland abhängig machten.[533] Der Gerichtshof hob hervor, dass die Beihilferegeln

„keinesfalls dazu dienen [können], die Vorschriften des EWG-Vertrages über den freien Warenverkehr außer Kraft zu setzen. Der Umstand, daß eine einzelstaatliche Maßnahme *möglicherweise* als Beihilfe im Sinne von Artikel 92 be-

---

[527] EuGH, Rs. 74/76 (*Ianelli*), Slg. 1977, 557 (576), Rn. 14; Als eine abtrennbare Modalität i.d.S. hat der EuGH die Bestimmung eingestuft, wonach die Beihilfe nicht im Fall von Direkteinfuhren gewährt wird, ebda, Rn. 15.

[528] EuGH, Rs. 74/76 (*Ianelli*), Slg. 1977, 557 (576), Rn. 16.

[529] EuGH, Rs. 73/79 (*Sovraprezzo*), Slg. 1980, 1533 (1547), Rn. 9.

[530] EuGH, Rs. 249/81 (*Buy Irish*), Slg. 1982, 4005 (4021), Rn. 18, Hervorhebung nicht im Original.

[531] EuGH, Rs. 18/84 (*Kommission/Frankreich*), Slg. 1985, 1339.

[532] EuGH, Rs. 103/84 (*Kommission/Italien*), Slg. 1986, 1759.

[533] In der Rs. *18/84* ging es um Steuervergünstigungen für die französische Presse, die Verlage von der Vergünstigung ausschloss, wenn sie ihre Publikationen in anderen Mitgliedstaaten drucken ließen; das italienische Gesetz, das Gegenstand der Rs. *103/84* war, setzte für Subventionen an bestimmte Gemeinden für die Anschaffung elektrisch betriebener Fahrzeuge oder solcher mit gemischtem Antrieb voraus, dass die Fahrzeuge aus einheimischer Produktion stammten.

trachtet werden kann, stellt deshalb keinen hinreichenden Grund dafür dar, sie vom Verbot des Artikels 30 auszunehmen."[534]

Das Urteil in der Rechtssache *Du Pont des Nemours*[535] (1990) knüpft an die in den Entscheidungen von *Sovraprezzo* bis *103/84* entwickelten Kriterien an. Die Vorlagefrage, ob der in einer Präferenzregelung für öffentliche Aufträge vorgesehene Liefervorbehalt für im Mezzogiorno ansässige Unternehmen eine Beihilfe i.S.d. Art. 87 EG (ex-Art. 92) darstelle[536], deutete der Gerichtshof in die Konkurrenzfrage um, „ob eine Qualifikation der fraglichen Regelung als Beihilfe im Sinne des Artikels 92 EWG-Vertrag bewirken würde, daß diese Regelung vom Verbot des Artikels 30 ausgenommen wäre."[537] Der EuGH griff auf die in der Rechtssache *18/84* entwickelte Formel zurück, verzichtete entsprechend von vornherein auf die Untersuchung, ob es sich „möglicherweise"[538] um eine Beihilfe handele und begnügte sich mit der Feststellung der Unvereinbarkeit mit Art. 28 EG (ex-Art. 30). Diese Entscheidung hat der EuGH anschließend in zwei Fällen bestätigt.[539]

3.3.1.2.3. Neuere Entscheidungen

Die Rechtsprechung des EuGH in den Rechtssachen von *Sovraprezzo* bis *Du Pont de Nemours* ist teilweise als Abkehr von den in der *Ianelli*-Entscheidung entwickelten Regeln verstanden worden.[540] Indessen hat sich die jüngere und jüngste Rechtsprechung wiederholt ausdrücklich, teilweise unter Wiedergabe des Wortlauts, auf die in der Sache *Ianelli* postulierten Grundsätze bezogen und sie auf das Verhältnis des Beihilferechts zu Art. 52 EG (ex-Art. Art. 43)[541], Art.

---

534 EuGH, Rs. 18/84 (*Kommission/Frankreich*), Slg. 1985, 1339 (1347 f.), Rn. 13, Hervorhebung nicht im Original; gleichlautend EuGH, Rs. 103/84, Slg. 1986, 1759 (1774), Rn. 19.

535 EuGH, Rs. C-21/88 (*Du Pont de Nemours*), Slg. 1990 I, 889.

536 EuGH, Rs. C-21/88 (*Du Pont de Nemours*), Slg. 1990 I, 889 (892 f.).

537 EuGH, Rs. C-21/88 (*Du Pont de Nemours*), Slg. 1990 I, 889 (921), Rn. 19.

538 EuGH, Rs. C-21/88 (*Du Pont de Nemours*), Slg. 1990 I, 889 (922), Rn. 20.

539 EuGH, Rs. C-263/85 (*Kommission/Italien*), Slg. 1991 I, 2457 (ebda.), Fn. 2; EuGH, Rs. C-351/88 (*Laboratori Bruneau*), Slg. 1991 I, 3641 (3656 f.), Rn. 7. In der letztgenannten Entscheidung ging es um dasselbe Vorzugsprogramm für den Mezzogiorno wie in der Rechtssache *Du Pont de Nemours*.

540 Vgl. *White*, C.M.L.Rev. 26 (1989), 235 (274); *Ehlers*, JZ 1992, 199 (199 f.); *Wyatt/Dashwood*, S. 545; *D'Sa*, S. 95 f.; siehe auch *Benedict*, S. 258.

541 EuGH, Rs. C-156/98 (*§ 52 Abs. 8 EStG*), Slg. 2000 I, 6857 (6905), Rn. 78.

90 EG (ex-Art. 95)[542], Art. 29 EG[543] und zu Art. 81 EG (ex-Art. 85)[544] angewandt. Auch das Modalitätskonzept haben EuGH[545] und EuG[546] explizit aufgegriffen.

3.3.1.3. Immanenz- und Modalitätskonzept

Unter Berücksichtigung der neueren Rechtsprechung lassen sich auf der Grundlage der in der *Ianelli*-Rechtsprechung entwickelten Ansätze verallgemeinerungsfähige Regeln aufstellen, die materiell- und verfahrensrechtliche Antworten auf beihilferechtliche Konkurrenzfragen geben. Diese Grundsätze stehen, wie anschließend gezeigt wird, im Einklang mit der dargestellten Rechtsprechung der achtziger Jahre.

3.3.1.3.1. Das Kriterium der immanenten Folge

Der Gerichtshof hat mehrfach klargestellt, dass „das Verfahren des Art. 93 EGV niemals zu einem Ergebnis führen darf, das zu den besonderen Vorschriften des Vertrages in Widerspruch steht.“[547] Der im *Ianelli*-Urteil postulierte Lex-specialis-Grundsatz gilt daher nicht ohne Vorbehalt.[548] Ansonsten könnte (und müsste) sich die Kommission mit einer Positiventscheidung über andere, unmittelbar anwendbare Vertragsregeln sehenden Auges hinwegsetzen. Protektionistische Maßnahmen mit Zuwendungscharakter ließen sich im Wege der Notifizierung den im Verhältnis zu Art. 28 EG weniger strikten Vorschriften der Art. 87 ff.

---

542 EuGH, Rs. C-204/97 (*AEVP*), Slg. 2001 I, 3175 (3218), Rn. 41; EuGH, Urt. v. 23.4.2002, Rs. C-234/99 (*Nygard*), Rn. 57 ff.

543 EuGH, Urt. v. 19.9.2002, Rs. C-113/00 (*Spanien/Kommission*), Rn. 75 ff.; EuGH, Urt. v. 19.9.2002, Rs. C-114/00 (*Spanien/Kommission*), Rn. 101 ff.

544 EuGH, Rs. C-225/91 (*Matra*), Slg. 1993 I, 3203 (3260), Rn. 41; EuG, Verb. Rs. T-197/97 und T-198/97 (*Weyl Beef*), Slg. 2001 II, 303 (329), Rn. 76 ff.

545 EuGH, Urt. v. 3.5.2001, Rs. C-204/97 (*Portugal/Kommission*), Rn. 41; EuGH, Urt. v. 19.9.2002, Rs. C-113/00 (*Spanien/Kommission*), Rn. 75 ff.; EuGH, Urt. v. 19.9.2002, Rs. C-114/00 (*Spanien/Kommission*), Rn. 101 ff.; EuGH, Rs. C-225/91 (*Matra*), Slg. 1993 I, 3203 (3260), Rn. 41.

546 EuG, Verb. Rs. T-197/97 und T-198/97 (*Weyl Beef*), Slg. 2001 II, 303 (329), Rn. 76 ff.

547 EuGH, Rs. 73/79 (*Sovraprezzo*), Slg. 1980, 1533 (1547), Rn. 11; EuGH, Rs. C-225/91 (*Matra*), Slg. 1993 I, 3203 (3260), Rn. 41; EuGH, Rs. C-156/98 (*§ 52 Abs. 8 EStG*), Slg. 2000 I, 6857 (6905), Rn. 78; EuGH, Rs. C-204/97 (*AEVP*), Slg. 2001 I, 3175 (3218), Rn. 41; EuG, Verb. Rs. T-197/97 und T-198/97 (*Weyl Beef*), Slg. 2001 II, 303 (328), Rn. 75.

548 A.A. *Scheuing*, S. 289 in Bezug auf bevorzugende Auftragsvergaben; *Maag*, S. 139 f.; *Pietzcker* (ZHR 162 (1988), 427 (467), der die Rechtfertigungsmöglichkeiten der Art. 87 Abs. 2 und 3 EG (ex-Art. 92 Abs. 2 und 3) auf Art. 12 (ex-Art. 6) anwenden, was im Ergebnis einen Vorrang des Beihilferechts bedeutet. 139 f.

EG zugänglich machen. Praktisch wäre das eine Einladung zu der in den Rechtssachen *Sovraprezzo* bis *Du Pont de Nemours* von den Mitgliedstaaten (erfolglos) angetretenen[549] „Flucht ins Beihilferecht". Die Anwendung des Art. 28 EG auf Beihilfen ist daher nicht schlechthin ausgeschlossen.

Zur Festlegung der jeweils maßgeblichen Vorschriften zog der EuGH bereits in der *Ianelli*-Entscheidung eine Grenze. Danach „begründet eine Beihilfe häufig schon *als solche* einen Schutz und folglich eine gewisse Abschottung des Marktes gegenüber Erzeugnissen von Unternehmen, die nicht in ihren Genuß kommen, doch darf sie nicht zu *einschränkenden Wirkungen* führen, *die über das zur Erreichung der nach dem Vertrag zulässigen Ziele der Beihilfe erforderliche Maß hinausgehen.*"[550] In Anlehnung daran stellte die Kommission in der *Filmbeihilfen*-Entscheidung auf die *Erforderlichkeit „zur Erzielung der Nutzwirkungen der Beihilfe"* ab.[551]

Ob es sich bei den Auswirkungen einer begünstigenden Maßnahme um eine in diesem Sinne erforderliche, „der Beihilfe *immanente Folge*"[552] handelt, hängt von den Modalitäten der Beihilfegewährung ab, also von den Voraussetzungen und der Ausgestaltung der Zuwendung. Als Grundlage einer Konkretisierung dieser Anforderungen ist davon auszugehen, dass der EG-Vertrag den Mitgliedstaaten die Förderung der in ihrem Hoheitsgebiet tätigen Unternehmen nicht generell versagen will, wie schon die Koexistenz der Diskriminierungsverbote und der Beihilfevorschriften mit den flexiblen Genehmigungsmöglichkeiten der Art. 87 Abs. 2 und 3 EG erkennen lässt.[553]

---

[549] Vgl. jeweils den Sachverhalt in EuGH, Rs. 73/79 (*Sovraprezzo*), Slg. 1980, 1533 (1538); EuGH, Rs. 18/84 (*Kommission/Frankreich*), Slg. 1985, 1339 (1347), Rn. 10; EuGH, Rs. C-21/88 (*Du Pont de Nemours*), Slg. 1990 I, 889 (898).

[550] EuGH, Rs. 74/76 (*Ianelli*), Slg. 1977, 557 (576), Rn. 15; Hervorhebung nicht im Original.

[551] Entscheidung der Kommission, ABl. 1989, L 208/38 (40) (*Filmbeihilfen*).

[552] EuG, Verb. Rs. T-197/97 und T-198/97 (*Weyl Beef*), Slg. 2001 II, 303 (331), Rn. 85, Hervorhebung nicht im Original.

[553] Vgl. EuGH, Rs. C-94/99 (*ARGE Gewässerschutz*), Slg. 2000 I, 11037 (11079), Rn. 36: „Beihilfen werden [...] in aller Regel Unternehmen gewährt, die im Gebiet des Mitgliedstaats ansässig sind, der die Beihilfe gewährt. Diese Praxis und die sich daraus für die Unternehmen anderer Mitgliedstaaten ergebende Ungleichbehandlung ist somit dem Begriff der staatlichen Beihilfe *inhärent*. Sie stellt jedoch für sich genommen keine versteckte Diskriminierung und keine Beschränkung des freien Dienstleistungsverkehrs i.S.v. Art. 59 EG-V dar"; Hervorhebung nicht im Original.

Frei von weiter gehenden diskriminierenden oder beschränkenden Folgen ist jedenfalls der direkt aus dem staatlichen Haushalt aufgebrachte und ohne Bedingungen an die Mittelverwendung unmittelbar an den Adressaten transferierte verlorene Zuschuss als „Archetypus“ der Subvention. Hier wird das angestrebte Fördererergebnis auf die denkbar direkteste Art und Weise herbeigeführt. Die „Nutzwirkung“ der Beihilfe könnte anders nicht erzielt werden. Diskriminierende und beschränkende Wirkungen sind einer solchen Subvention folglich als solcher immanent. Sobald der Beihilfegeber jedoch diskriminierend oder beschränkend wirkende Beihilfemodalitäten wählt, die zur Durchsetzung des Ziels der finanziellen Besserstellung des Beihilfeadressaten nicht erforderlich sind, greift Art. 28 EG ein.[554] Das ist beispielsweise dann der Fall, wenn sich der Mitgliedstaat zur *Aufbringung der Beihilfemittel* diskriminierender Methoden bedient, oder wenn der Beihilfeempfänger bei der Verwendung der zugewandten Gelder diskriminierend wirkenden *Auflagen* unterliegt.[555] Dann könnte die Förderung jeweils auch auf weniger gemeinschaftsschädliche Weise durchgeführt werden.

Komplizierter ist die Beurteilung solcher Beihilfen, deren Zuwendungs*form* selbst diskriminierende oder beschränkende Auswirkungen vermuten lässt, die über die der finanziellen Förderung als solcher immanenten diskriminierenden oder beschränkenden Folgen hinausgehen. Hier kommt es darauf an, wie sich

---

[554] Vgl. auch die von *Arrowsmith* (L.Q.Rev. 111 (1995), 235 (257)) vorgeschlagene Lesart des *Du Pont de Nemours*-Urteils: „A narrower interpretation would be that the free movement provisions apply, and the measure cannot be authorised, *wherever the aid goes further than necessary to achieve its objective as an aid*; in other words, provisions which restrict free movement may be authorised where they pass a proportionality test“ (Hervorhebung wie dort). Vgl. ferner *Ehlers* (JZ 1992, 199 (200)): „Die Zulässigkeit einer Beihilferegelung als solche (das „Ob“ einer Förderung) bestimmt sich allein nach den Art. 92 ff. EWGV. Die nähere Ausgestaltung der Beihilfe (das „Wie“ einer Förderung) ist auch am Maßstab der Art. 30 ff. EWGV zu überprüfen.“ Kollisionen oder Wertungswidersprüche seien im Sinne des Prinzips der praktischen Konkordanz zu lösen. Diesem Ansatz ist insofern zuzustimmen, als er auf die Ausgestaltung der Regelung abstellt. Beim „'Wie' der Förderung“ verbirgt sich aber erst das eigentliche Problem der Abgrenzung, für das *Ehlers* ohne nähere Ausführungen eine Lösung im Wege der praktischen Konkordanz vorschlägt.

[555] Anschaulich auch die Ausführungen der Kommission in der Rechtssache *Ianelli*: Die Subventionsbedingung, dass das Papier nicht direkt aus Italien eingeführt worden sein dürfe, stelle eine „Zugangsbedingung zu der Beihilfe dar, die deren Gegenstand fremd und zur Erreichung des angestrebten Zwecks nicht erforderlich“ sei; Kommission, in EuGH, Rs. 74/76 (*Ianelli*), Slg. 1977, 557 (562). Diskriminierend wirkende Auflagen lagen auch den Entscheidungen in den Rechtssachen *18/84* und *103/84* zugrunde.

die subventionstechnische Ausgestaltung einer Maßnahme im Kontext des Gemeinschaftsrechts darstellt. Dazu hat Generalanwalt *Lenz* mit Blick auf regionale Vergabepräferenzen in der Rechtssache Du Pont de Nemours ausgeführt:

„Teile einer Beihilfe können [...] durchaus wegen Artikel 30 unzulässig sein, wenn der Beihilfezweck auch auf andere, weniger einschneidende Weise erzielbar ist. Es bestünde sicher die Möglichkeit, zur Regionalförderung durch Maßnahmen beizutragen, die den gemeinschaftlichen Warenverkehr weniger beeinträchtigen. Denn Regionalförderung als solche ist nach Maßgabe und in den vom EWG-Vertrag gesteckten Grenzen zulässig. So können Beihilfen nach Artikel 92 Absatz 3 Buchstabe a. EWG-Vertrag für mit dem Gemeinsamen Markt vereinbar angesehen werden. *Allerdings müssen sich auf diese Vorschriften gestützte Fördermaßnahmen in den gemeinschaftsrechtlichen Rahmen einfügen und dürfen den Zwecken und Zielen der Gemeinschaft nicht zuwiderlaufen.*“[556]

Das Beihilferecht sieht keinen Numerus clausus der Subventionsformen vor. Ob die Beurteilung einer Fördermaßnahme anhand der Art. 87 ff. EG gerechtfertigt ist, hängt daher allein vom Grad der Vergemeinschaftung des für die Zuwendungsform maßgeblichen Rechtsrahmens ab. Je weiter die Harmonisierung eines Regelungsbereichs fortgeschritten ist, desto weniger Raum bleibt für begünstigende Maßnahmen, die auf Unternehmen, die in dem mittelgewährenden Mitgliedstaat ansässig sind, beschränkt sind oder sie wenigstens bevorzugen. Für den Bereich des öffentlichen Auftragswesens wird das noch zu konkretisieren sein.[557]

Das Kriterium der immanenten Folge definiert gleichsam negativ den Anwendungsbereich der Lex specialis und schränkt somit den Spielraum der Mitgliedstaaten bei der Ausgestaltung ihrer Zuwendungsformen ein. Sobald diskriminierende oder beschränkende Folgen einer Beihilfe nicht mehr immanent sind, besteht ein Anwendungsvorrang zugunsten von Art. 28 EG. Selbst eine wegen Art. 87 Abs. 2 oder Abs. 3 EG grundsätzlich genehmigungsfähige Beihilfe kann also mit dem Gemeinschaftsrecht unvereinbar sein. Wenn aber – wegen einer Rechtfertigung aufgrund der *Cassis-de-Dijon*-Rechtsprechung oder Art. 30 EG – letztlich kein *Verstoß* gegen Art. 28 EG gegeben ist, kommt eine Genehmi-

---

[556] GA *Lenz*, in EuGH, Rs. C-21/88 (*Du Pont de Nemours*), Slg. 1990 I, 889 (913 f.), Rn. 59; Hervorhebung nicht im Original. Das gegenständliche Gesetz sah eine Reihe anderer Regionalfördermaßnahmen vor, die die Kommission nicht beanstandet hatte; ABl. 1988, L 143/37 ff.

[557] Dazu sogleich unter 3.3.2.

gung der Beihilfe (wieder) in Betracht. Nur eine nach anderen Vertragsvorschriften *verbotene* Maßnahme sperrt die Anwendung des Beihilferechts. Damit ist auch klargestellt, dass Art. 28 EG und Art. 87 EG prinzipiell auf ein und dieselbe Maßnahme angewandt werden können.[558]

Die in Bezug auf das Verhältnis der Art. 87 ff. EG zu Art. 28 EG dargelegten Regeln gelten entsprechend für das Verhältnis der Art. 87 ff. EG zu anderen Vertragsvorschriften. Denn auch in anderen Bereichen des Gemeinschaftsrechts konfligieren die Beihilfevorschriften mit meist strengeren primärrechtlichen Normen, sodass sich das Problem der respektiven Anwendungsbereiche stellt. Hinsichtlich dieser Fälle besitzt das Immanenzkonzept einen verallgemeinerungsfähigen Inhalt, der über die spezifischen Abgrenzungsfragen im Verhältnis des Beihilferechts zu den Grundfreiheiten hinausgeht. Die dargestellten Regeln können daher etwa auch auf die Konkurrenz der Art. 87 ff. EG zum allgemeinen Diskriminierungsverbot des Art. 12 EG, zum steuerlichen Diskriminierungsverbot des Art. 90 EG und zu den Wettbewerbsvorschriften der Art. 81 f. bezogen werden.

3.3.1.3.2. Abtrennbare und untrennbare Modalitäten

Kommission, EuGH und EuG haben wiederholt an den in der *Ianelli*-Entscheidung erstmals verwendeten Begriff der Beihilfemodalitäten angeknüpft. Auf eine Unterscheidung von abtrennbaren und untrennbaren Modalitäten wurde dabei meist verzichtet. Gleichwohl hat das EuG darauf in der Entscheidung *Weyl Beef* (2001) ausdrücklich zurückgegriffen.[559] Die Differenzierung ist dogmatisch gerechtfertigt, praktisch aber nur selten von Belang:

3.3.1.3.2.1. Begriffsbestimmungen

Abtrennbare Modalitäten[560] zeichnen sich dadurch aus, dass der „Beihilfekern" und die problematische Modalität nicht einheitlich zu beurteilen sind. Das EuG sieht selbst die Finanzierungsweise einer Beihilfe als einen nicht trennbaren

[558] EuGH, Rs. 73/79 (*Sovraprezzo*), Slg. 1980, 1533 (1547 f.), Rn. 11. So auch *Slotboom*, E.L.Rev. 20 (1995), 289 (299); *Flynn*, E.L.Rev. 12 (1987), 124 (136); a.A. *Martin-Ehlers*, WuW 1999, 685 (688 f.).

[559] EuG, Verb. Rs. T-197/97 und T-198/97 (*Weyl Beef*), Slg. 2001 II, 303 (329), Rn. 76 f.

[560] Nach der *Ianelli*-Entscheidung Voraussetzungen oder Bestandteile einer Beihilfe, die zur Verwirklichung ihres Zwecks oder zu ihrem Funktionieren nicht unerläßlich sind.

Beihilfebestandteil an.[561] Soweit ersichtlich liegen abtrennbare Modalitäten danach nur in den Fällen der (diskriminierenden) *Mittelverwendungsauflage*[562] vor. Die Unterstützung des Beihilfeadressaten wäre auch ohne eine derartige Bedingung möglich. Mit der Mittelverwendungsauflage verfolgt der Beihilfegeber einen weiteren, vom primären Förderziel unabhängigen und mithin dafür nicht erforderlichen Zweck. Verursacht die Verwendungsauflage die Bevorzugung einheimischer Unternehmen bei der Nutzung der zugewandten Mittel, so handelt es sich um eine der Beihilfe nicht immanente diskriminierende Folge.[563]

Um *untrennbare* Modalitäten handelt es sich dagegen dann, wenn eine Aufspaltung der Maßnahme in den Beihilfekern und die fragliche Modalität nicht möglich ist, also nur eine einheitliche Beurteilung in Betracht kommt. Untrennbarkeit ist gegeben, wenn sich die Modalität nicht auf die Verwendung der Beihilfe bezieht, sondern die Aufbringung der Mittel oder die Ausgestaltung der Subvention betrifft.[564] Bei untrennbaren Modalitäten ist eine selbstständige Beurteilung des Beihilfekerns als Beihilfe nicht möglich. Der Immanenztest wirkt sich damit einheitlich auf das Schicksal der gesamten Maßnahme aus. EuGH und EuG haben deutlich gemacht, dass auch untrennbare Modalitäten einen Verstoß gegen andere Vertragsbestimmungen enthalten können.[565]

3.3.1.3.2.2. Praktische Bedeutung

Trotz der unterschiedlichen Ausgestaltung des Beihilfeaufsichtsverfahrens und des allgemeinen Vertragsverletzungsverfahrens vor der Kommission nach Art.

---

561 EuG, Verb. Rs. T-197/97 und T-198/97 (*Weyl Beef*), Slg. 2001 II, 303 (330 f.), Rn. 80 ff.

562 Nicht zu verwechseln mit der diskriminierenden Verwendungszweckauflage für den Begünstigungsmittler, die bei mittelbaren Begünstigungen selektivitätsbegründend ist. Diese betrifft ja gerade nicht den Beihilfeempfänger.

563 So in den Rechtssachen *Ianelli*, *18/84*, *103/84* und der *Filmbeihilfen*-Entscheidung der Kommission (ABl. 1989, L 208/38).

564 Hinzu kommt der Sonderfall, dass der Mitgliedstaat in Abweichung von der grundsätzlich zulässigen Beschränkung einer Beihilfe auf die in seinem Territorium tätigen nur einheimische Unternehmen als Zuwendungsadressaten vorsieht; vgl. EuGH, Rs. C-156/98 (§ 52 Abs. 8 EStG), 6857 (6865 f.), Rn. 5 ff. Ob diese Aufzählung damit abschließend ist, kann nicht mit letzter Sicherheit behauptet werden. Allerdings erfassen die dargestellten Wirkungsweisen von Modalitäten sämtliche Stadien der Beihilfegewährung von der Aufbringung der Mittel über die Subventionsform (jeweils untrennbar) bis zur Verwendung der Mittel (abtrennbar).

565 EuGH, Rs. 74/76 (*Ianelli*), Slg. 1977, 557 (576), Rn. 14.

226 EG[566] bzw. des Verfahrens der Verordnung Nr. 17 in Wettbewerbssachen hat der EuGH wiederholt entschieden, dass die Kommission andere Vertragsbestimmungen als Art. 87 f. EG im Verfahren nach Art. 88 EG prüfen kann.[567] Angesichts ihrer Verpflichtung, Beihilfen umfassend auf die Vereinbarkeit mit Gemeinschaftsrechts zu prüfen,[568] hat die Kommission auch gar keine andere Wahl.[569]

Der Prüfungsumfang der Kommission erfasst nach den vorangegangenen Ausführungen abtrennbare wie untrennbare Beihilfemodalitäten gleichermaßen.[570] Denn sie könnte ihrer Pflicht zur umfassenden gemeinschaftsrechtlichen Prüfung nicht gerecht werden, wenn sie den abtrennbaren Bestandteil einer Beihilfe außer Betracht ließe; nur so erhält der Mitgliedstaat Gewissheit darüber, ob die (beabsichtigte) Maßnahme rechtmäßig ist. Dabei eröffnet sich für die Kommission die Möglichkeit, die Beihilfe nicht insgesamt zu untersagen, sondern ihre Umgestaltung anzuordnen (Art. 88 Abs. 3 S. 2, Abs. 2 S. 1 EG). Bei abtrennbaren Modalitäten würde das bereits mit dem Verzicht auf den (erlässlichen) Beihilfebestandteil erreicht; im Fall einer untrennbaren Modalität bedürfte es einer Veränderung der gesamten Maßnahme. Eine andere Frage ist, ob die Mitgliedstaaten an einer Subventionierung in der umgestalteten Form noch Interesse hätten.

---

[566] Dieses Verfahren zeichnet sich im Gegensatz zu dem des Art. 88 EG dadurch aus, dass die Kommission vor Anrufung des Gerichtshofes eine mit Gründen versehene Stellungnahme abzugeben hat; durch ein paralleles Beihilfeaufsichtsverfahren wird diese schon deshalb nicht entbehrlich, weil sich das Verfahren nun auf eine andere Vertragsvorschrift stützt.

[567] EuGH, Rs. 73/79 (*Sovraprezzo*), Slg. 1980, 1533 (1547 f.), Rn. 11; EuG, Verb. Rs. T-197/97 und T-198/97 (*Weyl Beef*), Slg. 2001 II, 303 (329 ff.), Rn. 76 ff.; EuGH, Rs. C-225/91 (*Matra*), Slg. 1993 I, 3203 (3261), Rn. 45; EuGH, Rs. C- 156/98 (*§ 52 Abs. 8 EStG*), Slg. 2000 I, 6857 (6905), Rn. 78; EuGH, Rs. C-204/97 (*AEVP*), Slg. 2001 I, 3175 (3218), Rn. 41; vgl. auch Entscheidung der Kommission, ABl. 1989, L 208/38 (39). Ablehnend *Bartosch*, C.M.L.Rev. 38 (2001), 1285 (1295 f.).

[568] Vgl. nur EuG, Verb. Rs. T-197/97 und T-198/97 (*Weyl Beef*), Slg. 2001 II, 303 (328), Rn. 75.

[569] S. auch oben unter 3.3.1.3.1. Eine Entscheidung im Verfahren nach Art. 88 EG ist aber dann ausgeschlossen, wenn die Kommission zu dem Ergebnis kommt, dass es sich bei der Maßnahme nicht um eine Beihilfe handelt, sie aber gegen eine andere Bestimmung des Vertrages verstößt, EuGH, Rs. C-156/98 (*§ 52 Abs. 8 EStG*), Slg. 2000 I, 6857 (6905), Rn. 76.

[570] So auch *Cremer*, EuR 1996, 225 (237).

Ein *nationales Gericht* (und der EuGH bei Vorlageverfahren) kann und muss genehmigte wie nicht genehmigte Beihilfen, deren untrennbare Modalitäten gegen unmittelbar anwendbare Vertragsvorschriften verstoßen, insgesamt für gemeinschaftsrechtswidrig erklären. Abgesehen davon, dass über das Vorliegen der Voraussetzungen der Art. 87 Abs. 2 und 3 EG ohnehin nur die Kommission zu befinden hat, überlagert in diesen Fällen die unmittelbar anwendbare Vertragsbestimmung den Art. 87 EG.[571] Bei abtrennbaren Modalitäten erstreckt sich die Entscheidung über die Vereinbarkeit mit anderen Vertragsvorschriften als dem Beihilferecht, die unmittelbar anwendbar sind, nicht auf den Beihilfekern. Dieser isolierbare Teil wird ja von der besonderen Vertragsvorschrift gerade nicht erfasst. Im Fall einer *nicht genehmigten Beihilfe* kann das mitgliedstaatliche Gericht allerdings den Verstoß des Beihilfekerns gegen die unmittelbar anwendbare[572] Vorschrift des Art. 88 Abs. 3 S. 3 EG feststellen und die Beihilfe daher auch insoweit für rechtswidrig erklären.[573] Die Unterscheidung zwischen untrennbaren und abtrennbaren Modalitäten wirkt sich im Ergebnis nur aus, wenn Gegenstand des Verfahrens eine bereits *genehmigte Beihilfe* ist. Sollte nun eine abtrennbare Beihilfemodalität gegen eine andere, unmittelbar anwendbare Vertragsvorschrift verstoßen, dann kann das nationale Gericht zwar die abtrennbare Modalität für gemeinschaftsrechtswidrig erklären. Im Übrigen berührt die Entscheidung aber nicht die Wirksamkeit der Beihilfe. Diese vermutlich seltene Konstellationen lag dem Vorlageverfahren in der Rechtssache *Ianelli* zugrunde.

3.3.1.3.3. Kein Widerspruch zur Rechtsprechung der achtziger Jahre

Gemeinsame Besonderheit der erwähnten Verfahren der achtziger Jahre ist, dass sich die Mitgliedstaaten zwar auf die beihilferechtlichen Vorschriften beriefen, um die Zulässigkeit ihrer Fördermaßnahmen darzulegen, eine Genehmigung der

---

571 Widersprüche zu Entscheidungen der Kommission entstehen hier nicht, da diese im Rahmen der Vereinbarkeitsprüfung ja auch aufgrund einer unmittelbar anwendbaren Vertragsvorschrift zu einer Negativentscheidung kommen kann.

572 Ständ. Rspr., vgl. nur EuGH, Rs. 120/73 (*Lorenz*), Slg. 1973, 1471 (1483), Rn. 8.

573 Wegen des Prüfungsmonopols der Kommission ist das nationale Gericht nicht befugt, eine Aussage über die Vereinbarkeit der Beihilfe mit dem Gemeinsamen Markt zu treffen.

Maßnahmen durch die Kommission indessen stets unterblieben war.[574] In der Entscheidung *Ianelli* und in den erwähnten neueren Entscheidungen (nach *Du Pont de Nemours*) ging es dagegen stets um angemeldete Beihilfevorhaben, hinsichtlich derer die Kommission eine abschließende Entscheidung getroffen hatte. Das Vorbringen der Mitgliedstaaten in den Entscheidungen *Sovraprezzo* bis *Du Pont de Nemours* war von vornherein zum Scheitern verurteilt, weil der Gerichtshof wegen des Prüfungsmonopols der Kommission gar nicht in der Lage gewesen wäre, eine etwaige Vereinbarkeit der nicht angemeldeten Beihilferegelungen mit dem Gemeinsamen Markt festzustellen.[575] Soweit es sich um *untrennbare* Modalitäten handelte, unterfielen die Maßnahmen wegen ihrer den jeweiligen Beihilfen nicht mehr immanenten diskriminierenden Folgen insgesamt Art. 28 bzw. Art. 90 EG.[576] Aus diesen Gründen konnte die Beihilfequalität also tatsächlich dahinstehen.[577]

---

[574] Die der Entscheidung *Du Pont de Nemours* zugrundeliegende Präferenzregelung war der Kommission zwar als Bestandteil eines umfassenden Beihilfeprogramms notifiziert worden, doch hat die Kommission das (Vor-)Prüfungsverfahren hinsichtlich des Auftragskontingents nie eröffnet; vgl. Entscheidung der Kommission, ABl. 1988, L 143/37 (38); Stellungnahme der Kommission, ABl. 1987, C 259/2 (ebda.). Damit war die Präferenzregelung beihilfeverfahrensrechtlich wie eine bestehende Beihilfe als formell rechtmäßig zu behandeln und einer genehmigten Beihilfe insofern gleichgestellt, als das Durchführungsverbot des Art. 88 Abs. 3 S. 3 EG nicht einschlägig war. Gleichwohl kam auch hier eine Prüfung materiellen Beihilferechts und damit der beihilferechtlichen Befreiungstatbestände durch den EuGH nicht in Betracht, weil dafür allein die Kommission zuständig gewesen wäre. Vgl. auch GA *Lenz*, in EuGH, Rs. C-21/88 (*Du Pont de Nemours*), Slg. 1990 I, 889 (914), Tz. 61 f.

[575] Vgl. auch GA *Lenz*, in EuGH, Rs. 21/88 (*Du Pont de Nemours*), Slg. 1990 I, 889 (914), Tz. 61.

[576] Vgl. auch *Cremer*, EuR 1996, 225 (230): In Entscheidungen der achtziger Jahre habe der EuGH „gedanklich an die im Urteil *Ianalli* entwickelten Abgrenzungskriterien im Sinne des severability tests angeknüpft, als er explizit lediglich auf die diskriminierende Ausgestaltung der Maßnahmen abgestellt und sie deshalb für mit Art. 30 unvereinbar erklärt hat." Selbst wenn Gegenstand des Verfahrens eine genehmigte Beihilfe gewesen wäre, hätte der EuGH sie wegen Verstoßes gegen die (hier vorrangigen) unmittelbar anwendbaren Vertragsvorschriften für gemeinschaftsrechtswidrig erklären müssen. Das hätte nicht im Widerspruch zum Prüfungsmonopol der Kommission gestanden, da sich die Entscheidung des EuGH allein auf Art. 28 bzw. 90 EG gestützt hätte.

[577] Vgl. EuGH. Rs. C-21/88 (*Du Pont de Nemours*), Slg. 1990 I, 889 (923), Rn. 23: „Die Qualifikation einer nationalen Regelung als Beihilfe im Sinne des Artikels 92 EWG-Vertrag würde nicht bewirken, daß diese Regelung vom Verbot des Artikels 30 EWG-Vertrag ausgenommen wäre."

Soweit es (in den Rechtssachen *18/84* und *103/84*) um *abtrennbare* Modalitäten ging, hätte sich die Feststellung eines Verstoßes gegen Art. 28 EG streng genommen allein auf die Modalität beziehen können. Hinsichtlich des Beihilfekerns hätte der EuGH – anders als im Fall *Ianelli*, wo es um eine genehmigte Beihilfe ging – (lediglich) eine Missachtung des Art. 88 Abs. 3 S. 3 EG konstatieren können. Doch auch hier ließ er die Beihilfequalität letztlich zutreffend offen, da das Ergebnis gleichfalls die Rechtswidrigkeit des Beihilfekerns, also insgesamt der gesamten Maßnahme gewesen wäre. Dass der EuGH eine Differenzierung zwischen Beihilfekern und abtrennbarer Modalität unterließ, ist vermutlich darauf zurückzuführen, dass Gegenstand des Verfahrens jeweils nur die Modalität selbst war, hinsichtlich der die Kommission in beiden Fällen ein Verfahren nach Art. 226 (ex-Art. 169) eingeleitet hatte.[578] Es mag aber auch schlicht an einem Unwillen des EuGH gelegen haben, die im Ergebnis wirkungslose Prüfung des jeweils nicht offensichtlichen Beihilfecharakters[579] vorzunehmen.[580]

Die allen Entscheidungen der achtziger Jahre gemeinsame Aussage, dass das Beihilferecht andere Vertragsvorschriften nicht aushebeln dürfe, steht folglich nicht im Widerspruch zum *Ianelli*-Konzept.[581] Allerdings kommt es auf die – in der *Weyl Beef*-Entscheidung ausdrücklich aufgegriffene[582] - Unterscheidung nach abtrennbaren und untrennbaren Modalitäten nur in dem skizzierten Ausnahmefall an. Wesentlich ist das in beiden Konstellationen ausschlaggebende Kriterium der immanenten Folge, das letztlich die rechtliche Bewertung einer Beihilfemaßnahme entscheidet.

---

578 Dahingehend auch *Oliver*, Tz. 6.30. Vgl. die Sachverhalt bei EuGH, Rs. 18/84 (*Kommission/Frankreich*), Slg. 1985, 1339 (1340 ff.) und EuGH, Rs. 103/84 (*Kommision/Italien*), Slg. 1986, 1759 (1761 f.) sowie dort den Tenor (ebda., S. 1775, Rn. 25).

579 Die auch erforderlich gewesen wäre, um einen Verstoß gegen Art. 88 Abs. 3 S. 3 EG festzustellen.

580 Zu weit geht die Deutung, der EuGH wende Art. 28 EG dann an, wenn die Einordnung als Beihilfe Probleme bereite (so *Müller-Graff*, Groeben/Thiesing/Ehlermann, Art. 30, Rn. 344; *Cremer*, EuR 1996, 225 (231); *ders.*, in Calliess/Ruffert, Art. 87 EGV, Rn. 47; wohl auch *Benedict*, S. 261). Denn Subsumtionsschwierigkeiten können für die rechtliche Qualifikation einer Maßnahme nicht ausschlaggebend sein. Entweder liegen die tatbestandlichen Voraussetzungen einer Beihilfe vor oder nicht.

581 Vgl. auch EuG, Verb. Rs. T-197/97 und T-198/97 (*Weyl Beef*), Slg. 2001 II, 303 (328 f.), Rn. 75 ff., wo das EuG auf beides rekurriert.

582 EuG, Verb. Rs. T-197/97 und T-198/97 (*Weyl Beef*), Slg. 2001 II, 303 (329), Rn. 77.

3.3.1.4. Verfahrensrechtliche Folgen

Angesichts der umfassenden Prüfungskompetenzen der Kommission im Beihilfeaufsichtsverfahren[583] kann sie abtrennbare wie untrennbare Beihilfemodalitäten umfassend auf ihre Vereinbarkeit mit dem Gemeinschaftsrecht überprüfen. Sub specie der Beihilfekontrolle ist die (parallele) Durchführung spezifischer Verfahren danach nicht erforderlich.[584] Sie ist aber auch nicht ausgeschlossen[585], zumal sich die Kommission aus verschiedenen rechtlichen und tatsächlichen Gründen veranlasst sehen kann, eine Maßnahme zu untersuchen.[586] EuGH und EuG haben insoweit klargestellt, dass die Einleitung des für eine Vorschrift vorgesehenen besonderen Verfahrens die Kommission nicht verpflichtet, vor einer Entscheidung über das Beihilfevorhaben das Ergebnis des anderen Verfahrens abzuwarten. Es genügt vielmehr, „wenn sie aufgrund einer wirtschaftlichen Analyse des Sachverhalts ohne offensichtlichen Beurteilungsfehler zu der Überzeugung gelangt“ [587], dass kein Verstoß gegen andere Regelungen (hier Art. 81 EG (ex-Art. 85)) vorliegt.[588]

Die Entscheidung nach Art. 88 EG hat gleichwohl keine präjudizierende Wirkung. Eine anschließende abweichende Entscheidung in dem besonderen Verfahren kann zur Folge haben, dass der früheren Entscheidung „der Boden entzogen“[589] wird. Die Beihilfe ist dann als vertragswidrig zu behandeln und zurückzufordern.[590] Als Konsequenz (und um widersprüchliche Ergebnisse zu vermeiden) wird man verlangen müssen, dass die Kommission im Rahmen der

---

[583] S.o. bei 3.3.1.3.1. und 3.3.1.3.2.2.

[584] Vgl. auch Entscheidung der Kommission, ABl. 1979, L 127/50 (52) (*OSIRG*): ein Beihilfesystem, das gegen Art. 28 EG (ex-Art. 30) verstieß, wurde im Rahmen des Beihilfeverfahrens mit dem Gemeinsamen Markt für unvereinbar erklärt; ein separates Verfahren nach Art. 226 EG nicht für erforderlich gehalten. Vgl. auch *Ose*, S. 73, Fn. 1.

[585] So auch *Schina*, S. 122 f.

[586] Bereits im *Sovraprezzo*-Urteil hat der EuGH deutlich gemacht, dass das Verfahren gemäß Art. 226 (ex-Art. 169) nicht dadurch gegenstandslos wird, dass die Kommission das in den Art. 87 und 88 EG (ex-Art. 92 und 93) vorgesehene Verfahren eröffnet; EuGH, Rs. 73/79 (*Sovraprezzo*), Slg. 1980, 1533 (1547), Rn. 10. Vgl. auch *Oppermann*, Rn. 1117.

[587] EuGH, Rs. C-225/91 (*Matra*), Slg. 1993 I, 3203 (3261), Rn. 44; Hervorhebung nicht im Original; so auch EuG, Rs. T-49/93 (*SIDE*), Slg. 1995 II, 2501 (2528), Rn. 72.

[588] Kritisch dazu *Swaak*, C.M.L.Rev. 32 (1995), 1271 (1282 ff.); *Bartosch*, C.M.L.Rev. 38 (2001), 1285 (1294 ff.).

[589] GA *van Gerven*, in EuGH, Rs. C-225/91 (*Matra*), Slg. 1993 I, 3203 (3246), Tz. 54.

[590] EuGH, Rs. T-17/93 (*Matra II*), Slg. 1994 II, 595 (614), Rn. 47.

Beihilfenkontrolle an Entscheidungen vorangegangener Verfahren bezüglich besonderer Vertragsvorschriften gebunden ist.

3.3.2. Anwendung der Konkurrenzregeln auf Vergabepräferenzen

Das Verhältnis der Grundfreiheiten und des Beihilferechts ist gerade für die EG-rechtliche Beurteilung öffentlicher Aufträge als Problem erkannt worden.[591] Entgegen entsprechender Absichtserklärungen[592] hat die Kommission dafür bislang keine Lösung vorgelegt, während sich der EuGH mit dieser Frage in der Rechtssache *Du Pont des Nemours* zu befassen hatte.

3.3.2.1. Anwendung des Immanenzkonzepts

Auf der Grundlage des Immanenzkonzepts sind begünstigende Präferenzregelungen und Einzelvergaben daraufhin zu überprüfen, ob die diskriminierenden oder beschränkenden Folgen etwaiger Beihilfeelemente öffentlicher Aufträge über das einer Beihilfe immanente Maß hinausgehen. Auftragsvermittelte Beihilfen zeichnen sich dadurch aus, dass die (möglicherweise diskriminierende) Beschränkung des Adressatenkreises und die Subventionsgewährung nur einheitlich beurteilt werden können. Denn die Begrenzung auf bestimmte bevorzugte Unternehmen verursacht ja erst die Beihilfegewährung. Angesichts dieses Begünstigungsmechanismusses ist es die Zuwendungsform selbst, die hier einer Beihilfe als solcher nicht immanente diskriminierende oder beschränkende Wirkungen hervorrufen kann. Nach den oben dargestellten Grundsätzen ist damit ausschlaggebend, wie sich diese - untrennbaren - Beihilfemodalitäten in den gemeinschaftsrechtlichen Rahmen einfügen.

---

591 Vgl. *Scheuing*, S. 288; *Rengeling*, in Börner/Neundörfer, S. 23 (40); *Ose*, S. 8 f.; *Arrowsmith*, L.Q.Rev. 111 (1995), 235 (256 ff.), *Fernández Martín*, S. 69 ff.; *ders./Stehmann*, E.L.Rev. 16 (1991), 216 ff.; *Martin-Ehlers*, WuW 1999, 685 (687 ff.); *Lee*, S. 163 ; *Kling*, S. 273; *Ziekow*, NZBau 2001, 72 (78).

592 Die Kommission hat sich in einer Mitteilung aus dem Jahr 1989 am Beispiel von Regionalpräferenzen mit der Behandlung vergabefremder Kriterien beschäftigt. Diese stellen „einen Verstoß gegen den EWG-Vertrag dar, insbesondere gegen Artikel 30 und 59. Artikel 92 EWG-Vertrag, insbesondere die Absätze 2c) und 3a), bieten möglicherweise einen Rechtsrahmen für Regionalpräferenzen, die praktisch staatliche Beihilfen sind. Aber selbst wenn einige Präferenzen als staatliche Beihilfen im Sinne des Vertrages angesehen werden könnten, was diskutabel ist, liegt dennoch ein Verstoß gegen Artikel 30 und 59 vor, und für dieses wichtige Problem müßte eine Lösung gefunden werden" (Mitteilung der Kommission, ABl. 1989, C 311/7 (11)).

Das europäische Vergaberecht wird vom Grundsatz der Gleichbehandlung aller Bieter geprägt. Nationale oder regionale Differenzierungen widersprechen dem in den Koordinierungsrichtlinien angelegten Ziel eines Beschaffungsbinnenmarktes. Soweit öffentliche Aufträge Beihilfeelemente enthalten, unterscheidet sich diese Subventionsform dadurch von anderen, dass der für sie geltende rechtliche Rahmen Beschränkungen auf die im Hoheitsgebiet des gewährenden Mitgliedstaats tätigen Unternehmen nicht gestattet. Während dies ansonsten geradezu ein wesentliches Kennzeichen einer Beihilfe ist, steht eine derartige Bestimmung des Begünstigtenkreises im diametralen Gegensatz zum hohen Grad der Vergemeinschaftung, den die sekundärrechtlichen Vorgaben zum öffentlichen Auftragswesen verkörpern. Die Erstreckung der Richtlinien auf sämtliche Beschaffungsvorgänge oberhalb der Schwellenwerte einerseits und die beträchtliche Harmonisierungsdichte andererseits lassen keinerlei Diskriminierung zu.

Aus diesem gemeinschaftsrechtlichen Regelungskontext folgt, dass diskriminierende Folgen von mittels öffentlicher Aufträge gewährten Beihilfen stets als solchen Beihilfen nicht immanente diskriminierende Folgen zu behandeln sind. Immer dann, wenn eine Präferenzregelung die Begünstigung (primär) einheimischer Unternehmen zur Folge hat, ist vorrangig der Bereich der Grundfreiheiten berührt.[593] Bei einzelnen Vergaben ohne Berücksichtigung beschaffungsfremder Kriterien kommt es entsprechend darauf an, ob die Begünstigung eines einheimischen Unternehmens auf einer Diskriminierung ausländischer Bieter oder auf einer von der Nationalität der Bieter unabhängigen Ursache beruht. Allein Beihilferecht ist anzuwenden, wenn der begünstigenden Vergabeentscheidung keine regionalen oder nationalen Unterscheidungen zugrunde liegen.[594] Wegen der weiten Auslegung des Merkmals der Handelsbeschränkung bleibt insoweit auch Raum für Art. 87 EG.[595] Des Weiteren kommt eine Genehmigung von Beihilfen in Betracht, wenn marktfreiheitsbeschränkende Maßnahmen gerecht-

---

593 So im Ergebnis auch *Kling*, S. 273; *Ziekow*, NZBau 2001, 72 (78); *Martin-Ehlers*, WuW 1999, 685 (689).

594 So im Ergebnis auch *Martin-Ehlers*, WuW 1999, 685 (689); *Lee*, S. 163, bezüglich der Quote in der Rechtssache *Du Pont de Nemours*.

595 Vgl. zum Verständnis *Prasifka/Fry*, in Smit/Herzog, Art. 92, 3-387: "The essence of the rules on free movement is a prohibition of discrimination on the basis of nationality [...] By contrast, the aim of the rules on State aids transcends a mere prohibition on the basis of nationality: even an aid which is granted regardless of the nationality of the beneficiaries may still be to "distort competition" within the common market."

fertigt sind.[596] Ansonsten hat die Kommission eine Unvereinbarkeitsentscheidung über die als Beihilfe qualifizierte Vergabe bzw. Präferenzregelung zu fällen[597], wenn sie ein Beihilfeverfahren nach Art. 88 EG eingeleitet hat.

Die dargestellten Einschränkungen des Anwendungsbereichs von Art. 87 EG sind auch wertungsmäßig gerechtfertigt. Denn eine pauschale rein beihilferechtliche Behandlung begünstigender Vergaben führte zu dem widersinnigen Ergebnis, dass diskriminierende Regelungen ohne Begünstigungswirkung an den strengen Grundfreiheiten zu messen wären, während die noch stärker wettbewerbsverzerrenden begünstigenden Vergaben / Vergaberegelungen dem milderen Maßstab des Beihilferechts unterfielen.[598]

3.3.2.2. Verbleibender Anwendungsbereich des Beihilferechts auf öffentliche Aufträge

Um die eigenständige Bedeutung des Beihilferechts neben anderen Vertragsbestimmungen zu klären, kommt es auf deren Bedeutung, vor allem die der Grundfreiheiten, für Vergabepräferenzen an. Die Darstellung dieser sehr umfassenden Thematik muss hier auf einen summarischen Überblick beschränkt werden, der aber wenigstens Tendenzen aufzeigen soll.

---

[596] Bzw. wenn wegen „zwingender Allgemeinwohlerfordernisse" ein Tatbestandsausschluss vorliegt, dazu unter 3.3.2.2.2.

[597] A.A. *Fernández Martín*, S. 86 ff., der aus regionalpolitischen Gründen einen Vorrang der Beihilfevorschriften vorschlägt, denn „the straight, formalistic and unconditional application of Article 30 EC pursued by the Court is undesireable in the present Community context" (ebda., S. 86 f.); ebenso bereits *Fernández Martín/Stehmann*, E.L.Rev. 16 (1991), S. 216 (234 ff.).

[598] Vgl. *Scheuing*, S. 290: „Or il serait peu raisonable de prohiber sans exception possible les préférences à prix égal tout en reconnaissant que sous certaines conditions les systèmes, plus dangereux, à préférence de prix ou même à préférence absolue pourraient être admis comme aides compatibles." Indes zieht *Scheuing* (ebda.) den falschen Schluss, wenn er alle diskriminierenden Vergaben, also auch die zum „prix égal" als Beihilfen behandelt sehen will; vgl. dazu unter 2.2.1.6.

3.3.2.2.1. Zur Anwendung der Grundfreiheiten auf Vergabepräferenzen

3.3.2.2.1.1. Tatbestandsmäßigkeit

Die Marktfreiheiten können auch dann auf Vergabebestimmungen und einzelne Vergaben angewendet werden[599], wenn bereits die Koordinierungsrichtlinien tangiert sind.[600] Die Prüfung des primären Rechts wird selbst dann nicht unnötig, wenn eine nationale Regelung mit dem einschlägigen Sekundärrecht vereinbar ist.[601] Im Vordergrund der Kontrolle von Vergabepräferenzen stehen Waren- und Dienstleistungsfreiheit, deren Auslegung ähnlich ist.[602] Seltener kommt es auf Art. 39 EG[603], Art. 43 EG[604] und die subsidiäre Vorschrift des Art. 12 EG an.[605] Für Art. 28 und 49 EG ist allgemein anerkannt, dass sie neben einem Diskriminierungs-[606] auch ein allgemeines Beschränkungsverbot beinhalten[607] Damit

---

599 Dazu umfassend *Arrowsmith*, PPLR 1995, 255 (257).

600 EuGH, Rs. 45/87 R (*Dundalk*), Slg. 1987, 1369 (1375), Rn. 19.

601 EuGH, Rs. 158/96 (*Kohll*), Slg. 1998 I, 1931 (1944), Rn. 25. Dazu auch unter 1.4.

602 Zur Anwendung der Art. 28 und 49 EG auf Vergabepräferenzen näher *Benedict*, S. 204 ff. bzw. 229 ff. und *Kling*, S. 13 f. bzw. 23 f. Nicht selten kommen beide Regelungen in Betracht. So kann Art. 28 EG auch bei Dienstleistungs- und Bauaufträgen Anwendung finden, wenn der Auftragnehmer eingeführte Waren verwenden will; vgl. EuGH, Rs. 45/87 (*Dundalk*), Slg. 1988, 4929 (4962 f.), Rn. 14 ff. Die Unterscheidung kann angesichts der in der Rechtsprechung des EuGH zu verzeichnenden „Konvergenz" der Grundfreiheiten (*Jarass*, EuR 2000, 705 (706)) oftmals dahinstehen.

603 Dazu näher *Benedict*, S. 238 ff, und *Kling*, S. 16. Regelmäßig wird der Schutz der Arbeitnehmerfreizügigkeit von den zugunsten der Unternehmen geltenden Freiheiten mitumfasst.

604 Nur ausnahmsweise wird sich wegen eines öffentlichen Auftrags der Tätigkeitsschwerpunkt eines Unternehmens in den Aufnahmestaat verlagern. In Bezug auf Vergaben konzentriert sich die Bedeutung des Art. 39 EG daher auf die Ausübung selbstständiger Erwerbstätigkeiten durch Zweigniederlassungen ausländischer Unternehmen. Vgl. *Kling*, S. 17 ff.

605 Dazu näher *Benedict*, S. 242 ff. In der *Beentjes*-Entscheidung sprach der EuGH Art. 12 EG (ex-Art. 7 Abs. 2) an und überließ die Prüfung seiner Voraussetzungen dem vorlegenden Gericht. Es ist davon auszugehen, dass der EuGH das allgemeine Diskriminierungsverbot nur beispielhaft genannt hat; näher *Kling*, S. 147, Fn. 24; *Arrowsmith*, The Law of Public and Utilities Procurement, S. 94.

606 Innerhalb der Gruppe der diskriminierenden Maßnahmen ist zwischen *offenen* (eine staatliche Regelung stellt ausdrücklich auf die Inländer- oder Ausländereigenschaft ab) und *versteckten* (eine Regelung findet formal gleichermaßen auf Aus- und Inländer Anwendung, betrifft aber typischerweise die einen mehr als die anderen) *Diskriminierungen* zu unterscheiden.

erfassen sie auch solche staatliche Maßnahmen, die (nur) geeignet sind, die Ausübung der Freiheiten weniger attraktiv zu machen, womit sich die Ausgestaltungsmöglichkeiten für Vergabebestimmungen weiter reduzieren.[608]

Adressat der Verpflichtungen aus den Grundfreiheiten sind die innerstaatlichen Stellen der Mitgliedstaaten. Dazu zählen auch Einrichtungen, die formal nicht zur staatlichen Verwaltungsorganisation gehören, die aber behördlichen Weisungen unterliegen und deren Mitglieder vom Staat ernannt werden.[609] Zum Teil ist der persönliche Anwendungsbereich noch weiter gesteckt.[610] Jedenfalls dürften alle Grundfreiheiten das staatlich zurechenbare Verhalten Privater erfassen. Insoweit besteht eine weitgehende Konvergenz mit den aus dem Beihilferecht Verpflichteten.[611]

Die Anwendung der Grundfreiheiten setzt einen grenzüberschreitenden Bezug voraus.[612] Trotzdem greifen sie auch dann, wenn sich im konkreten Fall keine

---

607 Ständ. Rspr., vgl. nur EuGH, Rs. C-3/95 (*Reisebüro Broede*), Slg. 1996 I, 6511 (6537), Rn. 25 in Bezug auf Art. 49 EG (ex-Art. 59). Angesichts der Entscheidungen des EuGH in den Rechtssachen *Kraus* (Rs. C-19/92, Slg. 1993 I, 1663 (1697), Rn. 32), *Gebhard* (Rs. C-55/94, Slg. 1995 I, 4165 (4197 f.), Rn. 37), *Bosman* (Rs. C-415/93, Slg. 1995 I, 4921 (5070), Rn. 100) und *Graf* (Rs. C-190/98, Slg. 2000 I, 495 (521 f.), Rn. 18) dürfte auch die Qualifikation der Verbote aus Art. 39 und 43 EG als Beschränkungsverbote kaum noch zu bezweifeln sein. Im konkreten Fall bestehen die wesentlichen Probleme darin, die Reichweite des jeweiligen Beschränkungsverbots zu klären; vgl. dazu z.B. *Randelshofer/Forsthoff*, in Grabitz/Hilf, Art. 49, Rn. 89 ff. und Art. 39, Rn. 167 ff.

608 Vgl. z.B. EuGH, Rs. C-359/93 (*UNIX*), Slg. 1995 I, 168 (176), Rn. 27. Die Anforderungen an ein Computerbetriebssystem konnte von den einheimischen Unternehmen nicht leichter erfüllt werden als von ausländischen. Dem EuGH genügt für die Annahme von Art. 28 EG (ex-Art. 30) aber bereits die faktischen Auswirkungen auf die innerstaatlichen Handelsströme.

609 EuGH, Rs. C-302/88 (*Hennen Olie*), Slg. 1990 I, 4625 (4643 f.), Rn. 15 f (in Bezug auf Art. 29 EG (ex-Art. 34)).

610 Die Bindung privater Rechtsubjekte ist bei der Freizügigkeit der Arbeitnehmer am weitest gehenden, sehr restriktiv ist die Handhabung bei der Warenverkehrsfreiheit; dazu *Jarass*, EuR 2000, 705 (715 f.); zur Dienstleistungsfreiheit vgl. *Kluth*, in Calliess/Ruffert, Art. 50 EGV, Rn. 44 ff.

611 S.o. bei 2.3.

612 Vgl. *Jarass*, EuR 2000, 705 (707).

ausländischen Unternehmen an einem Vergabeverfahren beteiligen.[613] Der EuGH hat es für Art. 28 EG ausreichen lassen, dass eine nationale Regelung auf aus anderen Mitgliedstaaten eingeführte Erzeugnisse angewendet werden *könnte*.[614] Ein ausreichender Gemeinschaftsbezug ergibt sich demnach bereits aus der europaweiten Ausschreibung des Auftrags. Damit können Präferenzregelungen insgesamt an den Grundfreiheiten überprüft werden; es bedarf keiner Einschränkung für Einzelfälle ohne grenzüberschreitenden Bezug. Der Annahme einer Diskriminierung oder Beschränkung steht auch nicht entgegen, dass eine Maßnahme gleichfalls (einen Teil) der einheimischen Unternehmen benachteiligt. Daher unterliegen auch regional bevorzugende Vergabepräferenzen den Grundfreiheiten. Denn aus der Sicht ausländischer Unternehmen sind die Auswirkungen dieselben.[615]

Ungeachtet etwaiger zugrundeliegender Präferenzregelungen können einzelne Beschaffungsvorgänge gegen grundfreiheitliche Bestimmungen verstoßen. Der Gerichtshof hat nicht nur allgemein den Geltungsbereich der Grundfreiheiten auf Einzelfallentscheidungen erstreckt[616], sondern auch beispielsweise diskriminierende Klauseln in Verdingungsunterlagen daran gemessen.[617]

3.3.2.2.1.2. Rechtfertigungsmöglichkeiten

Das Primärrecht sieht als Ausnahmen von den Grundfreiheiten sowohl tatbestandliche Einschränkungen aufgrund „zwingender Erfordernisse" als auch kodifizierte Rechtfertigungsgründe vor.[618] Nicht geklärt sind die

---

613 Der EuGH hat klargestellt (Rs. C-87/94 (*SRWT*), Slg. 1996 I, 2043 (2079 f.), Rn. 31 ff.), dass es für die Anwendung der Vergaberichtlinien ohne Bedeutung ist, dass sich nur inländische Bieter an einer Ausschreibung beteiligen. Für die Anwendung der Grundfreiheiten kann nichts anderes gelten; vgl. *Dreher*, JZ 2000, 519 (520 f.); *Kling*, S. 293 f. Auch hier genügt ein bloß potenzieller diskriminierender Effekt; vgl. EuGH, Rs. C-184/96 (*Foie gras*), Slg. 1998 I, 6197 (6224), Rn. 17.

614 EuGH, Verb. Rs. C-321-324/94 (*Pistre*), Slg. 1997 I, 2343 (2374 f.), Rn. 43 ff.

615 EuGH, Rs. C-21/88 (*Du Pont de Nemours*), Slg. 1990, 899 (920), Rn. 12 f.

616 EuGH, Rs. C-224/97 (*Ciola*), Slg. 1999 I, 2517 (2540), Rn. 32.

617 In Bezug auf Art. 28 EG vgl. EuGH, Rs. C-359/93 (*UNIX*), Slg. 1995 I, 168 (176), Rn. 27 ; EuGH, Rs. C-243/89 (*Storebaelt*), Slg. 1993 I, 3353 (3396), Rn. 45.

618 Die überwiegende Auffassung in der Literatur beurteilt auch die „zwingenden Erfordernisse" als Rechtfertigungsgründe, während der EuGH von negativen Tatbestandsmerkmalen ausgeht (vgl. dazu *Jarass*, EuR 2000, 705 (719) m.w.N.). Dieser Streit wirkt sich praktisch nicht aus. Der Begriff *Rechtfertigung* wird im Folgenden in einem weit verstandenen Sinn für beides verwendet.

Rechtfertigungsmöglichkeiten für diskriminierende Eingriffe. Die *Cassis-de-Dijon*-Rechtsprechung[619], die der Gerichtshof weitgehend auf andere Grundfreiheiten übertragen hat, anerkannte ursprünglich nur für „unterschiedslos anwendbare Beschränkungen", also nichtdiskriminierende Maßnahmen, eine Rechtfertigung aufgrund „zwingender Erfordernisse des Gemeinwohls"[620].[621] Für diskriminierende Regelungen galten die geschriebenen Rechtfertigungsgründe als abschließend[622], was der Gerichtshof auch in neueren Entscheidungen bestätigt hat.[623] Ohne ausdrückliche Änderung seiner Rechtsprechung hat er allerdings in jüngerer Zeit wiederholt einen Verstoß diskriminierender Maßnahmen gegen die Warenverkehrs- oder Dienstleistungsfreiheit abgelehnt, obwohl Art. 30 EG beziehungsweise Art. 55 i.V.m. 45 und 46 EG nicht einschlägig waren, und auf ungeschriebene Rechtfertigungsgründe abgestellt.[624] Teilweise hat er ausdrücklich eine Motivation durch „zwingende Gründe des Allgemeinwohls" für ausreichend gehalten.[625]

Jede Ausweitung der Rechtfertigungsmöglichkeiten für diskriminierende Maßnahmen ist für die Beurteilung von Vergabepräferenzen von erheblicher Bedeutung. Denn zahlreiche Bevorzugungsregelungen lassen sich als versteckt diskriminierend qualifizieren.[626] Für diese könnten die Mitgliedstaaten umfas-

---

619 EuGH, Rs. 120/78 (*Cassis de Dijon*), Slg. 1979, 649 (662), Rn. 8.

620 Als *zwingende Erfordernisse* sind anerkannt: eine wirksame steuerliche Kontrolle, der Schutz der öffentlichen Gesundheit, die Lauterkeit des Handelsverkehrs, der Verbraucherschutz, der Umweltschutz, die Kulturpolitik und die Meinungsvielfalt in den Medien, vgl. *Oppermann*, Rn. 1299. Zur Anwendung auf Präferenzregelungen vgl. *Benedict*, S. 221 ff.

621 Der EuGH hat die Beschränkung auf nichtdiskriminierende Maßnahmen später mehrfach betont; vgl. z.B. EuGH, Rs. 59/82 (*Schutzverband/Weinvertriebs GmbH*), Slg. 1983, 1217 (1227), Rn. 11.

622 EuGH, Rs. 29/72 (*Marimex*), Slg.1972, 1309 (1318), Rn. 4.

623 EuGH, Rs. C-224/97 (*Ciola*), Slg. 1999 I, 2517 (2536), Rn. 16.

624 Siehe nur EuGH, Rs. C-264/96 (*ICI*), Slg. 1998 I, 4695 (4723), Rn. 29; EuGH, Rs. C-379/88 (*PreussenElektra*), Slg. 2001 I, 2099 (2185 f.), Rn. 73.

625 EuGH, Verb. Rs. C-34/95 bis C-36/95 (*de Agostini*), Slg. 1997 I, 3843 (3893), Rn. 52; EuGH, Rs. C-158/96 (*Kohll*), Slg. 1998 I, 1931 (1948), Rn. 41 („zwingender Grund des Allgemeininteresses"); EuGH, Rs. C-389/96 (*Aher-Waggon*), Slg. 1998 I, 4473 (4488 f.), Rn. 18 ff.

626 Versteckte Diskriminierungen liegen auch bei scheinbar neutralen, unterschiedslos auf einheimische und ausländische Bieter anwendbaren Vergabebedingungen vor, „wenn sich herausstellen sollte, daß eine solche Bedingung nur von einheimischen Bietern oder daß sie von Bietern aus anderen Mitgliedstaaten nur mit größeren Schwierigkeiten erfüllt werden kann" (EuGH, Rs. 31/87 (*Beentjes*), Slg. 1988, 4635 (4659), Rn. 30).

send Allgemeinwohlbelange geltend machen[627], während die abschließenden, kodifizierten Ausnahmetatbestände beschaffungsfremde Ziele meist nicht erfassen.[628] Zur Frage des Umfangs der Rechtfertigungsmöglichkeiten für diskriminierende Maßnahmen ist die Rechtsprechung im Fluss und die Literatur völlig uneinheitlich.[629] Soweit ersichtlich hat der EuGH die *Cassis*-Regeln jedenfalls noch nicht für Fälle aus dem Bereich des Vergaberechts herangezogen. Die geschriebenen Rechtfertigungstatbestände des EGV sind nur ausnahmsweise einschlägig.[630]

Der Gerichtshof unterstreicht jedenfalls nach wie vor, dass eine Rechtfertigung aus wirtschaftlichen Gründen ausgeschlossen ist.[631] Damit werden die Legitimationsmöglichkeiten vieler Präferenzregelungen erheblich beschränkt.[632] Nuancierte Ergebnisse ergeben sich jeweils aus der Anwendung des Verhältnismäßigkeitsgrundsatzes.[633]

---

627 Da nicht abschließend, können als zwingende Erfordernisse grundsätzlich alle öffentlichen Interessen qualifiziert werden; vgl. *Epiney*, in Calliess/Ruffert, Art. 28, Rn. 23.

628 Vgl. *Benedict*, S. 216 f. in Bezug auf Art. 30 EG.

629 Teilweise wird an der Beschränkung auf die geschriebenen Rechtfertigungsgründe festgehalten, teilweise eine Ausdehnung der *Cassis*-Grundsätze auf mittelbare, von manchen auch auf unmittelbare Diskriminierungen vorgeschlagen, während wieder andere für die Ausweitung der Rechtfertigungsmöglichkeiten ganz neue dogmatische Wege gehen. Vgl. zu den in der Literatur vertretenden Ansätzen hinsichtlich der Warenverkehrsfreiheit die Zusammenstellung von *Heselhaus*, EuZW 2001, 645 (646 f.).

630 Vgl. dazu *Arrowsmith*, PPLR 1995, 255 (260 f. und 266 f.).

631 EuGH, Rs. C-164/99 (*Portugaia Construcoes*), Urt. v. 24.1.2002, NZA 2002, 207 (ebda.), Rn. 26 hinsichtlich Art. 49 EG (ex-Art. 59); EuGH, Rs. C-158/96 (*Kohll*), Slg. 1998 I, 1931 (1948), Rn. 41; EuGH, Rs. C-120/95 (*Decker*), Slg. 1998 I, 1831 (1884), Rn. 39; Rs. C-203/96 (*Dusseldorp*), Slg. 1998 I, 4075 (4127), Rn. 44.

632 Im Hinblick auf Niederlassungs- und Dienstleistungsfreiheit ist festzuhalten, dass eine Berufung auf Art. 45, 55 EG meist daran scheitern wird, dass die Anwendung dieser Ausnahmen auf Tätigkeiten beschränkt ist, die für sich genommen eine *unmittelbare und spezifische* Teilnahme an der Ausübung öffentlicher Gewalt mit einschließen; EuGH, Rs. C-3/88 (*Kommission/Italien*), Slg. 1989, 4035 (4060), Rn. 13.

633 Keine Bedeutung hat die sog. *Keck*-Rechtsprechung des EuGH (ständ. Rspr. seit Rs. C-267 (*Keck und Mithouard*), Slg. 1993 I, 6097 (6131), Rn. 15) in diesem Zusammenhang, da sie eine Einschränkung des Tatbestands des Art. 28 EG allein für „bestimmte Verkaufsmodalitäten" vorsieht.

3.3.2.2.2. Prüfung verschiedener Präferenzinhalte

3.3.2.2.2.1. Regionalpräferenzen

Vorbehaltsregeln für Unternehmen mit Sitz in der Region der Vergabestelle hat der Gerichtshof als Diskriminierungen gewertet und je nach Auftragsgegenstand für unvereinbar mit Art. 28 EG oder Art. 49 EG gehalten.[634] Das gleiche gilt für Verpflichtungen der Auftragnehmer, bei der Auftragsdurchführung Produkte oder Arbeitnehmer aus dem Mitgliedstaat oder der Region des Auftraggebers zu verwenden.[635] Da für derartige – direkt diskriminierende - Präferenzen keine Rechtfertigungsgründe ersichtlich sind, lassen die Verkehrsfreiheiten prinzipiell keinen Raum für die Verfolgung regionalpolitischer Ziele bei der Auftragsvergabe.[636] Etwas anderes gilt, wenn benachteiligte Gebiete in der gesamten EG in gleicher Weise bevorzugungsfähig sind. Diskriminierungsfrei ist eine Regelung daher etwa dann, wenn sie eine Gleichbehandlung aller Ziel-1-Gebiete im Sinne der Strukturfonds vorsieht.[637]

3.3.2.2.2.2. Frauenförderung

Regelungen zur Förderung der betrieblichen Integration von Frauen können diskriminierungsfrei ausgestaltet werden, wenn sie, ohne bestimmte nationale Voraussetzungen zugrundezulegen, auf den Anteil der weiblichen an der Zahl aller Beschäftigten und / oder auf den Anteil der Frauen in leitenden Positionen abstellen.[638] Ungeklärt ist jedoch, ob nicht auch solche Kriterien ausländischen Bietern größere Schwierigkeiten bereiten als einheimischen und folglich be-

---

634 EuGH, Rs. C-360/89 (*Kommission/Italien*), Slg. 1992 I, 3401 (3417 f.), Rn. 7 ff; EuGH, Rs. C-21/88 (*Du Pont de Nemours*), Slg. 1990 I, 889 (920), Rn. 11 ff.

635 EuGH, Rs. C-243/89 (*Storebaelt*), Slg. 1993 I, 3353 (3391), Rn. 23. Der EuGH hielt eine entsprechende Klausel in den Verdingungsunterlagen für unvereinbar mit Art. 28, 39 und 49 EG (ex-Art. 30, 48 und 59).

636 Vgl. *Kling*, S. 283.

637 So z.B. der Entwicklungsrückstandserlass Bbg v. 19.4.1996 (ABl., S. 476), der alle Ziel-1-Gebiete in der EU gleichermaßen erfasst. Vgl. auch *Lee*, S. 163; *Kling*, S. 283 f. und 311.

638 Vgl. § 4 Abs. 1 S. 1 FrauFöV Bbg v. 25.4.1996 (GVBl. II, Nr. 22 v. 17.5.1996). Die Bevorzugungsvoraussetzungen sind nach einem Kennziffernsystem (§ 10 Abs. 1 FrauFöV Bbg) zu bestimmen. Vgl. auch *Benedict*, S. 225 ff.; *Kling*, S. 546 ff.; *Arrowsmith*, PPLR 1995, 255 (259).

schränkende Wirkungen haben.[639] Zur Beantwortung dieser Frage kommt es auf das Ausmaß der Frauenerwerbstätigkeit im mitgliedstaatlichen Vergleich an.

3.3.2.2.2.3. Ausbildungsförderung

Auch bei Präferenzen für im besonderen Maß ausbildungsfördernde Betriebe ist die konkrete Ausgestaltung der Regelung entscheidend. Unbedenklich sind naturgemäß Bestimmungen, die Teilnehmer aus anderen Mitgliedstaaten schlicht von Bevorzugungsanforderungen ausnehmen.[640] Ansonsten ist zu differenzieren: Stellt die Regelung dieselben Anforderungen an ausländische wie an deutsche Bieter, handelt es sich angesichts der Eigenarten der nationalen Ausbildungssysteme um eine mittelbare Diskriminierung. Anders verhält es sich, wenn die Anforderungen nicht auf das international einzigartige duale System in Deutschland zugeschnitten sind, sondern auch andere Formen berufsqualifizierender Erstausbildung erfassen.[641]

3.3.2.2.2.4. Tariftreueerklärungen

Konstitutive Tariftreueerklärungen und entsprechende Nachunternehmererklärungen im Baugewerbe sind sub specie Art. 49 EG bedenklich. Ausländische Unternehmen können ihre meist günstigere Lohnkostenstruktur angesichts der faktischen Ausweitung der Kartellwirkung von Tarifverträgen nicht im Wettbewerb ausnutzen und haben, besonders wegen des hohen Anteils der Lohnkosten in der Bauwirtschaft, einen erschwerten Marktzugang. Deshalb handelt es sich um mittelbare Diskriminierungen.[642] Zwar hat der EuGH für bestimmte nationale Arbeitnehmerschutzbestimmungen, vor allem Mindestlohnregelungen, festgestellt, dass ihre Ausdehnung auf alle in dem jeweiligen Mitgliedstaat tätigen Unternehmen aus Gründen des zwingenden Allgemeininteresses[643]

---

[639] Dieser Ansicht *Brenner*, S. 20 f.; *Kayser*, S. 101 f. A.A. *Kling*, S. 559 ff. und *Benedict*, S. 226.

[640] So etwa Nr. 4 des früheren „Bundeslehrlingserlass" v. 9.9.1997 (BAnz. Nr. 181 v. 26.9.1997, S. 12441): Ein deutscher Bieter, der den Anforderungen der Präferenzbedingungen genügt, würde bei „gleichwertigen Angebot" nicht gegenüber einem ausländischen Bieter bevorzugt.

[641] Vgl. *Riese*, S. 231. Ausführlich zum Ganzen *Kling*, S. 463 ff.

[642] *Kling* (S. 334 f.; EuZW 2002, 229 (231 ff.)) geht von beschränkenden Maßnahmen aus, womit unstreitig eine Prüfung zwingender Allgemeinwohlgründe in Betracht kommt.

[643] Dafür wird insbesondere vorgebracht, Tariftreueerklärungen wollten dem Unterbietungswettbewerb begegnen und so die Arbeitsplatzsicherheit der einheimischen Bauarbeiter sichern.

gerechtfertigt ist.[644] Ob sich dies auf den Fall konstitutiver Tariftreueerklärungen übertragen lässt, ist noch ungeklärt.[645] Dagegen spricht, dass diese Verpflichtungen enthalten, die über bestehende gesetzliche oder tarifvertragliche Bindungen hinausgehen[646] und davon letztlich nur *einheimische* Arbeitnehmer profitieren. Tariftreueerklärungen ließen sich allenfalls unter dem Gesichtspunkt des Schutzes nationaler Arbeitnehmer rechtfertigen; letztlich dürfte dies aber an der Verhältnismäßigkeit scheitern.[647] Nach dem EuGH ist neben Art. 49 EG für die Anwendung der Arbeitnehmerfreizügigkeit aus Art. 39 EG auf Vergabebestimmungen kein Raum.[648] Zur Vereinbarkeit *deklaratorischer* Tariftreueerklärungen mit Art. 49 EG lassen sich nur wenig sichere Aussagen treffen, die vor allem von der Ausgestaltung im Einzelfall abhängig sind.[649]

Weiter könnten konstitutive Tariftreueerklärungen gegen das Verbot des Missbrauchs einer marktbeherrschenden Stellung gemäß Art. 82 EG[650] verstoßen.[651]

---

644 EuGH, Rs. C-165/98 (*Mazzoleni und Isa*), Urt. v. 15.3.2001, EuZW 2001, 315 (317), Rn. 28; EuGH, Rs. C-113/89 (*Rush Portuguesa*), Slg. 1990 I, 1417 (1445), Rn. 18; EuGH, Rs. C-43/93 (*Vander Elst*), Slg. 1994 I, 3803 (3826), Rn. 23; EuGH, Verb. Rs. C-369/96 und C-376/96 (*Arblade und Leloup*), Slg. 1999 I, 8453 (8516), Rn. 41 ff.

645 Vgl. *Dreher*, JZ 2000, 519 (521).

646 Die für die Tariftreueerklärung maßgeblichen Entgelttarifverträge des Baugewerbes sind höher als die Mindestlöhne, die § 1 Abs. 1 Nr. 1 AEntsG vorsieht, und sie sind auch nicht nach § 5 TVG für allgemeinverbindlich erklärt worden. Vgl. *Kling*, S. 337 ff.; *ders.*, EuZW 2002, S. 229 (233); *Seifert*, ZfA 2001, 1 (23): „Somit würden für nicht organisierte Arbeitgeber hinsichtlich der Lohnhöhe unterschiedliche Rahmenbedingungen gelten, je nachdem ob sie einen Auftrag im öffentlichen oder privaten Sektor ausführen. Es ist dann allerdings nicht mehr einsichtig, warum eine solche Erstreckung der Entgelttarifverträge des Baugewerbes auf entsandte Arbeitnehmer aus Gründen des Arbeitschutzes erforderlich ist.“ A.A. *Weinacht*, WuW 2000, 382 (387), Fn. 27.

647 Ausführlich dazu *Kling*, EuZW 2002, S. 229 (234 f.).

648 EuGH, Rs. C-113/89 (*Rush Portuguesa*), Slg. 1990 I, 1417 (1444), Rn. 15. Kritisch dazu *Kling*, S. 342 f.

649 Ausführlich *Kling*, S. 397 ff: Werden die Regelungen des seinerseits gemeinschaftsrechtlich fragwürdigen AEntsG zu Mindestanforderungen erhoben, wirken solche Erklärungen jedenfalls dann diskriminierend, wenn ausländische Unternehmen sogar ihre im Heimatstaat verbliebenen Arbeitnehmer nach den deutschen Mindestlöhnen bezahlen müssen. Aber auch im Übrigen handelt es sich für ausländische Unternehmen praktisch um eine konstitutive Erklärung, da ihnen Pflichten auferlegt werden, denen sie sonst nicht unterlägen. Die *Rush-Portuguesa*-Rechtsprechung könnte auf diese Fälle jedoch möglicherweise übertragbar sein, weil die Beachtung allgemeiner und bundesweit geltender Vorschriften angeordnet wird. Diese Frage ist noch nicht geklärt.

650 Umfassend zur Anwendung der Art. 81 bis 86 EG auf öffentliche Aufträge *Trepte*, PPLR 1993, 93 ff.; *Kayser*, S. 22 f. und 84 ff.; *Kling*, S. 26 ff.

Dagegen spricht, dass der EuGH die Tarifautonomie als einen wettbewerblichen Ausnahmetatbestand ansieht.[652] Tarifverträge beurteilt der Gerichtshof im Lichte sozialpolitischer Vertragsbestimmungen (Art. 2, 3 Abs. 1 lit. i EG) und nimmt sie deshalb vom Kartellverbot des Art. 81 EG aus.[653] Das EG-Wettbewerbsrecht steht den Mitgliedstaaten danach nicht im Wege, wenn sie die Vorschriften von Tarifverträgen auf Außenseiter erstrecken. Das muss im Hinblick auf Art. 82 EG auch für die Außenseitererstreckung durch Tariftreueerklärungen gelten.[654]

3.3.2.2.2.5. Umweltschutz

Der EuGH hat mehrfach versteckt oder gar offen diskriminierende Eingriffe in die Warenverkehrsfreiheit wegen des Schutzes der Umwelt als gerechtfertigt angesehen, für möglich gehalten oder dies zumindest offen gelassen, obwohl Art. 30 EG Umweltschutzbelange nicht nennt.[655] Auch wenn hier dogmatisch einiges im Argen liegt, weil nach der *Cassis*-Rechtsprechung nur nichtdiskriminierende Maßnahmen rechtfertigungsfähig sind, ist eine wohlwollende Haltung

---

[651] Die öffentliche Hand lässt sich dem weiten funktionalen Unternehmensbegriff des Art. 82 EG zuordnen (*Seifert*, ZfA 2001, 1 (24); *Kling*, S. 344). Für die Bestimmung des sachlich und örtlich relevanten Marktes kommt es auf die Umstände des Einzelfalls an. Oftmals, vor allem in den Sektoren (Tief-)Bau, Rüstung, Informationstechnologie, wird der öffentliche Nachfrager die Voraussetzungen einer marktbeherrschenden Stellung erfüllen (*Möschel*, in Immenga/Mestmäcker, EG-Wettbewerbsrecht, Art. 86, Rn. 71 zu koordinierten Vergabesperren wegen früherer Gesetzesverstöße). Durch Anordnung beschaffungsfremder Bedingungen oktroyieren marktbeherrschende Vergabestellen unangemessene Geschäftsbedingungen i.S.d. Art. 82 S. 2 lit. a EG und erfüllen damit den Missbrauchstatbestand (*Kling*, S. 351). Wenn die Auswirkungen den Gemeinsamen Markt betreffen, sind die Voraussetzungen des Art. 82 EG erfüllt (*Kling*, S. 352 f.).

[652] EuGH, Rs. C-67/96 (*Albany*), Slg. 1999 I, 5751 (5882), Rn. 59 f.

[653] EuGH, Rs. C-67/96 (*Albany*), Slg. 1999 I, 5751 (5883 f.), Rn. 66.

[654] So *Seifert*, ZfA 2001, 1 (24 f.): „Denn für die Wettbewerbsregeln der Art. 81 ff. EGV kann es keinen Unterschied machen, ob der durch solch eine Ausweitung von Tarifverträgen auf Außenseiter erfolgende Eingriff in den Wettbewerb durch zwingend geltenden hoheitlichen Akt (z.B. nach § 5 TVG) oder im Wege des Abschlusses von Verträgen der öffentlichen Hand marktförmig durchgesetzt wird [...].“

[655] Erstmals EuGH, Rs. C-2/90 (*Wallonische Abfälle*), Slg. 1992 I, 4431 (4480), Rn. 34 ff; EuGH, Rs. C-389/96 (*Aher-Waggon*), Slg. 1998 I, 4473 (4489), Rn. 19 f.; EuGH, Rs. C-214/99 (*Sydhavens*), Slg. 2000 I, 3743 (3793), Rn. 48; EuGH, Rs. C-203/96 (*Dusseldorp*), Slg. 1998 I, 4075 (4114), Rn. 4.

zugunsten diskriminierender Umweltschutzmaßnahmen nicht zu verkennen.[656] Der EuGH hat das jüngst mit der Entscheidung in der Rechtssache *PreussenElektra* bekräftigt.[657] Der Gerichtshof stützt seine wohlwollende Beurteilung vor allem auf die systematisch privilegierte Querschnittsklausel des Art. 6 EG.[658] Es ist daher nicht unwahrscheinlich, dass der EuGH auch entsprechende diskriminierende Vergaberegelungen akzeptieren würde.

3.3.2.2.2.6. Scientology-Schutzerklärungen

Scientology-Schutzerklärungen werden bislang nur bei Dienstleistungsaufträgen verlangt. Sie sind auf alle Teilnehmer unabhängig von ihrer Herkunft anzuwenden, sodass es sich allenfalls um einen Verstoß gegen das Beschränkungsverbot des Art. 49 EG handeln könnte.[659] Im Rahmen von Art. 55 i.V.m. Art. 46 Abs. 1 EG räumt der EuGH den Mitgliedstaaten bei Maßnahmen gegenüber Scientology-Mitgliedern das Recht zu weitgehenden Beschränkungen ein.[660] Entsprechende Vergabeanforderungen wären danach gerechtfertigt.[661]

3.3.2.2.2.7. § 14 Abs. 2 BVFG, §§ 56, 58 SchwbG, § 68 BEG

§ 14 BVFG stellt auf die deutsche Staats- beziehungsweise Volkszugehörigkeit ab. Da es in anderen Mitgliedstaaten kein der Aussiedlerintegration entsprechendes Phänomen gibt, ist die Regelung diskriminierend gemäß Art. 28 oder

---

[656] *Notaro* (E.L.Rev. 25 (2000), 467 (479 und 489 f.) will deshalb gar den Unterschied zwischen diskriminierenden und nichtdiskriminierenden Maßnahmen so nivellieren, dass von ihm nichts mehr übrigbleibt. Dann wäre prinzipiell *jede* Maßnahme mit Umweltschutzbelangen zu rechtfertigen.

[657] EuGH, Rs. C-379/98 (*PreussenElektra*), Slg. 2001 I, 2099 (2183 ff.), Rn. 73 ff. Die Abnahme- und Vergütungspflichten des gegenständlichen deutschen Stromeinspeisungsgesetzes für Energieversorgungsunternehmen bezogen sich nur auf Regenativstrom deutscher Erzeuger, diskriminierten ausländische Stromproduzenten also unmittelbar. Allerdings hat sich der EuGH gerade in der *PreussenElektra*-Entscheidung alle Türen offen gehalten und die Verallgemeinerungsfähigkeit des Verdikts ausdrücklich zeitlich und sachlich relativiert (ebda., S. 2188, Tenor Nr. 2): „Beim gegenwärtigen Stand des Gemeinschaftsrechts auf dem Gebiet des Elektrizitätsmarktes verstößt eine solche Regelung nicht gegen Artikel 30 EG-Vertrag (nach Änderung jetzt Art. 28 EG)."

[658] EuGH, Rs. C-379/98 (*PreussenElektra*), Slg. 2001 I, 2099 (2185 f.), Rn. 76.

[659] Vgl. *Prieß/Pitschas*, ZVgR 1999, 144 (150); a.A. *Brenner*, S. 26.

[660] EuGH, Rs. 41/74 (*van Duyn*), Slg. 1974, 1337 (1350 f.), Rn. 18/19; dazu *Kling*, S. 503 ff. I.d.S. auch *Prieß/Pitschas*, ZVgR 1999, 144 (150), allerdings mit Bedenken im Hinblick auf den Grundsatz der Verhältnismäßigkeit (ebda., S. 150 f.).

[661] Vgl. *Kling*, S. 504 f.

49 EG. Die Ausnahmefälle des Art. 30 EG und der Art. 55 i.V.m. 46 EG sind nicht einschlägig.[662] Die Bevorzugung nach dem BEG knüpft zwar nicht an die Nationalität an. Jedoch bedarf es einer formellen Anerkennung als Verfolgter des NS-Regimes durch deutsche Behörden.[663] Damit handelt es sich um eine (wenigstens mittelbare) Diskriminierung, es sei denn, man lässt in gemeinschaftsrechtskonformer Auslegung Nachweise von Behörden anderer Mitgliedstaaten genügen.[664] Die geschriebenen Rechtfertigungsgründe des Vertrages sind nicht einschlägig. „Zwingende Allgemeinwohlgründe" greifen nur dann, wenn man sie auch auf (mittelbar) diskriminierende Eingriffe anwendet.[665] Die Anerkennung ausländischer Nachweise ist inzwischen für die Bevorzugung nach dem SchwbG[666] geregelt, sodass die Grundfreiheiten hier nicht entgegenstehen.

3.3.2.2.3. Zusammenfassung und Ausblick

Angesichts des im konkreten Fall schwierig festzulegenden Stellenwerts anderer Vertragsbestimmungen lässt sich nicht pauschal beantworten, in welchem Ausmaß bevorzugende Auftragsvergaben letztlich allein dem EG-Beihilferecht unterliegen. Bei den gängigen vergabefremden Kriterien hängt dies meist von der Definition der Präferenz im Detail ab, da die verfolgten Zwecke nicht per se nationale Unternehmen besser stellen als die anderer Mitgliedstaaten. Selbst Regionalförderung kann mittels vergabefremder Kriterien diskriminierungsfrei betrieben werden. Wenn also aufgrund einer Bevorzugungsregelung erfolgreiche Bieter eine beihilferechtlich relevante Begünstigung erhalten, liegt darin solange keine Diskriminierung, wie die Regelung Unternehmen aus allen Mitgliedstaaten gleichermaßen offen steht. In diesem Fall kommen (nur) Art. 87 ff. EG zur Anwendung.

---

662 *Riese* (S. 258) und *Kling* (757 f.) halten eine Rechtfertigung aus „zwingenden Gründen des Allgemeinwohls" für möglich.

663 §§ 184 ff., 194 BEG; ausführlich dazu *Kling*, S. 761 ff. und S. 768 ff.

664 So *Kling*, S. 772.

665 *Arrowsmith* (PPLR 1994, CS225 (CS228)) hält das hinsichtlich Präferenzen zugunsten von Unternehmen, die einen hohen Anteil Behinderter beschäftigen, jedenfalls für möglich.

666 §§ 1 S. 2, 2 Nr. 2 Behindertenrichtlinien Bund v. 10.5.2001 (BAnz. Nr. 109 v. 16.6.2001, S. 11773): „entsprechende Bescheinigung einer Gerichts- oder Verwaltungsbehörde", sonst eidesstattliche Erklärung, sonst feierliche Erklärung.

Damit treten die Beihilfevorschriften als Prüfungsmaßstab bevorzugender Vergaben *neben* die Marktfreiheiten. Art. 87 EG kann also die Rechtswidrigkeit einer Maßnahme zur Folge haben, die mit Blick auf andere Vorschriften des Vertrages unbedenklich ist. Folglich kann sich das Beihilferecht allenfalls zum Nachteil eines bei der Vergabe eines öffentlichen Auftrags erfolgreichen Bieters auswirken. Die Anwendung der Beihilfevorschriften hat aus der Sicht des primären Gemeinschaftsrechts zur Folge, dass vergabefremde Gesichtspunkte nur noch als nicht diskriminierende Kriterien unter gleich wirtschaftlichen Angeboten angewandt werden können.

Die praktische Bedeutung des Beihilferechts für die Vergabe öffentlicher Aufträge lässt sich angesichts der nicht immer kohärenten Rechtsprechung des Gerichtshofs zu den Grundfreiheiten und mangels entsprechender Erfahrungen der beihilfeaufsichtlichen Praxis kaum prognostizieren. Bei Betrachtung der von den Mitgliedstaaten verfolgten Sekundärziele und der EuGH-Rechtsprechung zu den Grundfreiheiten lassen sich allerdings zwei Entwicklungslinien erkennen, die für eine zukünftige Beihilfekontrolle vergabefremder Regelungen einen umfassenden Anwendungsbereich erwarten lassen:

Um Verstöße gegen ihre nationalen Vergabebestimmungen, die Koordinierungsrichtlinien und die Grundfreiheiten zu vermeiden, gestalten die zuständigen Organe in den Mitgliedstaaten Präferenzregelungen zunehmend diskriminierungsfrei aus.[667] Direkt diskriminierende Regelungen sind bereits selten geworden. Die Abkehr von regional oder gar national bevorzugenden Vergaberegelungen hin zu einer Instrumentalisierung der Auftragsvergabe für politische Zwecke, die bezüglich der Nationalität der Bieter neutral sind, hat zwangsläufig eine größere praktische Relevanz der Art. 87 ff. EG zur Folge.

Zum anderen hat der EuGH in seiner jüngeren Rechtsprechung immer mehr Raum für die Rechtfertigung von Eingriffen in die Grundfreiheiten gelassen. Daneben kennzeichnet die Rechtsprechung in Sachen *Beentjes* und *Nord-Pas-de-Calais* eine für vergabefremde Kriterien günstige Auslegung der Sekundärrichtlinien. Wenn sich aber die Tendenz, die Grundfreiheiten und die Vergaberichtlinien wenig(er) restriktiv anzuwenden, fortsetzt, steigt die Bedeutung der Beihilfevorschriften für beschaffungsfremde Anforderungen. Die Subventionskontrolle von Vergabepräferenzen hat somit Aussicht, ein wirkungsvolles In-

---

[667] Möglichkeiten und Grenzen diskriminierungsfreier Präferenzen erörtert *Arrowsmith*, L.Q.Rev. 111 (1995), 235 (266 ff.).

strument der Wettbewerbsaufsicht über öffentliche Aufträge zu werden, falls die Kommission Art. 87 EG konsequent anwendet.

4. Rechtsfolgen für beihilferechtswidrige öffentliche Aufträge

Soweit Präferenzregelungen und Einzelvergaben beihilferechtlich erheblich sind, unterliegen sie der Beihilfeaufsicht durch die Kommission. Stellenwert und Anwendungsvoraussetzungen dieses Verfahrens für öffentliche Aufträge sowie Ansatzpunkte für die Berücksichtigung des Beihilferechts im deutschen Vergaberechtsschutz sind nun darzustellen, um anschließend die Rechtsfolgen für beihilferechtswidrig vergebene öffentliche Aufträge zu klären.

4.1. Rechtsschutz Dritter im Gemeinschaftsrecht und im deutschen Vergaberecht

4.1.1. Komplementärfunktion von Beihilfeaufsichts- und Vertragsverletzungsverfahren

Im Rahmen der beihilfeaufsichtlichen Überprüfung beschaffungsfremder Regelungen und einzelner Vergaben hat die Kommission auch andere Vertragsbestimmungen zu beachten. Das Verfahren nach Art. 88 EG tritt somit komplementär neben das allgemeine Vertragsverletzungsverfahren des Art. 226 EG.[668] Folglich hat die Kommission die Möglichkeit, Vergaben beziehungsweise Vergabevorschriften einheitlich sowohl im Hinblick auf ihre Vereinbarkeit mit den Grundfreiheiten als auch aus einer spezifisch subventionsrechtlichen Perspektive hinsichtlich der Marktangemessenheit des Preises zu überprüfen.[669] Unterlegene Bieter können gegen eine Zuschlagsentscheidung mit einer Beschwerde bei der Kommission (und ggf. durch eine Untätigkeitsklage, Art. 232 EG) beihilferechtlich vorgehen.

Angesichts der in Art. 15 Abs. 1 der Beihilfeverfahrensordnung vorgesehenen Zehnjahresfrist für die Überprüfung von beihilfegewährenden öffentlichen Aufträgen ist vorgeschlagen worden, das öffentliche beziehungsweise wettbewerbliche Interesse an einer beihilferechtlichen Überprüfung abzulehnen, wenn unterlegene Bieter nicht zuvor im Nachprüfungsverfahren nach §§ 102 ff. GWB von ihrem Anfechtungsrecht Gebrauch machen.[670] Daran ist zutreffend, dass ansonsten der besonders hohe Stellenwert der Rechts- und Investitionssicherheit für die Parteien eines öffentlichen Auftrags nicht hinreichend berücksichtigt

---

[668] S.o. 3.3.1.4.

[669] Vgl. auch *Triantafyllou*, DÖV 1999, 51 (53).

[670] So *Lübbig*, EuZW 1999, 671 (672).

würde. In dieser besonderen Situation könnte der gemeinschaftsrechtliche Grundsatz des Vertrauensschutzes der Rückforderung entgegenstehen. Besser wäre es indes, wenn sich das Problem im Wege einer entsprechenden Änderung der Beihilfeverfahrensordnung beheben ließe.

4.1.2. Vergaberechtsschutz nach GWB

Die Vergabe-Nachprüfungsinstanzen sind EG-rechtlich aus dem unmittelbar anwendbaren Art. 88 Abs. 3 S. 3 EG verpflichtet, beihilfeträchtige Beschaffungen wenigstens im Hinblick auf das Subventionselement als gemeinschaftsrechtswidrig zu behandeln.[671] Beihilferechtlich relevante Präferenzregelungen haben sie außer Acht zu lassen.[672] Sub specie des deutschen Vergaberechts ergibt sich eine Pflicht zur Berücksichtigung des Durchführungsverbots aus § 104 Abs. 2 S. 1 GWB, wonach im Nachprüfungsverfahren „sonstige Ansprüche" gegen öffentliche Auftraggeber, die auf das Unterlassen einer Handlung im Vergabeverfahren gerichtet sind, geltend gemacht werden können. Denn aus dem Stillhaltegebot des Art. 88 Abs. 3 S. 3 EG ergibt sich, wie die Möglichkeit der Konkurrentenklage zeigt, ein Unterlassungsanspruch gegen die Vergabestelle, den die unterlegenen Bieter durchsetzen können.[673]

Der nationale Rechtsschutz im Hinblick auf Art. 88 Abs. 3 S. 3 EG konzentriert sich für den Zeitraum vor der Zuschlagserteilung bei den vergaberechtlichen Nachprüfungsinstanzen, denn § 104 Abs. 2 S. 1 GWB ordnet einen ausschließlichen Rechtsweg an.[674] Dieses Ergebnis überzeugt mit Blick auf die in § 104 Abs. 2 S. 1 GWB verkörperten Zielsetzungen, nämlich Prozessbeschleunigung und die Vermeidung widersprüchlicher Entscheidungen.[675] Dem unterlegenen Bieter ist damit verwehrt, vor einem ordentlichen Gericht[676] gegen die Subventionierung eines Konkurrenten vorzugehen. Die Beihilfekontrolle öf-

---

[671] Zur Frage, wie sich ein rechtswidriges Beihilfeelement auf den Restvertrag auswirkt, s. sogleich unter 4.3.6.

[672] Damit erlangen sie eine Normverwerfungskompetenz, die ihnen angesichts des Verwerfungsmonopols des Bundesverfassungsgerichts gemäß Art. 100 GG im Fall der Verletzung einer höherrangigen Norm des deutschen Rechts nicht zustände.

[673] Vgl. *Dippel/Zeiss*, NZBau 2002, 376 (377).

[674] So auch *Dippel/Zeiss*, NZBau 2002, 376 (377 f.). § 107 Abs. 3 GWB ist nicht einschlägig, da es sich nicht um einen „Verstoß gegen Vergabevorschriften" i.S. dieser Vorschrift handelt (ebda., S. 378).

[675] Zur Ratio des § 104 Abs. 2 S. 1 GWB vgl. *Marx*, in Motzke/Pietzcker/Prieß, § 104 GWB, Rn. 5.

[676] Zur Zuordnung der Vergabe öffentlicher Aufträge zum Privatrecht s. sogleich unter 4.3.2.

fentlicher Aufträge vor der Zuschlagserteilung ist also allein Sache der Nachprüfungsinstanzen; davon unberührt bleibt die Möglichkeit, nach - wirksamer[677] - Zuschlagserteilung den Verstoß gegen Art. 88 Abs. 3 S. 3 EG vor einem nationalen Gericht geltend zu machen.[678] Die Befugnisse der Kommission (und des EuGH) werden durch § 104 Abs. 2 S. 1 GWB nicht beschnitten. Das folgt nicht nur aus dem Vorrang des Gemeinschaftsrechts, sondern auch aus einer Analogie zur § 104 Abs. 2 S. 2 GWB, wonach die Befugnisse der Kartellbehörden von § 104 Abs. 2 S. 1 GWB unberührt bleiben.

Gerade bei finanziell folgenschweren Vergabeverstößen können unterlegene Bieter mit der Geltendmachung des Art. 88 Abs. 3 S. 3 EG vor den Vergabe-Nachprüfungsinstanzen bzw. den ordentlichen Gerichten auch vergaberechtlich nicht sanktionierte Wettbewerbsverfälschungen angreifen und möglicherweise sogar eine neue Ausschreibung herbeiführen.[679] Als weiterer Kontrollmaßstab für Einzelvergaben kann das Beihilferecht die Nachprüfung von Vergabeverfahren effektiv ergänzen, und zwar nicht nur bei Berücksichtigung beschaffungsfremder Kriterien. Gerade bei Rechtsschutzdefiziten ist es ein schlagkräftiges Instrument. Wenn eine rechtswidrige Zuschlagsentscheidung vergaberechtlich nicht justiziabel ist und sich der unterlegene Bieter mit Schadensersatzansprüchen begnügen müsste, kann er eventuell noch von den unmittelbaren Wirkungen des Art. 88 Abs. 3 S. 3 EG profitieren.

4.2. Präferenzregelungen und Einzelvergaben als Gegenstand der Beihilfeaufsicht

Das Beihilfeaufsichtsverfahren richtet sich nach Art. 88 EG und der Beihilfeverfahrensverordnung[680] (BhVfVO). Hinsichtlich der verfahrensrechtlichen Behandlung der als Beihilferegelungen im Sinne des Art. 1 lit. d) BhVfVO zu behandelnden Präferenzregelungen ist zu unterscheiden zwischen bereits *existierenden Bevorzugungsregelungen* einerseits und andererseits solchen, die in Zukunft erlassen werden (*zukünftige Bevorzugungsregelungen*). Die verfah-

---

677 Zur Frage, inwieweit beihilferechtswidrige Aufträge wirksam sein können, s.u. bei 4.3.6.

678 § 114 Abs. 1 S. 2 GWB steht dem schon wegen des Vorrang des Gemeinschafsrechts nicht entgegen.

679 Zu den Wirkungen eines Verstoßes gegen Art. 88 Abs. 3 S. 3 EG s. sogleich unter 4.3.

680 Verordnung (EG) Nr. 659/1999 des Rates vom 22.3.1999 über besondere Vorschriften zur Anwendung von Artikel 93 des EG-Vertrages; ABl. 1999, L 83. Zum beihilfeaufsichtlichen Verfahren vgl. z.B. *Koenig/Kühling/Ritter*, S. 174 ff.

rensrechtliche Qualifikation ist für die Rechtsfolgen beihilfegewährender Auftragsvergaben mit ausschlaggebend. Besonderheiten gelten schließlich für *einzelne Vergaben*, soweit sie als Einzelbeihilfen gemäß Art. 1 lit. e) BhVfVO der beihilferechtlichen Kontrolle unterfallen.

4.2.1. Bereits existierende Präferenzen

Bereits existierende Präferenzregelungen könnten als *neue* Beihilfen im Sinne des Art. 88 Abs. 3 EG, Art. 1 lit. c) BhVfVO anzusehen sein und bedürften dann der Anmeldung bei der Kommission. Für diese Einordnung spricht, dass Vergabepräferenzen bislang nicht von den Mitgliedstaaten als Beihilferegelungen notifiziert worden und Gegenstand der Beihilfekontrolle gewesen sind. Andererseits hat die Kommission bislang keine ernsthaften Anstalten gemacht, Vergabepräferenzen der Beihilfeaufsicht zu unterziehen, sodass diese Regelungen, teilweise seit Jahrzehnten, mit stillschweigender Duldung der Kommission in Kraft sind. Schon begrifflich kann hier nicht von „neuen" Beihilfen die Rede sein kann. Die konsequente Anwendung des Art. 88 Abs. 3 S. 3 EG[681] führte zu völlig unverhältnismäßigen Konsequenzen für Aufträge, die in der Vergangenheit unter Berücksichtigung beschaffungsfremder Kriterien vergeben worden sind. Mangels Notifikation (der Präferenzbestimmungen oder der unter ihrer Berücksichtigung vergebenen Aufträge) verstießen Unmengen von Aufträgen gegen das Stillhaltegebot mit der möglichen Folge der Unwirksamkeit der Durchführungsakte[682], ohne dass die Betroffenen Gelegenheit gehabt hätten, sich auf eine veränderte Kommissionspraxis einzustellen.

Aus diesen Gründen ist es sachgerecht, existierende Präferenzregelungen als *bestehende* Beihilfen gemäß Art. 88 Abs. 1 EG, Art. 1 lit. b) BhVfVO zu behandeln. Zwar sind die Bevorzugungsvorschriften regelmäßig weder Vorschriften, die bereits bei Inkrafttreten des EWG-Vertrages bestanden[683], noch Regelungen, die die Kommission genehmigt hat. Die Anwendung des Verfahrens nach Art. 88 Abs. 1 und 2 EG ist jedoch dadurch gerechtfertigt, dass die Kommission Präferenzen bislang toleriert hat. Damit sind existierende Bevorzugungsregelungen bestehenden Beihilfen im Sinne des Art. 1 lit. b) v)

---

[681] Vgl. auch Art. 3 BhVfVO.

[682] S. u. 4.3.

[683] Bzw. zum Zeitpunkt des Beitritts zur EG.

BhVfVO vergleichbar.[684] Diese zeichnen sich dadurch aus, dass die Kommission sie zunächst für mit dem Gemeinsamen Markt vereinbar hält, später aber, meist aufgrund fortgeschrittener wirtschaftlicher Integration in der Gemeinschaft, anders beurteilt und zumindest Anpassungen verlangt.[685]

Die Wirksamkeit früherer Vergaben bleibt somit unangetastet. Da bestehende Beihilfen bis zur abschließenden Kommissionsentscheidung wirksam bleiben, können die Mitgliedstaaten die Vorschriften zunächst weiter anwenden und sich auf Veränderungen einstellen. Daneben sollte die Kommission ihre Absicht, die Beihilferegeln auf Vergabepräferenzen anzuwenden, durch entsprechende Mitteilungen flankieren und die Mitgliedstaaten auffordern, ihrer Verpflichtung zum engen Zusammenwirken (Art. 10 EG) durch Anzeige der geltenden Bevorzugungsbestimmungen nachzukommen. Im Fall der Gemeinschaftsrechtswidrigkeit fordert die Kommission die Mitgliedstaaten auf, die jeweilige Regelung aufzuheben. Vergaberechtliche Bevorzugungsregelungen, die mit dem Gemeinsamen Markt unvereinbare Beihilfen darstellen, müssen dann wegen des Vor-

684 Betrachtet man wie *v. Wallenberg* (in Grabitz/Hilf, Art. 88 EGV, Rn. 110) auch solche Maßnahmen, die in der Vergangenheit nicht als Beihilfen erkannt und deshalb nicht bei der Kommission angemeldet wurden, als Beihilfen i.S.d. Art. 1 lit. b) v) BhVfVO (restriktiver dagegen *Koenig/Kühling/Ritter*, S. 176), so unterfallen auch Vergabepräferenzen unmittelbar dieser Vorschrift.

685 Vgl. auch EuG, Rs. T-298/97 (*Alzetta Mauro*), Slg. 2000 II, 2319 (2374 f.), Rn. 141 ff.: Förderprogramme, die vor der gemeinschaftsweiten Liberalisierung eines Marktes bestanden haben, werden mit der Liberalisierung nicht zu neuen Beihilfen, sondern sind als bestehende Beihilfen anzusehen; vgl. auch in Bezug auf Unternehmenssteuerregelungen IP/01/982 v. 11.7.2001. Anders noch der EuGH in der Rs. *Piaggio* (EuGH, Rs. C-295/97, Slg. 1999 II, 3735 (3765), Rn. 48 f.): Er beurteilte ein Gesetz, dessen Beihilfecharakter die Kommission 14 Jahre lang bezweifelt hatte, in restriktiver Auslegung des Art. 88 Abs. 1 EG (ex-Art. 93 Abs. 1) als neue Beihilfe gemäß Art. 88 Abs. 3 EG (ex-Art. 93 Abs. 3). Die Kommission hatte ihre Qualifikation des Gesetzes nach Art. 88 Abs. 1 damit begründet, dass die Bestimmung der in dem Gesetz enthaltenen Beihilfeelemente auch heute noch „komplex und nicht eindeutig“ sei, ebda., S. 3749, Tz. 36.

rangs des Gemeinschaftsrechts von allen nationalen Stellen unangewendet bleiben.[686]

4.2.2. Zukünftige Präferenzen

Zukünftige Präferenzbestimmungen sind dagegen, wenn die Kommission ihre Beihilfekontrollpraxis auch auf Vergaben ausrichtet, als neue Beihilfen gemäß Art. 88 Abs. 3 EG, Art. 1 lit. c) BhVfVO zu behandeln und unterliegen der Notifizierungspflicht des Art. 88 Abs. 3 S. 1 EG, die in Deutschland vom Bund oder den Regierungen der Länder wahrgenommen wird. Liegt nicht ausnahmsweise ein Fall des Art. 4 Abs. 6 BhVfVO[687] vor, so müssen die Mitgliedstaaten und ihre Untergliederungen vor Anwendung neuer Bevorzugungsvorschriften eine positive Entscheidung der Kommission abwarten, Art. 88 Abs. 2 i.V.m. Art. 7 Abs. 3 BhVfVO.[688]
Da die meisten Präferenzregelungen als Beihilferegelungen anzusehen sind[689], ist von ihrer grundsätzlichen Notifizierungsbedürftigkeit auszugehen.[690] Gelangt die Kommission am Ende des förmlichen Prüfverfahrens zu einer Negativentscheidung gemäß Art. 7 Abs. 5 BhVfVO, so untersagt sie das Vorhaben. Unterbleibt die Anmeldung einer begünstigend ausgestalteten Gesamtregelung oder

---

686 Entschiede man sich dafür, einen Fall des Art. 88 Abs. 3 EG anzunehmen, ließen sich die unerwünschten Folgen des Art. 88 Abs. 3 S. 3 EG mit Hilfe einer restriktiven Interpretation des Durchführungsverbots vermeiden. So könnte die Kommission hinsichtlich früherer Vergaben und ggf. auch für eine Übergangsfrist Vertrauensschutz gewähren und Art. 88 Abs. 3 S. 3 EG zunächst unangewendet lassen. Das hätte freilich auch für die nationalen Gerichte zu gelten, die Art. 88 Abs. 3 S. 3 EG unmittelbar anzuwenden haben. Im Ergebnis führte eine solche Handhabe allerdings zu dem gleichen Ergebnis wie die Anwendung des Art. 88 Abs. 1 EG auf bestehende Vergaben mit dem Unterschied, dass die Notifikation der Präferenzregelungen nötig wäre, während im Fall der Behandlung als bestehende Beihilfen eine formlose Mitwirkungshandlung der Mitgliedstaaten zu verlangen wäre. Das hätte aber keinen praktischen Unterschied zur Folge, wenn man den nationalen Stellen im Fall der Notifikationsbedürftigkeit eine Umstellungsfrist gewährte und nicht sofort die Unwirksamkeitsfolge des Art. 88 Abs. 3 S. 3 EG eingriffe.

687 Beihilfen, die nach dieser Vorschrift als genehmigt gelten, sind nach Art. 1 lit. b) iii) BhVfVO bestehende Beihilfen.

688 EuGH, Rs. C-354/90 (*FNCE*), Slg. 1991 I, 5505 (5527), Rn. 11.

689 S.o. bei 2.2.5.4.

690 Selbst wenn im Ergebnis keine unerlaubte Beihilfe vorliegen sollte. Denn wegen des Prüfungsmonopols der Kommission ist die Gesamtheit der notifizierungsbedürftigen Maßnahmen zwangsläufig größer als die der von Art. 87 Abs. 1 EG letztlich erfassten Maßnahmen.

warten die Vergabestellen nicht die abschließende Kommissionsentscheidung ab, so ist jeder Beschaffungsvorgang, der auf dieser Regelung beruht, als potenzieller Beihilfefall zu beurteilen.[691] Dann stellt sich die noch zu erörternde Frage nach den Auswirkungen für den über den Auftrag geschlossenen Vertrag.

4.2.3. Einzelne Vergaben

Angesichts des beihilferechtlich insgesamt akzeptablen Rechtsrahmens für die Vergabe öffentlicher Aufträge sind *einzelne Vergaben* grundsätzlich nicht anzeigebedürftig, sofern beschaffungsfremde Kriterien außer Betracht bleiben.[692] (Zukünftige) Einzelvergaben können aber als Einzelbeihilfen (Art. 1 lit. e) BhVfVO) der Notifikationspflicht des Art. 88 Abs. 3 S. 1 EG unterliegen, wenn beispielsweise die Kommission die Genehmigung einer Präferenzregelung als Beihilferegelung von der gesonderten Anzeige bestimmter Einzelvergaben, etwa ab einem gewissen Auftragswert, abhängig macht. Das gleiche gilt, wenn ein Auftraggeber bei der Anwendung einer an sich nicht anmeldebedürftigen Regelung zu dem Ergebnis kommt, dass aufgrund ihrer konkreten Anwendung Beihilfeelemente nicht auszuschließen sind; ferner, wenn – wie im Fall marktnaher F&E-Aufträge – auch ohne Berücksichtigung vergabefremder Kriterien Beihilfeelemente nicht unwahrscheinlich sind.[693] Im Fall einer möglichen Einzelbeihilfe bedarf es der Anzeige der geplanten Vergabe spätestens vor der Zuschlags*erteilung*. Die Bestimmung des Beihilfeelements setzt indes voraus, dass die Vergabestelle bereits ein Auftragsangebot ausgewählt, also eine Zuschlags*entscheidung* gefällt hat.[694] Die Veröffentlichung der Ausschreibung im

---

691 Zurückhaltender *Lübbig* (EuZW 1999, 671 (672)), der allerdings die Notifikationsbedürftigkeit der Präferenzregelung selbst nicht in Betracht zieht. Von der Anmeldepflicht unberührt bleibt das Recht der Kommission, von sich aus gegen unangemeldete Beihilfen vorzugehen. Wegen der Erforderlichkeit einer formellgesetzlichen Grundlage für vergabefremde Regelungen (§ 97 Abs. 4 Hs. 2 GWB) mangelt es insoweit jedenfalls nicht an Transparenz; vgl. auch *Bartosch*, EuZW 2001, 229 (232). § 97 Abs. 4 Hs. 2 GWB als Rechtsgrundlage von Präferenzbestimmungen im deutschen Recht bleibt vom Beihilfeverbot unberührt. Da aufgrund dieser Vorschrift auch gemeinschaftsrechtskonforme Präferenzen möglich sind, bestehen gegen sie sub specie Art. 87 ff. EG keine Bedenken.

692 So auch *Lübbig*, EuZW 1999, 671 (672).

693 Dazu im Einzelnen unter 2.2.2., 2.2.3.3.6., 2.2.2.3., 2.2.2.6. und 2.2.2.4.

694 Die Notifikation ist folglich in dem Zeitraum erforderlich, in dem der Auftraggeber auch die unterlegenen Bieter nach § 13 S. 1 VgV zu informieren hat.

Amtsblatt genügt den formalen Anforderungen an die Notifizierungspflicht nicht.[695]

4.3. Unwirksamkeitsfolgen für beihilferechtswidrige öffentliche Aufträge

4.3.1. Auslöser von Unwirksamkeitsfolgen für beihilferechtswidrige öffentliche Aufträge

Hält sich ein Mitgliedstaat vor Anwendung einer neuen Präferenzregelung beziehungsweise vor einer beihilferelevanten Einzelvergabe an das in Art. 88 Abs. 3 S. 1 EG, Art. 2 BhVfVO vorgesehene Anmeldungsverfahren für neue Beihilfen gemäß Art. 1 lit. c) BhVfVO, so kann er im Anschluss an eine Positiventscheidung der Kommission in rechtmäßiger Weise Aufträge (unter Berücksichtigung beschaffungsfremder Kriterien) vergeben.

Ansonsten gilt für Vergaben, denen eine Präferenzregelung zugrunde liegt, und für einzelne Vergaben, die aus anderen Gründen beihilferelevant sind, wie für andere Subventionsformen: Die Unwirksamkeit und als deren mögliche Folge die Rückforderung von Beihilfen ergeben sich in Fällen neuer Beihilfen schon aus der Verletzung des Durchführungsverbots des Art. 88 Abs. 3 S. 3 EG; im Übrigen aus der Missachtung der abschließenden Kommissionsentscheidung gemäß Art. 88 Abs. 2 S. 1 EG. Die Unwirksamkeit des Beihilfevorhabens tritt jeweils mit unmittelbarer Wirkung im nationalen Recht ein.[696] Bis zu einer Negativentscheidung der Kommission sind die als bestehende Beihilfen einzuordnenden Präferenzen rechtmäßige Grundlage darauf beruhender Beschaffungsvorgänge.

---

695 Art. 88 Abs. 3 S.1 EG ist so zu verstehen, dass die Notifizierung als solche erkennbar sein muss und gegenüber der Generaldirektion Wettbewerb zu erfolgen hat. Auch aus der bloßen Veröffentlichung im Amtsblatt ergibt sich nicht die mögliche Absicht der Beihilfegewährung, so dass auch insofern die Anforderungen der Notifizierungspflicht nicht gegeben wären. Außerdem dürfte die zuständige Generaldirektion Wettbewerb angesichts der großen Zahl veröffentlichter Aufträge kaum in der Lage sein, jeden Einzelfall zu registrieren. In diesem Sinne auch *Flach*, S. 160.

696 Die unmittelbare Anwendbarkeit des Art. 88 Abs. 3 S. 3 hat der EuGH in nunmehr ständ. Rspr. festgestellt; vgl. nur EuGH, Rs. 120/73 (*Lorenz*), Slg. 1973, 1471 (1483), Rn. 8. Während sich aus Art. 81 Abs. 2 EG die Nichtigkeit der gegen das Kartellverbot des Art. 81 Abs. 1 EG verstoßenden Vereinbarungen oder Beschlüsse mit unmittelbarer Wirkung ergibt, fehlt es im Beihilferecht an einer entsprechenden Vorschrift. Art. 87 Abs. 1 EG ist erst mit einer konkretisierenden abschließenden (negativen) Entscheidung der Kommission, Art. 249 UAbs. 3 EG, unmittelbar anwendbar.

Aufgrund der Verfahrensautonomie der Mitgliedstaaten richtet sich die Umsetzung von Unwirksamkeitsfolgen einschließlich der Rückabwicklung von Beihilfen nach den Bestimmungen des einschlägigen nationalen Rechts (vgl. Art. 14 Abs. 3 S. 3 BhVfVO).[697] Um die maßgeblichen Vorschriften des deutschen Rechts bestimmen zu können, soll im Folgenden zunächst die einschlägige Rechtsform der Subventionierung geklärt werden, also die Zuordnung der Vergabe öffentlicher Aufträge zum öffentlichen Recht beziehungsweise zum Zivilrecht.[698] Danach ist zu untersuchen, wie sich ein Verstoß gegen das Durchführungsverbot auf die Wirksamkeit einer beihilfegewährenden Auftragsvergabe auswirkt, und ferner, welche Konsequenzen eine Missachtung der abschließenden Kommissionsentscheidung hat, wenn bei einer Auftragsvergabe eine als bestehende Beihilfe zu qualifizierende Präferenzregelung berücksichtigt wurde.

4.3.2. Einstufig privatrechtliche Ausgestaltung öffentlicher Aufträge

Nach der Konzeption des deutschen Vergaberechts werden öffentliche Aufträge in Form privatrechtlicher Verträge vergeben, wobei Zuschlag und Vertragsschluss einheitlich ergehen.[699] Auftragsvergaben lassen sich nicht in eine Bewilligungsentscheidung in Form eines Verwaltungsaktes einerseits und einen davon gesondert zu beurteilenden privatrechtlichen Vertrag andererseits aufteilen.[700] Diese Konzeption ist angesichts der Regelung in Art. 2 Abs. 6 und Art. 2 Abs. 1 Buchst. a und b ÜWR[701] keine Selbstverständlichkeit. Der EuGH hat diese Bestimmungen in der Entscheidung *Alcatel Austria* dahingehend ausgelegt, dass „die Mitgliedstaaten verpflichtet sind, die dem Vertragsschluss vorangehende Entscheidung des Auftraggebers darüber, mit welchem Bieter eines Vergabeverfahrens er den Vertrag schließt, in jedem Fall einem Nachprüfungs-

---

697 Vgl. auch EuGH, Verb. Rs. 205-215/82 (*Deutsche Milchkontor*), Slg. 1983, 2633 (2665 f.), Rn. 17 ff.; EuGH, Rs. 142/87 (*Tubemeuse*), Slg. 1990 I, 959 (1019), Rn. 61.

698 Die Begriffe Privatrecht und Zivilrecht werden hier entsprechend ihrem heutigen Inhalts (vgl. *Tilch/Arloth* (Hrsg.), Band 3, S. 4951) als Synonyme verwendet.

699 Vgl. *Kling*, S. 85. Mit der Mitteilung der Zuschlagsentscheidung als Annahmeerklärung kommt der Vertrag zustande.

700 Zur Frage der Zuordnung öffentlicher Aufträge zum öffentlichen oder privaten Recht und der Anwendbarkeit der Zweistufenlehre bereits *Zuleeg*, NJW 1962, 2231 (2231 ff.).

701 „Auf den nach Zuschlagserteilung des Auftrags geschlossenen Vertrag“ und „nach dem Vertragsschluß im Anschluß an die Zuschlagserteilung“.

verfahren zugänglich zu machen, in dem der Antragsteller [...] die Aufhebung der Entscheidung erwirken kann“[702].

Der Gefahr gemeinschaftsrechtswidriger Rechtsschutzdefizite unterlegener Bieter ist der Bundesgesetzgeber nunmehr mit § 13 der Vergabeverordnung (VgV)[703] begegnet. Danach hat der Auftraggeber die unberücksichtigten Bieter 14 Tage vor dem geplanten Vertragsschluss über die beabsichtigte Zuschlagserteilung zu informieren; ansonsten ist der Vertrag gemäß § 13 S. 4 VgV nichtig. Diese Lösung gewährleistet einen umfassenden Primärrechtsschutz unterlegener Bieter, wird den sekundärrechtlichen Vorgaben gerecht und erhält die Einstufigkeit des deutschen Vergabeverfahrens aufrecht. Für eine zweistufige Ausgestaltung des Vergabeverfahrens[704] besteht kein Anlass.[705]

Ein im Einzelfall gewährtes Beihilfeelement lässt sich zwar als öffentlich-rechtlicher Teilaspekt des Rechtsgeschäfts beurteilen. Aber bei einer Betrachtung des Gesamtgeschäfts ist trotz Vorliegens eines „fragmentarischen Subventionsverhältnisses“[706] einheitlich von einer rein privatrechtlichen Gestaltung aus-

---

702 EuGH, Rs. C-81/98 (*Alcatel Austria*), Slg. 1999 I, 7671 (7708 f.), Rn. 43; vgl. dazu *Schwarze*, EuZW 2000, 133 (139 f.).

703 BGBl. 2001, S. 110.

704 Mit der Folge erheblicher dogmatischer Schwierigkeiten, vgl. dazu *Boesen*, § 114 GWB, Rn. 31 f.; *Pietzcker*, ZHR 162 (1998), 427 (458). Zur zweistufigen Ausgestaltung vgl. *Noch*, in Byok/Jaeger, § 102 GWB, Rn. 537 m.w.N.

705 Mit vielen verdeckten Zuwendungsarten (wie der Vergabe öffentlicher Aufträge) hat sich die öffentliche Hand die Freiheit bei der Wahl der Subventionsform mittlerweile selbst gewährt. Eine Beschränkung auf einen Kanon bestimmter Subventionsformen wäre antiquiert und nicht sachgemäß (so aber noch *Ehlers*, VerwArch 74 (1983), 112 ff.); vgl. auch *Papier*, ZHR 152 (1988), 493 (493 f.) zu den verschiedenen Rechtsformen nach deutschem Recht.

706 *Reufels*, S. 102. Treffend auch *Zuleeg*, NJW 1962, 2231 (2233): „Vielmehr ist die bevorzugte Vergabe an einzelne stets als „subvention cachée“, als verborgene Fördermaßnahme Bestandteil eines einheitlich zu beurteilenden Rechtsverhältnisses [...].“

zugehen.[707] Denn der fiskalische Beschaffungszweck steht weiter im Vordergrund. Die Form der Rückabwicklung richtet sich nach der Form der Subventionsvergabe.[708] Folglich bestimmen sich die Rechtsfolgen für beihilferechtswidrige öffentliche Aufträge allein nach den Normen des Privatrechts.[709]

4.3.3. Wirkungen des Art. 88 Abs. 3 S. 3 EG: Vorgaben des Gemeinschaftsrechts

Wie bereits angedeutet, ist die Vorschrift des Art. 88 Abs. 3 S. 3 EG für die Beurteilung nicht genehmigter neuer Beihilfen von zentraler Bedeutung. Um die Wirkungen eines Verstoßes gegen diese Bestimmung für Auftragsvergaben zu bestimmen, ist zunächst ihre generelle Bedeutung für privatrechtliche Subventionsverhältnisse zu klären.

4.3.3.1. Kompetenzen der Kommission und der mitgliedstaatlichen Gerichte

Der Kommission obliegt die Kontrolle von Beihilfen an Art. 87 EG. Sie hat in jedem Fall über die Gemeinschaftskonformität begünstigender Maßnahmen der Mitgliedstaaten zu entscheiden, unabhängig davon, ob ein Vorhaben bereits gegen das Stand-Still-Gebot des Art. 88 Abs. 3 S. 3 EG verstößt oder nicht.[710] Allein aufgrund einer Missachtung des Art. 88 Abs. 3 S. 3 EG kann sie Beihilfen nicht für rechtswidrig erklären und zurückfordern.[711] Erst mit einer abschließen-

---

[707] Davon zu unterscheiden ist die unterschiedlich beantwortete Frage, ob die Entscheidung über das Vorliegen der Voraussetzungen eines vergabefremden Kriteriums einen Verwaltungsakt darstellt. Zutreffend ist es wohl, diese Entscheidung als bloßen Realakt anzusehen. Nur gedanklich handelt es sich um zwei Schritte (erst Entscheidung über die Bevorzugteneigenschaft, anschließend die Vergabeentscheidung mit der Auswahl des Auftragnehmers); ein gesonderter Verwaltungsakt über das Vorliegen der Bevorzugteneigenschaft ergeht aber gerade nicht. Vgl. BVerwGE 14, 65 (69 f.); *Kling*, S. 84 ff. und S. 751 f.; *Maurer*, § 17, Rn. 31 m.w.N. Bei der beihilferechtlichen Betrachtung geht es indessen nicht um das „Ob" der Bevorzugung, sondern um den aufgrund des beschaffungsfremden Kriteriums möglicherweise verteuerten öffentlichen Auftrag selbst.

[708] Vgl. BGHZ 40, 206 (211); BVerwGE 89, 345 (348 ff.).

[709] Die folgenden Ausführungen lassen sich auch auf die Behandlung anderer einstufiger Subventionen übertragen, z.B. kommunale Immobilienverkäufe oder Privatisierungen sowie die verschiedenen Formen der Finanzierung öffentlicher Unternehmen. Dass dabei jeweils auch ein öffentlich-rechtliches Element vorliegt, spielt insoweit keine Rolle; vgl. auch *Triantafyllou*, DÖV 1999, 51 (52); *Reufels*, S. 102.

[710] EuGH, Rs. C-354/90 (*FNCE*), Slg. 1991 I, 5505 (5528), Rn. 14. Vgl. auch die Ausführungen von GA *Jacobs*, ebda., S. 5518 f., Tz. 21 ff.

[711] EuG, Rs. T-49/93 (*SIDE*), Slg. 1995 II, 2501 (2533), Rn. 84.

den Negativentscheidung ist sie berechtigt, die Rückforderung einer Beihilfe dauerhaft anzuordnen.[712]

Anders die mit Konkurrentenklagen befassten nationalen Gerichte[713]: Da die materielle Rechtmäßigkeitskontrolle allein der Kommission zusteht[714], haben sie nicht über die Voraussetzungen des Art. 87 EG zu entscheiden, können aber wegen eines Verstoßes gegen Art. 88 Abs. 3 S. 3 EG die Rückzahlung einer bloß formell rechtswidrigen Beihilfe anordnen und so die unmittelbare Wirksamkeit der Vorschrift sicherstellen.[715] Diese Möglichkeit hat die Kommission nicht.[716] Andererseits präjudiziert die Feststellung eines Verstoßes gegen Art. 88 Abs. 3 S. 3 EG durch ein mitgliedstaatliches Gericht nicht die Entscheidung der Kommission über die Vereinbarkeit mit dem Gemeinsamen Markt.[717]

---

712 Art. 14 Abs. 1 BhVfVO. Vgl. auch EuGH, Rs. C-301/87 (*Boussac*), Slg. 1990 I, 307 (356 f.), Rn. 19 ff. In den Fällen des Art. 11 Abs. 2 BhVfVO kann die Kommission die *einstweilige* Rückforderung anordnen. Dieses Recht hatte die Kommission bereits vor Einführung der BhVfVO für sich in Anspruch genommen; vgl. Mitteilung der Kommission, ABl. 1995, C 156/5.

713 Bzw. die Vergabe-Nachprüfungsinstanzen.

714 Der Prüfungsumfang der nationalen Gerichte beschränkt sich auf die Auslegung des Tatbestands der Beihilfe. Dazu gehört also auch nicht die Prüfung der Voraussetzungen einer Wettbewerbsverfälschung und einer Handelsbeeinträchtigung. Vgl. dazu die Bekanntmachung der Kommission über die Zusammenarbeit zwischen der Kommission und den Gerichten der Mitgliedstaaten im Bereich der staatlichen Beihilfen, ABl. 1995, C 312/8 (9 ff.).

715 EuGH, Rs. C-354/90 (*FNCE*), Slg. 1991 I, 5505 (5527 f.), 11 ff. Um festzustellen, ob es sich überhaupt um eine Beihilfe handelt, bedarf es freilich der Subsumtion der Maßnahme unter die Tatbestandsmerkmale Begünstigung, staatliche Zurechnung und Bestimmtheit. Die aufgrund von Konkurrentenklagen mit Verstößen gegen Art. 88 Abs. 3 S. 3 EG befassten nationalen Rechtsschutzinstanzen dürften damit – vor allem bei Vergabepräferenzen - regelmäßig Probleme haben. Für diese Fälle weist die Kommission ausdrücklich auf die Möglichkeiten eines Amtshilfeersuchens bei der Kommission oder einer Vorlage beim EuGH hin; vgl. die Bekanntmachung der Kommission über die Zusammenarbeit zwischen der Kommission und den Gerichten der Mitgliedstaaten im Bereich der staatlichen Beihilfen, ABl. 1995, C 312/8 (11 ff.), Tz. 23 ff.

716 Auch mit der *FNCE*-Entscheidung (dazu sogleich) hält der EuGH an den *Boussac*-Grundsätzen fest. Vgl. die Ausführungen von GA *Jacobs*, in EuGH, Rs. C-354/90 (*FNCE*), Slg. 1991 I, 5505 (5519), Tz. 23.

717 EuGH, Rs. C-354/90 (*FNCE*), Slg. 1991 I, 5505 (5528), Rn. 14.

4.3.3.2. Die Ungültigkeitsfolge des Art. 88 Abs. 3 S. 3 EG: Die Entscheidung *FNCE*

Eine andere Frage ist, welche Auswirkungen die Missachtung des Durchführungsverbots - unabhängig vom Einschreiten der Kommission - für die beihilfegewährende Maßnahme hat, hier also für den Zuschlag und den Abschluss eines Vertrages über die vergebene Leistung. Sollte ein Verstoß gegen Art. 88 Abs. 3 S. 3 EG stets die – endgültige – Unwirksamkeit eines beihilfegewährenden Vertrages nach sich ziehen, bedürfte es womöglich selbst im Fall einer anschließenden Positiventscheidung der Kommission einer konstitutiven Neuvergabe des Auftrags.[718]

Zu den Folgen einer Verletzung des Art. 88 Abs. 3 S. 3 EG hat der EuGH in der Rechtssache *FNCE* grundlegende Aussagen getroffen: Die Verletzung des Stillhaltegebots

> „beeinträchtigt [...] die Gültigkeit der Rechtsakte zur Durchführung von Beihilfemaßnahmen. Die nationalen Gerichte müssen daraus zugunsten der einzelnen, die sich auf eine solche Verletzung berufen können, entsprechend ihrem nationalen Recht sämtliche Folgerungen sowohl bezüglich der Gültigkeit der Rechtsakte zur Durchführung der Beihilfemaßnahmen als auch bezüglich der Betreibung der unter Verletzung dieser Bestimmung gewährten finanziellen Unterstützungen oder eventueller vorläufiger Maßnahmen ziehen. [...] Die [...] abschließende Entscheidung der Kommission hat nicht die Heilung der unter Verstoß gegen das Verbot des Artikels 93 Absatz 3 Satz 3 EWG-Vertrag ergangenen und deshalb ungültigen Durchführungsmaßnahmen zur Folge."[719]

Zu klären bleibt die genaue Reichweite der „Beeinträchtigung der Gültigkeit" (im Folgenden: „Ungültigkeit") beihilfegewährender Verträge, zunächst gemeinschaftsrechtlich, dann nach deutschem Privatrecht. Ausgangspunkt ist, dass im Gegensatz zum materiell-rechtlichen Beihilfeverbot des Art. 87 Abs. 1 EG

---

[718] Davon zu unterscheiden ist die Frage, ob es in den Fällen der Beihilfegewährung während eines laufenden Prüfverfahrens auch einer erneuten Anmeldung des Vorhabens bei der Kommission bedürfte. Das ist abzulehnen, weil die Rechtswidrigkeit der Durchführungsmaßnahmen nicht die Gültigkeit des Beihilfevorhabens als solchem berührt; vgl. GA *Jacobs*, in EuGH, Rs. C-354/90 (*FNCE*), Slg. 1991 I, 5505 (5521 f.), Tz. 33; a.A. die Kommission, ebda., S. 5511 f., Tz. 16.

[719] EuGH, Rs. C-354/90 (*FNCE*), Slg. 1991 I, 5505 (5528 f.), Rn. 12 und 16; Hervorhebungen von mir.

auch Durchführungsrechtsakte von Art. 88 Abs. 3 S. 3 EG erfasst sind, selbst wenn nur ein Teil der staatlichen Leistung als Beihilfe zu beurteilen ist.[720] Damit die wettbewerbsverfälschenden Wirkungen eines Beihilfevorhabens nicht vor einer Positiventscheidung der Kommission eintreten, kann das Durchführungsverbot weitergehende Wirkungen haben als die Rückabwicklung einer (bloß) mit Art. 87 Abs. 1 EG nicht zu vereinbarenden Beihilfe.[721] Für private Rechtsgeschäfte bedeutet dies, dass sie insgesamt von der Rechtsfolge „Ungültigkeit" erfasst werden.[722] Weiter stellt sich aber die Frage, ob gemeinschaftsrechtlich als Unwirksamkeitsfolge die Nichtigkeit des beihilfegewährenden Vertrages geboten ist, oder ob den Vorgaben der *FNCE*-Rechtsprechung auch mit dem Institut der schwebenden Unwirksamkeit Genüge getan wird.[723]

4.3.3.3. Nichtigkeit des beihilfegewährenden Vertrages bei Konkurrentenklage

Deutlich sind die zitierten Ausführungen des Gerichtshofs in der *FNCE*-Entscheidung für den Fall einer Konkurrentenklage gegen den beihilfegewährenden Staat vor einem nationalen Gericht wegen Verletzung des Durchführungs-

---

[720] Der EuGH spricht in der *FNCE*-Entscheidung ohne Einschränkung von den „Rechtsakte[n] zur Durchführung". Auch der Wortlaut des Art. 88 Abs. 3 S. 3 EG erfasst die gesamte Maßnahme. Dahinter steht die Überlegung, dass die genaue Bezifferung des Subventionsäquivalents erst mit der abschließenden Entscheidung der Kommission möglich ist. Vgl. auch *Deckert/Schroeder*, EuR 1998, 291 (316 f.).

[721] Vgl. *Habersack*, ZHR 159 (1995), 663 (679); *Roth*, in Koenig, S. 133 (149 f.); a.A. *Hopt/Mestmäcker*, WM 1996, 753 (761).

[722] Noch weiter geht die Frage, ob der Zweck des Stillhaltegebots erfordert, Maßnahmen in die Nichtigkeitswirkung einzubeziehen, welche die eigentliche Beihilfe begleiten und ihrem Vollzug dienen, aber von ihr isoliert werden können. Diese sehr streitige Problematik stellt sich im Hinblick auf Dreiecksverhältnisse, etwa bei dem zwischen Mitgliedstaat und Bank geschlossenen Bürgschaftsvertrag, wenn die (öffentlich-rechtliche) Bürgschaftszusage gegen Art. 88 Abs. 3 S. 3 EG verstößt. Vgl. dazu (jeweils ablehnend) *Habersack*, ZHR 159 (1995), 663 (679 ff.); *Hopt/Mestmäcker*, WM 1996, 801 (805 f.). Allgemein gegen die Ausdehnung des Anwendungsbereichs des Art. 88 Abs. 3 S. 3 EG auf Rechtsverhältnisse, die zwar mit der Beihilfemaßnahme in Zusammenhang stehen, aber von ihr rechtlich zu trennen sind *Deckert/Schroeder*, EuR 1998, 291 (316); dafür *Roth*, in Koenig, S. 133 (149 ff.); *Steindorff*, ZHR 152 (1988), 474 (488); *ders.*, EuZW 1997, 7 (8 ff.).

[723] *Unwirksamkeit* wird hier verstanden als Oberbegriff für die verschiedenen Möglichkeiten der Beeinträchtigung von Rechtsgeschäften in ihrer Wirksamkeit, *Nichtigkeit* als unheilbare, also endgültige Unwirksamkeit eines Rechtsgeschäfts. Vgl. *Larenz/Wolf*, § 44, Rn. 3.

verbots[724]: Dann kann eine spätere Positiventscheidung der Kommission nicht zur Heilung der formell rechtswidrigen Maßnahme führen.[725] Das nationale Gericht hat die unheilbare „Ungültigkeit", also die Nichtigkeit der Maßnahme festzustellen. Sollte die Kommission die Beihilfe für mit dem Gemeinsamen Markt vereinbar befinden, wäre der Mitgliedstaat gezwungen, die Maßnahme erneut vorzunehmen. Dieses Ergebnis ergibt sich vor allem aus der Interessenlage des klagenden Konkurrenten, die auch der *FNCE*-Entscheidung zugrunde lag:

Die Klage auf Nichtigerklärung einer interministeriellen Verordnung wurde vor Erlass der Kommissionsentscheidung, die aber während des Verfahrens beim EuGH erging, anhängig.[726] Hätte der EuGH in diesem Fall eine Heilbarkeit des Verstoßes gegen das Durchführungsverbot durch die Kommissionsentscheidung für möglich gehalten, wäre dies mit Blick auf das Gebot effektiven Rechtsschutzes mehr als bedenklich gewesen. Denn eine im Laufe eines andauernden Verfahrens vor einem nationalen Gericht ergehende Vereinbarkeitsentscheidung

---

724 Davon unberührt bleibt die Geltendmachung möglicher privatrechtlicher Ansprüche des Konkurrenten aufgrund der unmittelbaren Wirkung des Art. 88 Abs. 3 S. 3 EG. Hier kommen (vorbeugende) Ansprüche aus § 1 UWG sowie quasi-deliktische Unterlassungsansprüche (§ 1004 BGB analog) und möglicherweise Schadensersatz in Betracht; vgl. *Groeschke*, BB 1995, 2329 (2332 f.); *Köhler/Steindorff*, NJW 1995, 1705 (1708); *Steindorff*, ZHR 152 (1988), 474 (490); *ders.*, EuZW 1997, 7 (11); *Reufels*, S. 108. Zum Verfahren s.o. unter 4.1.2.

725 Vgl. auch EuGH, Rs. C-39/94 (*SFEI*) (Slg. 1996 I, 3547 (3597), Rn. 67): „Das nationale Gericht ist verpflichtet, durch das abschließende Urteil [...] einen Schutz gegen die Auswirkungen der rechtswidrigen Durchführung von Beihilfen sicherzustellen. Darüber hinaus kann seine Entscheidung von der Kommission nicht mehr in Frage gestellt werden." Vgl. auch EuG, Rs. T-49/93 (*SIDE*), Slg. 1995 II, 2501 (2534), Rn. 86: „Wie in dem erwähnten Urteil Transformateurs de saumon [= Urteil *FNCE*] ausgeführt worden ist, können sich die nationalen Gerichte im übrigen auch dann, wenn die Beihilfen in der abschließenden Entscheidung der Kommission für mit dem Gemeinsamen Markt vereinbar erklärt werden, veranlaßt sehen, die Rechtsfolgen zu bestimmen, die sich aus der Ungültigkeit der von den staatlichen Behörden unter Verstoß gegen die erwähnte Vorschrift des Vertrages getroffenen Durchführungsmaßnahmen ergeben."

726 Die Klage gegen die Verordnung vom April 1985 wurde im Juni 1985 erhoben, im Oktober 1985 fällte die Kommission eine abschließende Entscheidung. Vgl. zum Sachverhalt EuGH, Rs. C-354/90 (*FNCE*), Slg. 1991 I, 5505 (5507), Tz. 1 f., (5516), Tz. 12. Die in derartigen Sonderfällen entstehenden Probleme ließen sich vermeiden, indem das Verfahren vor dem nationalen Gericht ausgesetzt wird, wenn die Kommission mit der fraglichen Maßnahme befasst ist (vgl. *Abbamonte*, ECLR 1997, 87 (92). Indes ist das wegen der Komplementärfunktion von Kommission und nationalen Gerichten jedenfalls nicht notwendig (so auch *Koenig/Kühling/Ritter*, S. 212).

führte dann zwangsläufig zum Unterliegen des klagenden Wettbewerbers.[727] Möglicherweise hätte dieser sogar die Prozesskosten zu tragen.[728] Ein solches Ergebnis würde angesichts der zu befürchtenden Verfahrensdauer vor dem angerufenen Gericht Konkurrenten von der Wahrnehmung innerstaatlichen Rechtsschutzes abhalten, die Sanktionsfunktion des Art. 88 Abs. 3 S. 3 EG aushöhlen und seine praktische Wirksamkeit insgesamt in Frage stellen.[729]

Auch wäre dem klagenden Konkurrenten mit einer abschließenden Negativentscheidung der Kommission in Fällen beihilfegewährender Verträge über beschränkte Güter oder Leistungen nur unzureichend geholfen: Bei vergünstigten Immobilienverkäufen der öffentlichen Hand hätte der Beihilfeempfänger die Differenz zum Verkehrswert nachzuzahlen, bei öffentlichen Aufträgen müsste er möglicherweise nur den übermarktmäßigen Anteil des Leistungsentgelts erstatten.[730] Doch das Interesse des klagenden Konkurrenten wird häufig gerade auf den Erwerb der Immobilie beziehungsweise die Übernahme des Auftrags gerichtet sein. Die Verpflichtung des Beihilfeadressaten zur Nach- bzw. Rückzahlung des Subventionsäquivalents dürfte ihm nicht selten weniger wichtig sein. Vielmehr soll die Klage den Weg zu einer neuen, für ihn möglicherweise

---

727 Wie sich aus der Vorlagefrage in der *FNCE*-Entscheidung (Rs. C-354/90, Slg. 1991 I, 5505 (5508), Tz. 4) und den Schlussanträgen von GA *Jacobs* (ebda., S. 5516, Tz. 12) ergibt, stellte die Kommission schließlich offenbar die Vereinbarkeit mit dem Gemeinsamen Markt fest. Sofern bei der Sachverhaltsdarstellung eine „abschließende negative Entscheidung" der Kommission angenommen wird (ebda., S. 5507, Tz. 1), kann damit nur die Feststellung des Verstoßes gegen Art. 93 Abs. 3 S. 3 EWG-Vertrag gemeint sein. Nach der üblichen Terminologie im Beihilferecht handelt es sich bei einer abschließenden negativen Entscheidung aber um die Entscheidung der Kommission, dass ein Beihilfevorhaben mit dem Gemeinsamen Markt nicht vereinbar ist; sie bezieht sich also auf die *materielle* Rechtswidrigkeit des Beihilfevorhabens.

728 Im deutschen Zivilprozess wäre mit dem Institut der übereinstimmenden oder der einseitigen Erledigungserklärung ein anderes Ergebnis möglich.

729 Vgl. die Schlussfolgerung von GA *Jacobs* in der Rs. *SFEI* (Slg. 1996 I, 3547 (3575), Tz. 85): „Ein nationales Gericht ist befugt, ein aufgrund von Artikel 93 Absatz 3 Satz 3 anhängiges Verfahren weiterzubetreiben, auch wenn die Sache der Kommission vorgelegt worden ist." Das wäre sinnlos, wenn die Entscheidung des nationalen Gerichts von der Entscheidung der Kommission abhängig wäre.

730 Es sei denn, man nimmt aufgrund der Negativentscheidung der Kommission generell Gesamtnichtigkeit des beihilfegewährenden Vertrages an. Die besseren Argumente sprechen aber dagegen; dazu sogleich unter 4.3.6.

erfolgreichen Vergabeentscheidung der Behörde bereiten.[731] Das geht nur, wenn die Klage des Wettbewerbers zur Nichtigkeit des (im deutschen Privatrecht: obligatorischen *und* des dinglichen[732]) Vertrages führt.

4.3.3.4. Grad der Unwirksamkeitsfolge bei unterbleibender Konkurrentenklage

Eine wesentlich unterschiedliche Sachverhaltsgestaltung liegt aber dann vor, wenn ein Verstoß gegen Art. 88 Abs. 3 S. 3 EG nicht durch einen Dritten gerichtlich geltend gemacht wird. Auch in diesem Fall ist nach dem *FNCE*-Urteil allein wegen der Missachtung des Durchführungsverbots die „Gültigkeit" der „Rechtsakte zur Durchführung von Beihilfemaßnahmen" „beeinträchtigt". Ein in seiner „Gültigkeit"[733] beeinträchtigter Rechtsakt ist jedoch nicht zwangsläufig nichtig, sondern kann auch eine andere Form der Unwirksamkeit annehmen. Denn möglicherweise überwindet eine spätere positive Kommissionsentscheidung die „Ungültigkeit" der Maßnahme wenigstens für die Zukunft.[734] Denkbar ist das, weil die Rechtswidrigkeit der Durchführungsmaßnahmen noch nichts

---

[731] Das Beispiel des vergünstigten Grundstückverkaufs nennt *Pechstein* (EuZW 1998, 495 (497)) als Argument für die Annahme der Nichtigkeit aufgrund einer Verletzung des Art. 88 Abs. 3 S. 3 EG. Für den Fall der Konkurrentenklage ist dem zu folgen, da der Mitbewerber dann sein Interesse an einer neuen Vergabeentscheidung durchsetzen können soll. Unterlässt er das, beschränkt sich das öffentliche und wettbewerbliche Interesse auf die Beseitigung der Wettbewerbsverzerrung durch Abschöpfung des Beihilfeelements; dazu sogleich unter 4.3.3.4.

[732] Zwar lässt die Nichtigkeit des Verpflichtungsgeschäfts die Gültigkeit des Erfüllungsgeschäfts in der Regel unberührt. Das gilt aber dann nicht, wenn die Umstände, die den Gesetzesverstoß begründen, zugleich und unmittelbar auch das Erfüllungsgeschäft betreffen, u.a. wenn das Verbot eine Vermögensverschiebung verhindern soll; vgl. *Heinrichs*, in Palandt, § 134 BGB, Rn. 13. So ist es aber hier; vgl. *Pechstein*, EuZW 1998, 495 (496 f.) zur *FNCE*-Entscheidung: Der EuGH habe keine die Beihilfe vollziehende Maßnahme – wozu der dingliche Vertrag eindeutig gehört – von der Ungültigkeitsfolge ausgenommen; dem Beihilfeempfänger solle nicht nur der schuldrechtliche Titel für das Behaltendürfen entzogen werden, sondern dieser Vorteil selbst. Beließe man es bei der Nichtigkeit des schuldrechtlichen Vertrages, so wäre dies eine Einladung an die Behörde, die alte rechtswidrige Entscheidung mit bloßen Nachzahlungen auf der bloß schuldrechtlichen Ebene zu „heilen". Daher sei auch der dingliche Akt der Eigentumsübertragung nicht neutral im Hinblick auf Art. 88 Abs. 3 S. 3 EG.

[733] In der französischen Originalfassung des Urteils „la validité", also Gültigkeit, Rechtswirksamkeit oder Rechtmäßigkeit.

[734] So *Hopt/Mestmäcker*, WM 1996, 801 (805).

über die Gültigkeit des Beihilfevorhabens aussagt.[735] Der wegen des Verstoßes gegen Art. 88 Abs. 3 S. 3 EG zunächst „ungültige" Durchführungsakt könnte mit der Feststellung der Zulässigkeit des Beihilfevorhabens an sich[736] durch eine Positiventscheidung der Kommission gleichfalls Wirksamkeit erlangen. Im Fall einer Negativentscheidung könnte sich die wieder auflebende Wirksamkeit auf den Teil des Vertrages beziehen, der von dem Beihilfeelement unbeeinflusst geblieben ist.

4.3.3.4.1. Deutung der *FNCE*-Entscheidung

Dafür lässt auch die Entscheidung des Gerichtshofs in der Sache *FNCE* Raum: Während die Ausführungen zur Beeinträchtigung der Durchführungsakte von Beihilfemaßnahmen in Randnummer 12 des Urteils sämtliche Verstöße gegen das Durchführungsverbot unabhängig von ihrer Geltendmachung durch Konkurrenten betreffen, bezieht sich der Ausschluss der Heilungsmöglichkeit (Randnummer 16) allein auf die Verpflichtungen der nationalen Gerichte, von denen in den Randnummern 13 und 14 die Rede ist. Dass auch in den übrigen Fällen der Missachtung des Stillhaltegebots die Nichtigkeitsfolge greifen soll, setzt der zitierte Wortlaut der Entscheidung nicht voraus. Noch pointierter kommt das in der Entscheidung *Demoor* zum Ausdruck, worin der EuGH darauf abstellt, dass „eine solche Verletzung von einem einzelnen, der hierzu berechtigt ist, geltend gemacht und von den nationalen Gerichten festgestellt" wird.[737]

Unterbleibt eine Konkurrentenklage, können außerdem die o.a. besonderen Interessen eines prozessierenden Wettbewerbers außer Betracht bleiben. Die Rechtsstellung anderer Unternehmen wird nach einer späteren Negativentscheidung der Kommission durch die Abschöpfung des vertraglichen Beihilfeelements gesichert. Dem Konkurrenten steht aber nicht der besondere Schutz zu,

---

735 Zu dieser Unterscheidung vgl. GA *Jacobs*, in EuGH, Rs. C-354/90 (*FNCE*), Slg. 1991 I, 5505 (5521 f.), Tz. 33.

736 Unstreitig begründet eine Positiventscheidung der Kommission die Zulässigkeit einer beabsichtigten Beihilfe für die Zukunft; vgl. nur *Steindorff*, EuZW 1997, 7 (ebda.).

737 EuGH, Verb. Rs. C-144/91 und C-145/91 (*Demoor*), Slg. 1992 I, 6613 (6631), Rn. 26. Vgl. auch EuGH, Rs. C-39/94 (*SFEI*), Slg. 1996 I, 3547 (3597), Rn. 67, sowie die Ausführungen von GA *Jacobs* (ebda. S. 3571, Tz. 70).

den nur ein nationales Gericht gewähren kann.[738] Will er zügig eine neue Vergabeentscheidung über ein beschränktes Gut herbeiführen, kann er den Weg der Konkurrentenklage gehen.[739] Kommt es später zu einer Positiventscheidung der Kommission, wäre den Wettbewerbern mit der Annahme von Nichtigkeit schließlich nicht gedient, da es dem Mitgliedstaat unbenommen bliebe, die gleiche Maßnahme erneut vorzunehmen.[740] Im Falle einer Negativentscheidung wird jedenfalls eine der Parteien häufig kein Interesse daran haben, den Vertrag zu veränderten Konditionen aufrechtzuerhalten, sodass es ohnehin zu einer neuen Entscheidung über die Beihilfevergabe kommen wird.[741]

Auch das EuG schließt nicht aus, dass eine abschließende Entscheidung der Kommission die Wirkungen des Durchführungsverbots gegenstandslos machen kann. Im Beschluss zur Rechtssache *Stadt Mainz* bestätigte das Gericht die Auffassung der Kommission, dass ein Grundstücksverkauf der öffentlichen Hand zum Teil Beihilfeelemente enthielt. Obwohl das Beihilfevorhaben gegen Art. 88 Abs. 3 S. 3 (ex-Art. 93 Abs. 3 S. 3) verstieß[742], ging das EuG nicht von der Nichtigkeit des Kaufvertrages (und der Übereignung) aus. Vielmehr wies es darauf hin, dass „allein das deutsche Gericht für die Feststellung zuständig ist, ob die Änderung des Kaufpreises infolge der Entscheidung, mit der die Rückforderung der angeblichen Beihilfe angeordnet wird, nach den einschlägigen Bestimmungen des deutschen Rechts unter den Umständen des vorliegenden Falles die völlige oder teilweise Nichtigkeit des Vertrages rechtfertigen kann.“[743]

Wäre das EuG von einer unheilbaren Ungültigkeit der Durchführungsakte ausgegangen, hätte es die konkrete Ausgestaltung der Unwirksamkeitsfolge nicht

---

[738] Vgl. GA *Jacobs* in Rs. C-39/94 *(SFEI)*, Slg. 1996, 3547 (3571 f.), Tz. 72 : „Durch die Anordnung der Rückzahlung ergänzt ein nationales Gericht die Rolle der Kommission in der Weise, daß es die Rechte der Wettbewerber bis zur Entscheidung der Kommission schützt. Erhebt ein Wettbewerber schnell Klage vor einem nationalen Gericht, so kann die Wiedereinziehung einer Beihilfe auch in Fällen noch machbar sein, in denen sie zu dem Zeitpunkt, zu dem die Kommission ihre Entscheidung erläßt, nicht mehr möglich wäre.“

[739] Jedenfalls bei Auftragsvergaben ist das den betroffenen Konkurrenten auch zumutbar, da das Vergabeverfahren eine umfassende Transparenz gewährleistet.

[740] Deshalb stellt *Reufels* (S. 116) zutreffend fest, dass sich eine Klage erst dann lohne, wenn zumindest starke Zweifel an der Vereinbarkeit der Beihilfe mit dem Gemeinsamen Markt bestehen.

[741] Vgl. in Bezug auf öffentliche Aufträge sogleich unter 4.3.6.1.

[742] EuG, Rs. T-155/96 R *(Stadt Mainz)*, Slg. 1996 II, 1657 (1658), Rn. 1; vgl. auch die vorausgegangene Entscheidung der Kommission, ABl. 1996, L 283/43 (50).

[743] EuG, Rs. T-155/96 R *(Stadt Mainz)*, Slg. 1996 II, 1657 (1666), Rn. 26.

dem deutschen Gericht überlassen. Es hätte die Nichtigkeit des gesamten Vertrages vorausgesetzt und wäre nicht von einer bloßen Änderung des Kaufpreises ausgegangen. Zwar ergeben sich unmittelbare Folgen aus Art. 88 Abs. 3 S. 3 EG nur für den innerstaatlichen Rechtsschutz. Doch hätte das EuG eine Möglichkeit des nationalen Gerichts, den gegen Art. 88 Abs. 3 S. 3 EG verstoßenden Vertrag umzugestalten, gar nicht in Betracht ziehen können, wenn Art. 88 Abs. 3 S. 3 EG die endgültige Unwirksamkeit des Vertrages bewirken würde.

4.3.3.4.2. Keine Ex-tunc-Heilung

Die Heilung eines Verstoßes gegen Art. 88 Abs. 3 S. 3 EG bei unterbliebener Konkurrentenklage kann aber keinesfalls auf den Zeitpunkt der Ausführung des Durchführungsaktes zurückwirken. Denn bis zu einer Positiventscheidung der Kommission ist das Vorhaben (formell) rechtswidrig. Im Fall einer Heilung ex tunc stände der Zuwendungsempfänger sonst besser, als wenn der Mitgliedstaat sich an das Notifikationsverfahren gehalten hätte.[744] Im Zeitraum zwischen der Durchführung der nicht angemeldeten Beihilfemaßnahme und der abschließenden Kommissionsentscheidung bleibt der Durchführungsakt also in jedem Fall unwirksam; mit einer Positiventscheidung wird er ex nunc wirksam. Für die Zwischenzeit ist die Beihilfe als Darlehen zu betrachten, das der Beihilfeempfänger zu verzinsen hat.[745]

4.3.3.5. Ergebnis

Als Ergebnis ist festzuhalten, dass das Gemeinschaftsrecht eine unheilbare Ungültigkeit der Beihilfedurchführungsakte im Sinne von Nichtigkeit nicht in allen Fällen verlangt, ein gemeinschaftsrechtliches Nichtigkeitsgebot beihilfege-

---

[744] Vgl. die Schlussanträge von GA *Jacobs* in der Rechtssache C-354/90 (*FNCE*), Slg. 1991 I, 5505 (5520), Rn. 28.

[745] Vgl. auch *Hopt/Mestmäcker*, WM 1996, 801 (805); *Reufels*, S. 109.

währender Verträge der Rechtsprechung des EuGH nicht zu entnehmen ist.[746] Art. 88 EG überlässt die Bestimmung der konkreten Unwirksamkeitsfolge damit den Rechtsordnungen der Mitgliedstaaten. Etwas anderes gilt nur dann, wenn in der Zwischenzeit eine Konkurrentenklage vor einem mitgliedstaatlichen Gericht anhängig geworden ist.

4.3.4. Wirkungen des Durchführungsverbots im deutschen Zivilrecht

Im deutschen Zivilrecht fehlt eine § 48 VwVfG[747] entsprechende Norm, die mit einer differenzierten Fehlerfolgenregelung die Rückforderung vertragswidriger Beihilfen unter erleichterten Voraussetzungen ermöglicht. Vielmehr gilt der Grundsatz *pacta sunt servanda*, demzufolge die auf den Willen der – anders als im öffentlichen Recht grundsätzlich gleichgestellten - Parteien zurückzuführenden Rechtsgeschäfte aufrechtzuerhalten sind.[748] Ausnahmen von diesem Prinzip finden sich in erster Linie bei den Einwendungen der allgemeinen Bestimmungen über Rechtsgeschäfte und des Schuldrechts. Dort ist nach einer Unwirk-

---

[746] Sofern nicht ein Fall der Konkurrentenklage vorliegt, s.o. Ohne diese Differenzierung, im Übrigen aber wie hier *Hopt/Mestmäcker*, WM 1996, 801 (805); *Reufels*, S. 114; wohl auch *Roth*, in Koenig, 133 (153 ff.); bezüglich öffentlich-rechtlicher Subventionsverträge *Schneider*, NJW 1992, 1197 (1198 f.). A.A. *Steindorff*, EuZW 1997, 7 (8 ff.); *Pechstein*, EuZW 1998, 495 ff.; *Schroeder*, ZHR 161 (1997), 805 (811). *Habersack* (ZHR 159 (1995), 663 (684 f.)) differenziert bei zweistufig vergebenen Subventionen zwischen den Durchführungsmaßnahmen (Verwaltungsakt) und Vollzugsmaßnahmen (privatrechtlicher Vertrag; hier: Bürgschaft). Erstere seien wegen des Verstoßes gegen Art. 88 Abs. 3 S. 3 EG nichtig und bedürften daher des erneuten Erlasses; hinsichtlich letzterer sei die Rechtsfolge der „Ungültigkeit" „wohl nicht zwangsläufig im Sinne von ‚Nichtigkeit' zu verstehen".

[747] Die Rücknahme zweistufig oder rein-öffentlich-rechtlich gewährter Beihilfen richtet sich nach dieser Vorschrift bzw. den entsprechenden Verwaltungsverfahrensgesetzen der Länder.

[748] Deshalb weist *Reufels* (S. 101) zu Recht darauf hin, dass die Durchsetzung des Gemeinschaftsrechts erschwert wird, je mehr die Rechtsordnung von der Gleichstellung von Subventionsgeber und -empfänger beherrscht wird.

samkeitsregelung für Verstöße gegen Art. 88 Abs. 3 S. 3 EG zu suchen.[749] In Betracht zu ziehen ist vor allem § 134 BGB.[750] Vergleichbare Vorschriften existieren auch in den Rechtsordnungen anderer Mitgliedstaaten.[751]

4.3.4.1. Art. 88 Abs. 3 S. 3 EG als Verbotsgesetz i.S.d. § 134 BGB

Auch gemeinschaftsrechtliche Verbotsnormen können unter § 134 BGB fallen.[752] Die Vorschrift muss sich allerdings gerade gegen den wirtschaftlichen Erfolg des Rechtsgeschäfts richten, nicht nur gegen seine Vornahme.[753] Bei Verboten, die sich lediglich an eine der beiden Vertragsparteien wenden, greift die Nichtigkeitsfolge in der Regel nicht ein.[754] Das Durchführungsverbot des Art. 88 Abs. 3 S. 3 EG ist zwar nur an die Mitgliedstaaten adressiert. Aus seinem Sinn und Zweck könnte sich gleichwohl ergeben, dass § 134 BGB eingreift.

Die Rechtsprechung betrachtet einseitige Verbote dann als Verbotsgesetze i.S.d. § 134 BGB, wenn sie dem Schutz Dritter oder Allgemeininteressen wie Zielen

---

749 Keines Rückgriffs auf (quasi-) gesetzliche Regelungen bedarf es, wenn der beihilfegewährende Vertrag eine Möglichkeit zur Vertragsänderung bzw. –anpassung für die subventionierende Stelle vorsieht (vgl. *Deckert/Schroeder*, EuR 1998, 291 (319)). Aus dem Gemeinschaftsrecht ließen sich nur mit Mühe Rechtssätze konstruieren, die unmittelbare Wirkungen auf den beihilfegewährenden Vertrag haben (vgl. dazu *Deckert/Schroeder*, EuR 1998, 291 (319 f.); *Steindorff*, ZHR 152 (1988), 474 (480); besonders weitgehend *Pechstein* (EuZW 1998, 495 (496)), der erwägt, einen „konstitutiven Transformator" aus dem nationalen Zivilrecht für entbehrlich zu halten und die Nichtigkeitsfolge direkt aus Art. 88 Abs. 3 S. 3 EG abzuleiten). Von der Möglichkeit, in einer Verordnung aufgrund Art. 89 EG die Modalitäten der Rückforderung festzulegen, haben die Gemeinschaftsorgane keinen Gebrauch gemacht. Auch eine Sonderregelung durch den deutschen Gesetzgeber (dafür *Steindorff*, ZHR 152 (1988), 474 (487); *Deckert/Schroeder*, EuR 1998, 291 (323)) gibt es, anders als in Großbritannien, nicht.

750 Vgl. auch *Deckert/Schroeder*, EuR 1998, 291 (318 ff.): Die Voraussetzungen eines Wegfalls der Geschäftsgrundlage (jetzt § 313 BGB) liegen nicht vor: Die Störung der Geschäftsgrundlage fällt überwiegend in die Risikosphäre des Beihilfegebers. Ferner ist bei einem Verstoß gegen die Notifizierungspflicht die Störung vorhersehbar.

751 Vgl. Art. 1133 i.V.m. Art. 1131 Code Civil, Art. 1343 Codice Civile, Art. 1275 Código Civil, Art. 3:40 II Nieuw Burgerlijk Wetboek; zur Behandlung von Verstößen gegen gesetzliche Verbote im englischen Recht vgl. *Downes*, S. 176 ff.

752 Vgl. *Mayer-Maly*, in Münchener Kommentar, § 134, Rn. 36; *Heinrichs*, in Palandt, § 134, Rn. 3.

753 BGH, NJW 1984, 1175 (ebda.).

754 Vgl. nur *Heinrichs*, in Palandt, § 134 BGB, Rn. 9.

der Wirtschaftsordnung[755] dienen[756], oder wenn sie straf- oder verwaltungsrechtlich nicht effektiv sanktioniert werden können.[757] Art. 88 Abs. 3 S. 3 EG soll schon vor der Beihilfegewährung Beeinträchtigungen des Wettbewerbs im Gemeinsamen Markt gewährleisten[758] und bezweckt darüber hinaus den Schutz dritter Unternehmen, nämlich der Konkurrenten des Beihilfeadressaten. Und der Stillhalteverpflichtung kann im innerstaatlichen Recht nur mit unmittelbaren zivilrechtlichen Folgen Nachdruck verliehen werden, da eine spätere Rückforderung der Beihilfe nicht alle wettbewerbsverzerrenden Wirkungen vollends beseitigt. Schließlich lässt sich angesichts der unterschiedlichen Funktionen des Art. 87 Abs. 1 EG und des mit eigenständigem Verbotscharakter ausgestatteten Art. 88 Abs. 3 S. 3 EG auch nicht vorbringen, der Zweck des Durchführungsverbots dürfe nicht weiter gehen als der Zweck des materiellen Beihilfeverbots.[759] Es ist daher gerechtfertigt, Art. 88 Abs. 3 S. 3 EG als Verbotsgesetz im Sinne des § 134 BGB anzusehen.[760] Der BGH hat dies nun erstmals ausdrücklich entschieden.[761]

4.3.4.2. Rechtsfolge: Nichtigkeit oder schwebende Unwirksamkeit?

Es fragt sich weiter, ob ein Verstoß gegen Art. 88 Abs. 3 S. 3 EG, wie von § 134 als Regelfall vorgesehen, die Nichtigkeit des beihilfegewährenden Vertrages oder nur dessen (heilbare) Unwirksamkeit zur Folge hat.[762]

4.3.4.2.1. Nichtigkeit?

Verbreitet ist die Ansicht, ein unter Verstoß gegen Art. 88 Abs. 3 S. 3 EG zustande gekommener beihilfegewährender Vertrag sei gemäß § 134 BGB *nich-*

---

755 Nach *Canaris* (S. 17 f.) ist bei einem Verstoß gegen einseitige Verbote im Bereich des Wirtschaftsverwaltungsrechts § 134 BGB als effektives Sanktionsinstrument grundsätzlich anzuwenden.

756 BGH, NJW 1992, 2557 (2559).

757 BGH, NJW 1984, 1175 (1176).

758 EuGH, Rs. C-332/98 (*CELF*), Slg. 2000 I, 4833 (4858), Rn. 31.

759 So aber *Hopt/Mestmäcker*, WM 1996, 753 (761).

760 So auch *Steindorff*, EuZW 1997, 7 (10 f.); *ders.*, ZHR 152 (1988), 474 (488); *ders.*, in FS Mestmäcker, S. 497 (507); *Deckert/Schroeder*, EuR 1998, 291 (314 ff.); *Schroeder*, ZHR 161 (1997), 805 (811); *Roth*, in Koenig, S. 133 (154 ff.); *Reufels*, S. 104 ff. A.A. *Hopt/Mestmäcker*, WM 1996, 753 (761 f.) und 801 (805 f.); *Ress*, EuZW 1992, 161 (ebda.).

761 BGH, EuZW 2003, 444 (445).

762 § 134 BGB: „[...] ist nichtig, wenn sich nicht aus dem Gesetz ein anderes ergibt".

tig.[763] Soweit sich diese Meinung darauf stützt, dass der Gerichtshof die Rechtsfolge Nichtigkeit für unter Missachtung des Stillhaltegebots zustande gekommene beihilfegewährende Verträge zwingend verlange, ist sie aufgrund der vorausgegangenen Überlegungen abzulehnen.[764] Ferner ist die Annahme von Nichtigkeit wegen ihrer weitreichenden Konsequenzen problematisch: Nach einer abschließenden Kommissionsentscheidung müsste das gesamte beihilfegewährende Rechtsgeschäft auch dann erneut vorgenommen werden[765], wenn die Kommission das Vorhaben für mit dem Gemeinsamen Markt vereinbar erklärt[766], oder wenn die Parteien im Fall einer Negativentscheidung an dem Vertrag abzüglich des Beihilfeelements festhalten wollen.[767] Ein materiell (teilweise) rechtmäßiges Vorhaben müsste wegen eines Formverstoßes erneut vorgenommen werden. Abgesehen vom Sonderfall der zwischenzeitlich erhobenen Konkurrentenklage[768] wäre dadurch niemandem gedient.

Zwar würde diese Konsequenz durch die Möglichkeit der Bestätigung gemäß § 141 BGB etwas gemildert.[769] Obwohl formal eine Neuvornahme des Rechtsgeschäfts[770], würde die Bestätigung es äußerlich aufrecht erhalten. Die Bestätigung

---

[763] *Steindorff*, ZHR 152 (1988), 474 (488 f.); *ders.*, EG-Vertrag und Privatrecht, S. 349; *ders.*, FS Mestmäcker, S. 497 (507); *ders.* EuZW 1997, 7 (8 ff.); *Dreher/Haas/v. Rintelen*, S. 60 f.; *Schroeder*, ZHR 161 (1997), 805 (811); *Deckert/Schroeder*, EuR 1998, 291 (315); *Reufels*, S. 104 ff.; wohl auch *Pechstein*, NJW 1999, 1429 (1432), *ders.* (§ 134 BGB als Alternative zu einer unmittelbar aus Art. 88 Abs. 3 S. 3 EG abgeleiteten Nichtigkeit), EuZW 1998, 495 (496 f.); skeptisch *Ehlers*, in Stober/Vogel, 127 (164); a.A. *Hopt/Mestmäcker*, WM 1996, 801 (805 f.)

[764] Gegen die zwingende Annahme von Nichtigkeit aufgrund der *FNCE*-Rechtsprechung auch *Reufels*, S. 114.

[765] Die „Heilung" eines nichtigen Geschäfts erfordert seine Neuvornahme; vgl. *Larenz/Wolf*, § 40, Rn. 26; *Heinrichs*, in Palandt, Überblick vor § 104, Rn. 27; vgl. auch *Flume*, § 30, 5 (S. 550 f.).

[766] Ein nichtiger Vertrag kann niemals durch irgendeine Art von Genehmigung wirksam werden; vgl. *Leptien*, in Soergel, Vor § 182, Rn. 7. Vgl. auch *Pechstein*, EuZW 1998, 495 (498): „Bestätigt die Kommission [...] die materielle Rechtmäßigkeit der Beihilfe, so ist eine konstitutive Neu- bzw. Erstgewährung erforderlich. Bei vertraglicher Beihilfegewährung bedeutet dies den Abschluß eines neuen Vertrages nach einer neuen Vergabeentscheidung."

[767] Laut *Schütterle* (EuZW 1993, 625 (627)) ist das beispielsweise bei kommunalen Grundstücksverkäufen die Regel.

[768] Zu dessen Sonderbehandlung s. sogleich unter 4.3.4.2.3.

[769] Darauf stellt *Steindorff* (EG-Vertrag und Privatrecht, S. 355; *ders.*, EuZW 1997, 7 (10)) ab.

[770] Vgl. *Flume*, § 30, 6 (S. 551).

hat jedoch in der für das Rechtsgeschäft vorgeschriebenen Form zu erfolgen.[771] Das gilt selbst dann, wenn die Nichtigkeit des ursprünglichen Rechtsgeschäfts auf anderen Gründen als einem Formverstoß beruht.[772] Gravierende Folgen würde dies etwa bei Immobilienverkäufen der öffentlichen Hand zu Vorzugskonditionen bedeuten.[773] Eine derart formalistische und nicht selten unpraktikable Lösung[774] wird vom Gemeinschaftsrecht nicht verlangt und schösse über das Ziel der Abschöpfung des Beihilfeelements hinaus.[775] Sie wäre daher auch mit Blick auf den gemeinschaftsrechtlichen Verhältnismäßigkeitsgrundsatz problematisch.

4.3.4.2.2. Schwebende Unwirksamkeit

Flexibler ist die Rechtsfolge der *schwebenden Unwirksamkeit*, die anstelle von Nichtigkeit anzunehmen ist, wenn es der Zweck einer Verbotsnorm i.S.d. § 134 BGB verlangt.[776] Bei behördlichen Genehmigungserfordernissen ist schwebende Unwirksamkeit die Regel.[777] Der BGH hat klargestellt, dass die Rechtsfolge der schwebenden Unwirksamkeit einem allgemeinen Rechtsgedanken hinsichtlich

---

771 Vgl. *Larenz/Wolf*, § 44, Rn. 14 f.; *Flume*, § 30, 6 (S. 551 f.).

772 BGH, NJW 1985, 2579 (2580).

773 Vgl. dazu das bei *Pechstein* (NJW 1999, 1429 (1429 f.)) dargestellte Beispiel des Flächenerwerbsprogramms zugunsten bestimmter bevorzugter Erwerbergruppen: Der Vorzugspreis nach dem Ausgleichsleistungsgesetz führte zu einem Einnahmeverzicht i.H.v. 3,4 Mrd. DM und war nicht als Beihilfe bei der Kommission angemeldet worden; die Bodenverwertungs- und verwaltungsgesellschaft (BVVG) hatte 200.000 ha Land veräußert. Nach Auffassung von *Pechstein* (EuZW 1998, 495 (497)) sind sämtliche Kaufverträge unterhalb des Verkehrswertes samt der Auflassungen nichtig. Angenommen, die Kommission hätte das Flächenerwerbsprogramm später für mit dem Gemeinsamen Markt vereinbar erklärt (was sie nicht getan hat), bedürfte es der Rückabwicklung der Verträge und anschließend der Wiederholung sämtlicher Auflassungen, da auch die dingliche Einigung von der Nichtigkeit erfasst wird.

774 Auch *Koenig/Kühling* (NJW 2000, 1065 (1074)) sehen „erhebliche praktische Schwierigkeiten“ bei Annahme der Nichtigkeitsfolge.

775 Ob der BGH eine solche Lösung vertritt, wird aus seiner jüngsten Entscheidung zur Nichtigkeit beihilferechtswidriger Verträge (BGH, EuZW 2003, 444 (445)) nicht deutlich. Zwar nimmt er die Nichtigkeitsfolge ohne Einschränkung an. Er hatte allerdings nicht über einen Fall einer späteren Vereinbarkeitserklärung zu entscheiden und stützt sich im Übrigen zur Begründung der Nichtigkeitsfolge auf die *FNCE*-Rechtsprechung, aus der sich die Annahme einer Per-se-Nichtigkeit ja gerade nicht ergibt (s.o.).

776 Vgl. *Canaris*, S. 28; *Mayer-Maly*, in Münchener Kommentar, § 134, Rn. 86 ff.

777 Vgl. *Heinrichs*, in Palandt, § 134, Rn. 11 a; *Leptien*, in Soergel, Vor § 182, Rn. 10.

des Wesens der Genehmigung entspricht.[778] Wird die Genehmigung erteilt, wird der Vertrag voll wirksam; wird die Genehmigung abgelehnt, wird der Vertrag endgültig unwirksam.[779]

Danach ist ein entgegen Art. 88 Abs. 3 S. 3 EG durchgeführter Vertrag schwebend unwirksam. Die abschließende Entscheidung der Kommission löst das Stillhaltegebot ab und beendet den Schwebezustand. Eine Positiventscheidung heilt den zunächst unwirksamen Vertrag. Regelmäßig tritt die Wirksamkeit eines Rechtsgeschäfts rückwirkend zum Zeitpunkt seiner Vornahme ein.[780] Aus dem Zweck des eine behördliche Genehmigung vorschreibenden Gesetzes kann sich aber etwas anderes ergeben.[781] So auch hier: Da eine Heilung ex tunc der Ratio des Durchführungsverbots widerspräche, kann die Wirksamkeit der Maßnahme nur ex nunc eintreten. Der Beihilfeempfänger hat den erlangten Zinsvorteil auch bei späterer Positiventscheidung der Kommission zu vergüten.[782]

Die Annahme schwebender Unwirksamkeit[783] entspricht dem Rechtsgedanken der entsprechenden Vorschrift des § 58 Abs. 2 VwVfG. Aufgrund dieser Vorschrift werden teilweise öffentlich-rechtliche Verträge als schwebend unwirksam betrachtet, die gegen Art. 88 Abs. 3 S. 3 EG verstoßen.[784] Die damit korrespondierende Lösung für privatrechtliche Verträge vermeidet umständlichen Formalismus, führt aber zu einer effektiven Absicherung der Präventivkontrolle

---

778 BGH, NJW 1999, 1020 (1021).

779 Vgl. *Heinrichs*, in Palandt, § 275, Rn. 26 ff.

780 BGHZ 137, 267 (280).

781 Vgl. *Larenz/Wolf*, § 44, Rn. 50.

782 Abzulehnen ist daher der Vorschlag von *Kruse* (EuR 1999, 119 (124), die abschließende Kommissionsentscheidung im Wege der ergänzenden Vertragsauslegung als aufschiebende Rechtsbedingung i.S.d. § 158 Abs. 1 BGB anzusehen, die bei Kenntnis der Rechtslage vereinbart und in das Rechtsgeschäft aufgenommen worden wäre. Denn bedingte Rechtsgeschäfte zeichnen sich zwar auch durch einen Schwebezustand aus, sind jedoch von Anfang an gültig; vgl. *Heinrichs*, in Palandt, Einführung vor § 158, Rn. 8.

783 Auch *Triantafyllou* (DÖV 1999, 51 (57, insb. Fn. 42)) und *Roth* (in Koenig, S. 133 (156 f.)) nehmen schwebende Unwirksamkeit im Fall eines Verstoßes gegen Art. 88 Abs. 3 S. 3 EG an, machen aber keine Einschränkung für die Fälle der Konkurrentenklage.

784 *Schneider*, NJW 1992, 1197 (1199 f.); zustimmend *Habersack*, ZHR 159 (1995), 663 (683). Vgl. auch *Roth*, in Koenig, S. 133 (157).

durch die Kommission.[785] Dem Grundsatz der vollen Wirksamkeit des Gemeinschaftsrechts (*effet utile*, Art. 10 EG) ist auch insofern Genüge getan, als eine Ex-tunc-Heilung der Verletzung der Stillhalteverpflichtung ausgeschlossen ist, womit der Verstoß gegen das Durchführungsverbot nicht nachträglich legalisiert wird. Weiter haben Mitbewerber die Möglichkeit, auf dem Klageweg die endgültige Unwirksamkeit des unter Verstoß gegen Art. 88 Abs. 3 S. 3 EG durchgeführten Vertrages und damit eine neue Vergabeentscheidung der öffentlichen Hand herbeiführen.

4.3.4.2.3. Folgen für verschiedene Fallkonstellationen

Je nach Fallkonstellation hat die schwebende Unwirksamkeit des beihilfegewährenden Vertrages infolge einer Verletzung des Art. 88 Abs. 3 S. 3 EG unterschiedliche Konsequenzen für die betroffenen Rechtsgeschäfte:

Machen Konkurrenten vor mitgliedstaatlichen Gerichten erfolgreich eine Verletzung des Art. 88 Abs. 3 S. 3 EG geltend, hat das die endgültige Unwirksamkeit, also Nichtigkeit des seit Gewährung der Beihilfe schwebend unwirksamen Vertrages zur Folge. Das Durchführungsverbot wird durch die Entscheidung des nationalen Gerichts dergestalt konkretisiert, dass sich eine spätere Entscheidung der Kommission nur noch auf die materielle Rechtmäßigkeit des Beihilfevorhabens an sich, nicht aber auf die Gültigkeit der jeweiligen vertraglichen Durchführungsakte auswirken kann. Nach der abschließenden Kommissionsentscheidung bleibt den Parteien nur die Möglichkeit, einen neuen Vertrag zu schließen beziehungsweise das Rechtsgeschäft nach § 141 BGB zu bestätigen. Dogmatisch lässt sich dieses Ergebnis auch dadurch fundieren, dass man das

---

[785] *Steindorffs* (EG-Vertrag und Privatrecht, S. 348) Forderung, dass „Begünstigte so weit wie möglich daran gehindert werden müssen, eine unter Verstoß gegen das Durchführungsverbot erlangte Beihilfe zu Wettbewerbshandlungen nutzen zu können", ist damit Genüge getan. Seine Folgerung, „Nichtigkeit der rechtlichen Beihilfeakte ist hierzu das einzige Mittel", trifft nach dem Gesagten gleichwohl nicht zu. Vielmehr genügt die hier gefundene Lösung dem „mit Artikel 93 Absatz 3 verfolgte[n] Zweck, das Wirksamwerden vertragswidriger Beihilfen zu unterbinden" (EuGH, Rs. 120/73 (*Lorenz*), Slg. 1973, 1471 (1481), Rn. 4). Die Möglichkeit der schwebenden Unwirksamkeit ist schließlich auch bei § 1 GWB nicht unbekannt, wenn eine Vereinbarung, die gegen § 1 GWB verstößt, nach §§ 2 ff. GWB bei den Kartellbehörden angemeldet oder für sie eine Freistellung beantragt wird; vgl. *Bechthold*, § 1, Rn. 52.

Unterbleiben einer erfolgreichen Konkurrentenklage als ungeschriebenes Wirksamkeitserfordernis eines beihilfegewährenden Vertrages betrachtet.[786]

Unterbleibt eine Konkurrentenklage und stellt die Kommission die Vereinbarkeit der Maßnahme mit dem Gemeinsamen Markt fest, wird der Vertrag ex nunc wirksam. Die staatliche Stelle hat allerdings den durch die vorzeitige Gewährung entstandenen Zinsvorteil in Höhe des Beihilfeelements nach den Vorschriften des Bereicherungsrechts abzuschöpfen.[787]

Falls die Kommission zu dem Ergebnis kommt, dass die Beihilfe mit dem Gemeinsamen Markt unvereinbar ist, wird der Vertrag in Höhe des Beihilfeelements endgültig unwirksam.[788] Prinzipiell betrifft die Nichtigkeit nur einen Teil des Rechtsgeschäfts, da es für beihilfegewährende Verträge charakteristisch ist, dass sie auch ein Gegenleistungselement enthalten. Letzteres bleibt von der Nichtigkeitsfolge des § 134 grundsätzlich unberührt, da diese zunächst nur den unmittelbar von dem nichtigkeitsbegründenden Zweck des Verbotsgesetzes betroffenen Teil des Rechtsgeschäfts erfasst[789], und weil Art. 87 Abs. 1 EG nur das Subventionsäquivalent des Vertrages umfasst.[790] Im Übrigen können die rechtsgeschäftlichen Beziehungen der Parteien also aufrechterhalten bleiben. Der Vertrag ist insoweit ex nunc wirksam. Nach dem Zweck des Art. 87 Abs. 1

---

786 Vgl. *Larenz/Wolf*, § 44, Rn. 48: „Vorerst nur schwebend unwirksam sind [...] alle Geschäfte, die zu ihrer Wirksamkeit der Zustimmung eines Dritten oder einer Behörde bedürfen, sofern diese auch nachträglich erteilt werden kann." Die nachträgliche Erteilung der Genehmigung des Vertrages wird vorliegend aufgrund der Klage unmöglich.

787 Wenn die Kommission zu dem Ergebnis gelangt, dass der Vertrag nach den Maßstäben des Market Economy Tests beihilferechtlich unbedenklich ist, erübrigt sich das selbstverständlich. Auch wertungsmäßig ist das in Ordnung, da der Vertrag dann mangels Beihilfeelements ja gar nicht der Anmeldung bedurft hätte.

788 Jedenfalls aber mit dem Scheitern von Rechtsmitteln beim EuGH. Anders als in den Fällen der Konkurrentenklage erfasst die Nichtigkeit nur das Verpflichtungsgeschäft. Eine weitergehende Rechtsfolge wäre hier aufgrund der anderen Interessenlage hier nicht gerechtfertigt.

789 Vgl. *Larenz/Wolf*, § 40, Rn. 28.

790 Zutreffend *Triantafyllou*, DÖV 1999, 51 (54): „Art. 92 Abs. 1 EGV verbietet aber nicht Rechtsgeschäfte als solche, sondern Beihilfen. Folgerichtig verbietet er Rechtsgeschäfte nur insoweit, als sie Beihilfen enthalten."

EG ist eine Gesamtnichtigkeit des Vertrages nicht geboten.[791] Sie kann sich aber von Fall zu Fall aus § 139 BGB[792] ergeben.[793] In Bezug auf den nichtigen Teil des Vertrages ist in jedem Fall der (hypothetische) Zinsertrag seit Verletzung des Art. 88 Abs. 3 S. 3 EG einzufordern. Die zuständigen nationalen Stellen sind gemeinschaftsrechtlich zur Rückforderung der Beihilfe verpflichtet.[794]

4.3.5. Folgen von Negativentscheidungen über bestehende Beihilferegelungen

Weniger Schwierigkeiten bereiten die Fälle bestehender Beihilfen, die trotz einer abschließenden Negativentscheidung gewährt werden. Im Hinblick auf Vergaben betrifft das öffentliche Aufträge, denen eine schon länger existierende Präferenzregelung zugrunde liegt.[795] Da es an einem Verstoß gegen Art. 88 Abs. 3 S. 3 EG fehlt, können sich Unwirksamkeitsfolgen nur aufgrund von Art. 87 Abs. 1 EG ergeben. Das materielle Beihilfeverbot des Art. 87 Abs. 1 EG ist für

---

791 Die Annahme einer grundsätzlich nur teilweisen Nichtigkeit geht mit der Rechtsprechung des BGH zu § 134 BGB konform. Bei Verstößen gegen Preisgesetze hat er angenommen, dass das Gesetz zu dem gesetzlich vorgeschriebenen Preis zustande kommt; Zweck der Preisgesetze ist es nicht, die jeweiligen Geschäfte insgesamt zu unterbinden; vgl. BGHZ 11, 90 (95).

792 Als grundsätzlich subsidiäre Vorschrift greift § 139 nur, wenn – wie hier – die andere Bestimmung nicht auch ausdrücklich oder nach ihrem Sinn anordnet, dass die Nichtigkeit das ganze Rechtsgeschäft erfassen soll; vgl. *Flume*, § 32, 4 (S. 576); *Larenz/Wolf*, § 45, Rn. 33. Das Beihilferecht ist auch insofern gegenüber der Ausgestaltung im nationalen Privatrecht indifferent, als es nicht die Aufrechterhaltung des Restvertrages voraussetzt.

793 *Triantafyllou* (DÖV 1999, 51 (54 f.)) weist zu Recht auf die Vorzüge dieser Einzelfallbetrachtung hin. Dem Grundsatz *pacta sunt servanda* entspricht die Aufrechterhaltung der vertraglichen Beziehungen abhängig vom Willen der Parteien, eine weitergehende Lösung wäre unter Verhältnismäßigkeitsgesichtspunkten problematisch und die konkrete Gestaltung der Rechtsbeziehungen bleibt dem nationalen Recht überlassen, was dem Umstand gerecht wird, dass das Gemeinschaftsrecht noch keine eigene Privatrechtsordnung kennt. Die weiteren rechtsgeschäftlichen Folgen einer teilweisen Nichtigkeit des Vertrage sind vielmehr Sache des nationalen Rechts bzw. der Gestaltungsfreiheit der betroffenen Parteien. In diesem Sinne überlässt das EuG im *Stadt-Mainz*-Beschluss die Feststellung, ob die Änderung des Grundstückkaufpreises die völlige oder teilweise Nichtigkeit des Vertrages rechtfertigt, dem nationalen Gericht (EuG, Rs. T-155/96 R (*Stadt Mainz*), Slg. 1996 II, 1657 (1666), Rn. 26).

794 Bei Teilnichtigkeit ist im Anschluss an die negative Kommissionsentscheidung Vertragsanpassung erforderlich. Das kann geschehen durch eine behördliche Rückforderungsanordnung oder ohne Verwaltungsakt auf Grundlage des § 242 BGB; wegen der gemeinschaftsrechtlichen Rückforderungsverpflichtung wäre der öffentlichen Hand das Festhalten am Vertrag unzumutbar. Vgl. auch *Triantafyllou*, DÖV 1999, 51 (56).

795 S.o. unter 4.2.1.

sich genommen, namentlich wegen des der Kommission in Art. 87 Abs. 3 EG eingeräumten Ermessens „weder absolut noch unbedingt".[796] Art. 87 Abs. 1 EG begründet aber mit der konkretisierenden Entscheidung der Kommission, die nach Art. 249 UAbs. 3 EG in allen ihren Teilen für diejenigen, die sie bezeichnet, verbindlich ist, ein gesetzliches Verbot i.S.d. § 134 BGB.[797] Die Nichtigkeitsfolge erfasst aber auch hier nur den beihilferechtswidrigen Teil des Vertrages, es sei denn § 139 BGB[798] ist einschlägig.[799]

4.3.6. Konsequenzen für öffentliche Aufträge

4.3.6.1. Unterlegene Bieter machen Verstoß gegen Art. 88 Abs. 3. S. 3 EG geltend

Übertragen auf öffentliche Aufträge fällt die Beurteilung leicht, soweit unterlegene Bieter von der Möglichkeit Gebrauch machen, den Verstoß gegen Art. 88 Abs. 3 S. 3 EG im Rahmen des Nachprüfungsverfahrens nach §§ 102 ff. GWB geltend zu machen.[800] Eine Zuschlagserteilung kommt dann nicht in Betracht. Doch selbst wenn der Zuschlag bereits erteilt ist, ergibt sich nichts anderes. Denn der Grundsatz der Bestandskraft des Zuschlags aus § 114 Abs. 2 S. 1 GWB bezieht sich nur auf einen wirksamen Zuschlag.[801] Und als Annahmeerklärung eines Vertragsangebots (§§ 146 - 149 BGB) ist der Zuschlag, vermittelt

---

796 EuGH, Rs. 78/76 (*Steinike und Weinlig*), Slg. 1977, 595 (609 f.), Rn. 8; vgl. auch *Habersack*, ZHR 159 (1995), 663 (665).

797 So im Ergebnis die ganz überwiegende Meinung; vgl. *Schroeder*, ZHR 161 (1997), 805 (812); *Schütterle*, EuZW 1993, 625 (627); *Ehlers*, in Stober/Vogel, 127 (164); *Triantafyllou*, DÖV 1999, 51 (55). Ungeklärt ist, ob die Entscheidung der Kommission als administrativer Akt wie ein gesetzliches Verbot zu behandeln ist, oder ob Art. 87 Abs. 1 EG selbst als bedingtes Verbot angesehen werden kann, das unter der aufschiebenden Bedingung der an den Mitgliedstaat adressierten Entscheidung der Kommission steht, mit dem Bedingungseintritt wird das Verbot selbst innerstaatlich anwendbar; vgl. dazu *Deckert/Schroeder*, EuR 1998, 291 (314).

798 Im Rahmen von § 139 BGB ist egal, worauf die Nichtigkeit beruht; vgl. *Flume*, § 32, 4 (S. 576); *Heinrichs*, in Palandt, § 139, Rn. 2.

799 Dieser Ansicht auch *Triantafyllou*, DÖV 1999, 51 (54). In Bezug auf die Nichtigkeitsfolge entspricht dieser Fall dem zuvor skizzierten einer Negativentscheidung nach vorangegangenem Verstoß gegen das Durchführungsverbot. Dass sich die teilweise Vertragsnichtigkeit im einen Fall aus dem Institut der schwebenden Unwirksamkeit, im anderen aus § 134 BGB ergibt, macht für die Auswirkungen auf den Rest des Vertrages keinen Unterschied.

800 Dazu oben unter 4.1.2.

801 Vgl. *Dreher*, NZBau 2001, 244 (245).

über den Vertrag, von den dafür geltenden Unwirksamkeitsgründen betroffen.[802] Auch die Nichtigkeitsfolgen, die sich aus dem Allgemeinen Teil des BGB ergeben, bleiben folglich berührt.[803] So wie einzelne Bestimmungen des Vergaberechts selbst als gesetzliche Verbote i.S.d. § 134 BGB die Regel des § 114 Abs. 2 S. 1 GWB überwinden[804], können auch andere Unwirksamkeitsgründe die Hinfälligkeit[805] des Zuschlags bewirken.

Ein Verstoß gegen Art. 88 Abs. 3 S. 3 EG kann also in jedem Fall im Wege des vergaberechtlichen Primärrechtsschutzes geltend gemacht werden. Im Fall einer späteren Positiventscheidung der Kommission kann die Vergabestelle den Auftrag zwar unter denselben Bedingungen vergeben, aber ebenfalls nur nach neuer Ausschreibung.

4.3.6.2. Nichtigkeit erfasst gemäß Art. 87 Abs. 1 EG nur das Beihilfeelement

Davon zu unterscheiden sind die Rechtsfolgen, wenn die Wettbewerber nicht gegen den Verstoß gegen das Durchführungsverbot vorgehen.[806] Im Fall einer abschließenden Positventscheidung der Kommission erlangt der zunächst schwebend unwirksame Vertrag endgültige Wirksamkeit.

---

[802] BVerwGE 14, 65 (72); vgl. *Dreher*, in Immenga/Mestmäcker, § 114, Rn. 22; *Stickler*, in Reidt/Stickler/Glahs, Vor §§ 97-101 GWB, Rn. 6. Bei Annahme und Zuschlag handelt es sich um ein und dieselbe außenwirksame Rechtshandlung.

[803] Vgl. *Dreher*, in Immenga/Mestmäcker, § 114, Rn. 29. Ein anderes Ergebnis wäre auch nicht mit dem Grundsatz vom Vorrang des Gemeinschaftsrechts zu vereinbaren; vgl. *Lübbig*, EuZW 1999, 671 (672).

[804] Auch die §§ 115 Abs, 1, 118 Abs. 3 GWB sind gesetzliche Verbote i.S.d. § 134 BGB. Im Hinblick auf § 115 Abs. 1 GWB erwähnt die Begründung zum Regierungsentwurf ausdrücklich § 134 BGB; vgl. RegEntw zum VgRÄG, BT-Drucks. 13/9340 v. 3.12.1997, S. 20 (§ 125 Abs. 1 RegEntw). § 13 S. 4 VgV ordnet Nichtigkeit für dem Fall an, dass der Auftraggeber die Pflicht verletzt, unterlegene Bieter spätestens 14 Tage vor dem Vertragsabschluss zu informieren. Vgl. zum Ganzen *Boesen*, EuZW 1998, 551 (558); *Reidt*, in Reidt/Stickler/Glahs, § 114 GWB, Rn. 22; *Gesterkamp*, WuW 2001, 665 (666 ff.); *Antweiler*, DB 2001, 1975 (1976 f.).

[805] Genau genommen kann ein Zuschlag selbst nicht nichtig sein, weil es sich dabei nicht um ein Rechtsgeschäft handelt.

[806] Nähme man entgegen der hier vertretenen Auffassung (s.o. bei 4.3.4.2.) auch in dieser Konstellation Nichtigkeit nach § 134 BGB an, wäre der Vertrag wegen der Erstreckung des Durchführungsverbots auf die gesamte Maßnahme insgesamt nichtig; vgl. *Dreher/Haas/v. Rintelen*, S. 61.

Wenn die Kommission das Hauptprüfungsverfahren mit einer negativen Entscheidung abschließt, sind die Konsequenzen problematisch. In diesen Fällen erstreckt sich die auf Art. 87 Abs. 1 EG gestützte Nichtigkeit nur auf das Beihilfelement, das nur einen Teil des für einen öffentlichen Auftrag gezahlten Entgelts ausmacht.[807] Da sub specie des Beihilferechts die Nichtigkeit des gesamten Vertrages nicht geboten ist, könnte die staatliche Zuwendung danach in Höhe des Marktwertes aufrechtererhalten werden.[808] Möglicherweise ist der Vertrag aber aus Gründen des nationalen Vergabe- und / oder Zivilrechts insgesamt nichtig. Wegen der damit verbundenen Hinfälligkeit des Zuschlags könnten unterlegene Bieter dann Primärrechtsschutz in Anspruch nehmen.

4.3.6.2.1. Gesamtnichtigkeit aus Vergaberecht?

Bei teleologischer Betrachtung scheint die generelle Gesamtnichtigkeit des Vertrages angemessen zu sein. Denn der Abzug des beihilferechtswidrigen Bestandteils des Vertrages ändert nichts an der Tatsache, dass der ausgewählte Auftragnehmer den Auftrag – vorbehaltlich § 139 BGB – sonst „behalten“ könnte und seine Wettbewerber leer ausgingen. Dieses Resultat stellt ebenfalls, wenn auch nicht unter dem Gesichtspunkt des Beihilferechts, eine Wettbewerbsverzerrung dar. Andererseits kann der erfolgreiche Bieter letztlich nur ein marktmäßiges Entgelt für seine Leistung in Anspruch nehmen.

Nach dem deutschen Vergaberecht ist die Nichtigkeit eines Vertrages und damit die Hinfälligkeit des Zuschlags konzeptionell die Ausnahme. § 114 Abs. 2 S. 1 GWB ist Ausdruck der gesetzgeberischen Entscheidung, unterlegene Bieter zugunsten der Rechts- und Investitionssicherheit auf Sekundärrechtsschutz zu verweisen.[809] Deshalb zieht die (Vergabe-) Rechtswidrigkeit eines Zuschlags vorbehaltlich der ausdrücklichen Zuschlagsverbote der §§ 115 Abs. 1, 118 Abs. 3 GWB und § 13 VgV grundsätzlich nicht die Nichtigkeit des Vertrages nach sich.

---

[807] Sonst müsste der Marktwert der Leistung gleich null sein.

[808] Für Gesamtnichtigkeit wohl *Bartosch*, WuW 2001, 673 (685); *ders.*, EuZW 2001, 229 (232): Die Rückforderung des Überpreises sei unpraktikabel, sodass stets ein neues Vergabeverfahren durchzuführen sei.

[809] OLG Düsseldorf, NZBau 2000, 391 (392 f.); vgl. auch *Dreher*, in Immenga/Mestmäcker, § 114, Rn. 27; *Marx*, in Motzke/Pietzcker/Prieß, § 114 GWB, Rn. 11; *Antweiler*, DB 2001, 1975 (ebda.).

4.3.6.2.1.1. Hinfälligkeit des Zuschlags wegen Verletzung von Vergabevorschriften?

Nicht weiter hilft die Überlegung, wegen der Verminderung des Auftragsentgelts infolge der negativen Kommissionsentscheidung auf einen Verstoß gegen das Nachverhandlungsverbot[810] abzustellen.[811] Denn Konsequenzen für die Wirksamkeit des Restvertrages hätte das nur, wenn das Nachverhandlungsverbot insoweit als gesetzliches Verbot i.S.d. § 134 BGB anzusehen ist. An den Voraussetzungen dieser Vorschrift fehlt es aber, weil sich das Nachverhandlungsverbot nicht gegen den Abschluss des Rechtsgeschäfts, also den Vertragsabschluss als solchen richtet, sondern gegen eine bestimmte Verfahrensweise bei der Auswahl von Auftragnehmer und Angebot.[812] Das gleiche gilt bezüglich der finanziellen Leistungsfähigkeit, die dadurch beeinträchtigt wird, dass der Auftragnehmer zur Rückzahlung des Beihilfeelements verpflichtet ist.[813]

Schließlich kann § 138 BGB die Nichtigkeit öffentlicher Aufträge zur Folge haben, wenn Auftraggeber und Auftragnehmer in kollusivem Zusammenwirken das Vergaberecht in besonders massiver Weise verletzen.[814] Die Annahme einer entsprechend bewussten und gemeinsamen Umgehung des Nachverhandlungsverbots zu Lasten Dritter oder der Allgemeinheit scheidet aber aus. Denn Voraussetzung wäre, dass alle Beteiligten sittenwidrig handeln.[815] Daran wird es bei einem Zuschlag, dessen Beihilferechtswidrigkeit den Parteien womöglich gar nicht bewusst ist, fehlen. Jedenfalls dürfte es praktisch unmöglich sein, dem Auftragnehmer sittenwidriges Verhalten nachzuweisen.

---

810 § 24 VOB/A, § 24 VOL/A. Bei freihändiger Vergabe und Verhandlungsverfahren ergeben sich die Grenzen einer Aufklärung des Angebotsinhalts allein aus dem Recht des unlauteren Wettbewerbs.

811 So aber *Schenk*, S. 84.

812 Vgl. dazu die entsprechenden Ausführungen der VK Bund hinsichtlich eines Verstoßes gegen die Ausschreibungspflicht, VK Bund vom 13.7.2001, VK 1 – 19/01 (*Speditionstransportleistungen*), WuW/E Verg 517 (518 f.).

813 Vgl. dazu auch EuGH, Rs. C-94/99 (*ARGE Gewässerschutz*). Slg. 2000 I, 11037 (11077), Rn. 30.

814 OLG Düsseldorf, NZBau 2000, 391 (394 f.); s. auch VK Bund, VK 1 – 19/01 (*Speditionstransportleistungen*), WuW Verg/E 517 (519); vgl. auch *Gesterkamp*, WuW 2001, 665 (672); *Reidt*, in Reidt/Stickler/Glahs, § 114 GWB, Rn. 23.

815 Zu den Anforderungen des kollusiven Zusammenwirkens vgl. *Heinrichs*, in Palandt, § 138, Rn. 40 ff.

4.3.6.2.1.2. Verpflichtung zur Neuausschreibung wegen Entgeltverringerung?

Aufgrund der Teilnichtigkeit des Vertrages wegen Art. 87 Abs. 1 EG könnte der Auftraggeber zu einer erneuten Ausschreibung des Auftrags verpflichtet sein. Unterbleibt die neue Ausschreibung, könnte dies die Unwirksamkeit eines dennoch erfolgten Zuschlags zur Folge haben, was angesichts der neuen Rechtslage mit § 13 VgV noch ungeklärt ist.[816] Nach dem OLG Düsseldorf ist eine erneute Ausschreibung erforderlich, wenn ein bestehender Vertrag so erheblich abgeändert wird, dass die wirtschaftlichen Auswirkungen bei wertender Betrachtung einer Neuvergabe gleichkommen. Das gilt auch dann, wenn die Leistungsänderung aufgrund ordnungsbehördlicher Vorgaben geboten ist.[817] Diese Überlegungen könnten auf die Verringerung des Auftragsentgelts, die auf die Verpflichtung zur Rückforderung des Beihilfeelements folgt, übertragbar sein. Indessen bezieht sich die Entscheidung des OLG Düsseldorf ja gerade auf eine Veränderung der Beschaffungsleistung, während es bei einem teilweise beihilferechtswidrigen Vertrag um eine Modifikation der Gegenleistung geht. Von einer „Neuvergabe" kann keine Rede sein, weil der Auftragsinhalt durch die Verringerung des Auftragsentgelts nicht berührt wird.

An dieser Stelle ist als Ergebnis festzuhalten, dass das Vergaberecht de lege lata keine Nichtigkeit des Gesamtvertrages bei teilweiser Beihilferechtswidrigkeit verlangt. Dies könnte sich aber aufgrund der Interessenlage der Parteien ergeben.

4.3.6.2.2. Gesamtnichtigkeit mangels Interesses am Vertrag zu geringerem Entgelt

Nach § 139 BGB ist die Gesamtnichtigkeit eines teilnichtigen Vertrages die Regel, die Restgültigkeit die Ausnahme. Den Parteien soll nicht anstelle des von ihnen gewollten Rechtsgeschäfts ein Geschäft mit anderem Inhalt aufgedrängt werden.[818] Der Fortbestand des Restvertrages richtet sich deshalb nach dem hypothetischen Parteiwillen, wenn die Vertragspartner nicht ausnahmsweise eine Vereinbarung für den Fall der teilweisen Nichtigkeit getroffen ha-

---

[816] Vgl. *Hausmann/Krohn*, VergabeR 2001, 336 (338); für Unwirksamkeit des Zuschlags nach § 13 VgV aufgrund unterbliebener Ausschreibung *Dreher*, NZBau 2001, 244 (245).

[817] OLG Düsseldorf, Beschluß v. 20.6.2001 - Verg 3/01 -, VergabeR 2001, 329 (332 ff.); zustimmend *Hausmann/Krohn*, VergabeR 2001, 336 (336 f.).

[818] Vgl. nur *Heinrichs*, in Palandt, § 139 BGB, Rn. 1.

ben.[819] Es kommt folglich vor allem darauf an, ob sich der Auftragnehmer mit dem *Iustum pretium*, also einem beihilferechtskonformen, geringeren Auftragsentgelt infolge der negativen Kommissionsentscheidung zufrieden geben würde.

Diese Frage lässt sich nicht pauschal für alle Fallgestaltungen beantworten. Sollte der beihilferechtswidrige übermarktmäßige Teil nur ein Minimum des gesamten Leistungsentgelts ausmachen, ist der Auftragnehmer möglicherweise auch mit dem geringeren Lohn einverstanden. Bei geringfügigem Subventionsäquivalent wird allerdings meist bereits ein Anwendungsfall der De-minimis-Regelung gegeben sein. In den übrigen Fällen wird in der Regel eine gravierende Störung der Äquivalenz von Leistung und Gegenleistung gegeben sein, da sich die Teilnichtigkeit stets nur auf die Leistungsverpflichtung des Auftraggebers bezieht. Daher ist dann grundsätzlich nicht anzunehmen, dass eine Partei den Vertrag ebenso abgeschlossen hätte, wenn sie die teilweise Nichtigkeit der Leistungspflicht der anderen Partei gekannt hätte.[820]

Normalerweise dürfte der Auftragnehmer auch deshalb kein Interesse an der Aufrechterhaltung des Vertrages zu marktüblichen Konditionen haben, weil nach der hier angenommenen Prämisse die Teilnehmer eines Ausschreibungsverfahrens wegen der Vergabe nach Wettbewerbsgrundsätzen gehalten sind, ihre Angebote so günstig zu gestalten, wie es ihnen möglich ist.[821] Wenn sich ein Teilnehmer aber bei der Angebotsabgabe nicht imstande fühlt, ein noch wirtschaftlicheres Angebot abzugeben, dürfte er einen Verzicht auf einen Teil seines Entgelts nicht hinzunehmen bereit sein.

Kann unterstellt werden, dass sich der Auftragnehmer mit dem *Iustum pretium* begnügt[822], stehen etwaige Schwierigkeiten der Quantifizierung des Beihilfeele-

---

819 Zu fragen ist, was die Parteien vereinbart hätten, wenn sie schon bei Abschluss des Geschäfts vor die Frage gestellt worden wären, ob sie dieses auch ohne den nichtigen Teil gelten lassen wollten. Ist anzunehmen, dass bei einem Vertrag auch nur eine Partei die Geltung verneint hätte, so verbleibt es bei der Nichtigkeit des ganzen Geschäfts. Wenn sich die Parteien bei den Vertragsverhandlungen nicht dahingehend geäußert haben, sind die Interessen der Parteien nach objektiven, verkehrstypischen Maßstäben zu werten. Vgl. *Larenz/Wolf*, § 45, Rn. 26 und 28.

820 So aber die Anforderungen des § 139 BGB, vgl. *Hefermehl*, in Soergel, § 139, Rn. 41.

821 S.o. bei 3.1.1.2.

822 Je höher der Auftragswert, desto höher die Wahrscheinlichkeit, dass kein De-minimis-Anwendungsfall vorliegt und der Auftragnehmer dennoch am Vertrag festhalten will, da ein absolut hoher Entgeltabzug relativ weniger ins Gewicht fällt.

ments einer Rücknahme nicht entgegen.[823] In der Regel wird es aber aus den o.a. Gründen an dem (hypothetischen) Willen des Auftragnehmers mangeln, den Restvertrag aufrechtzuerhalten, sodass wegen § 139 BGB das gesamte Rechtsgeschäft als nichtig anzusehen ist.[824] Das Gegenteil dürfte häufig dann der Fall sein, wenn der Auftrag bereits abgewickelt ist und die Parteien die ausgetauschten Leistungen nicht rückgewähren wollen.

4.4. Rückabwicklung von Beihilfeelementen öffentlicher Aufträge

4.4.1. Maßgeblichkeit des Bereicherungsrechts

Die Rückabwicklung (teil-) nichtiger Verträge richtet sich in Deutschland nach dem Recht der ungerechtfertigten Bereicherung. Die §§ 812 ff. BGB sind damit auch maßgeblich für die gemeinschaftsrechtlich gebotene Rückforderung von Beihilfeelementen öffentlicher Aufträge. Der Umfang der Kondiktion hängt jeweils davon ab, ob ein gerichtlich geltend gemachter Verstoß gegen Art. 88 Abs. 3 S. 3 EG vorliegt oder ob eine negative abschließende Kommissionsentscheidung die Teil- oder wegen § 139 BGB die Gesamtnichtigkeit des Vertrages nach sich zieht. § 817 S. 2 BGB hat außer Betracht zu bleiben, um eine Aushöhlung der Unwirksamkeitsfolge zu verhindern.[825]

4.4.2. Vertrauensschutz und absolute Unmöglichkeit der Rückforderung

Im Bereicherungsrecht gewährleistet die Einrede des Wegfalls der Bereicherung aus § 818 Abs. 3 BGB den Schutz des Vertrauens des Beihilfeempfängers. Auch das Gemeinschaftsrecht akzeptiert im Grundsatz die Gewährung von *Vertrauensschutz*.[826] Der Effektivitätsgrundsatz und das gemeinschaftliche Interesse an der Rückforderung genießen allerdings den Vorrang. Vertrauens-

[823] So bzgl. staatlicher Bürgschaften *Schütterle*, EuZW 1995, 391 (392). Siehe sogleich bei 4.4.2. zur Einwendung absoluter Unmöglichkeit gegen die Rückforderung.

[824] Die Parteien können mit einer vertraglichen Rückzahlungsklausel Vorkehrungen treffen.

[825] Vgl. *Steindorff*, FS Mestmäcker, S. 497 (511); *Reufels*, S. 107.

[826] EuGH, Verb. Rs. 205-215/82 (*Deutsche Milchkontor*), Slg. 1983, 2633 (2669), Rn. 30. Der Verweis auf die allgemeinen Grundsätze des Gemeinschaftsrechts in Art. 14 Abs. 1 S. 2 BhVfVO ist nur deklaratorischer Natur.

schutzgesichtspunkte kommen daher prinzipiell nur in Betracht, wenn das in Art. 88 EG vorgesehene Verfahren beachtet worden ist.[827]

Bei sehr komplexen Beihilfeformen räumt die Kommission aber ein, dass die Einstufung der Maßnahme nicht immer offensichtlich sei und auch insoweit Vertrauensschutzgesichtspunkte in Betracht kämen.[828] Gleiches gilt, wenn die Kommission durch längeres Nichteinschreiten gegen eine ihr bekannte Beihilfe Vertrauen begründet.[829] Deswegen empfiehlt sich für die Ausrichtung der Beihilfekontrolle auf öffentliche Aufträge die Gewährung von Vertrauensschutz für eine Übergangszeit.

Eine mehr theoretische Möglichkeit[830], die Rückforderung einer Beihilfe abzuwenden, ist die *Einwendung absoluter Unmöglichkeit.* Einwände aus dem nationalen Recht erkennt der EuGH von vornherein nicht an.[831] In seltenen Fällen kann die Rückforderungspflicht bei faktischer Unmöglichkeit entfallen. Deren Voraussetzungen liegen aber nicht schon dann vor, wenn die Rückabwicklung ganzer Beihilfesysteme mit einer Vielzahl von Begünstigten hohe Kosten und große administrative Probleme verursacht.[832] Selbst wenn eine vergaberechtliche Präferenzbestimmung über einen längeren Zeitraum und in vielen Fällen Begünstigungswirkungen entfaltet, hindert das folglich nicht die

---

[827] EuGH, Rs. 5/89 (*BUG Alutechnik*), Slg. 1990 I, 3437 (3457 f.), Rn. 17. Kaum ein beihilfebegünstigtes Unternehmen konnte sich bislang auf Vertrauensschutzgesichtspunkte berufen; vgl. *Deckert/Schroeder*, EuR 1998, 291 (312), Fn. 137.

[828] Vgl. *Bär-Bouyssière*, in Schwarze, Art. 88, Rn. 31.

[829] EuGH, Rs. 223/85 (*RSV*), Slg. 1987, 4617 (4658 f.), Rn. 13.

[830] Im Prinzip erkennt der EuGH diese Einwendung an, vgl. nur EuGH, Rs. C-378/98 (*Maribel a/b*), Slg. 2001 I, 5107 (5131), Rn. 30. Im Ergebnis ist aber die von den verklagten Mitgliedstaaten regelmäßig vorgebrachte „Einrede der absoluten Unmöglichkeit durchweg aussichtslos" (*Sinnaeve*, S. 160).

[831] Ein Mitgliedstaat kann sich nicht auf „Bestimmungen, Übungen oder Umstände seiner internen Rechtsordnung berufen, um sich der Durchführung gemeinschaftsrechtlicher Verpflichtungen zu entziehen"; ständ. Rspr., vgl. EuGH, Rs. C-5/89 (*BUG-Alutechnik*), Slg. 1990 I, 3437 (3458), Rn. 18. In der Rechtssache *Alcan* hat der EuGH nationale Regelungen, die dem Rückzahlungsanspruch aus § 48 VwVfG entgegenstehen, für unanwendbar erklärt; EuGH, Rs. C-24/95 (*Alcan*), Slg. 1997 I, 1591 (1617 ff.), Rn. 27 ff. Für Privatrechtsbeziehungen kann nichts anderes gelten.

[832] EuGH, Rs. C-378/98 (*Maribel a/b*), Slg. 2001 I, 5107 (5134 f.), Rn. 41 f.; EuGH, Rs. C-280/95 (*Kommission/Italien*), Slg. 1998 I, 259 (279), Rn. 23.

Rückabwicklung.[833] Soweit ersichtlich, hat der EuGH faktische Unmöglichkeit bislang nur bei Insolvenz des Beihilfeempfängers akzeptiert[834], nimmt aber sogar die Liquidation des Unternehmens in Kauf.[835] Im Ergebnis wird an einer Rückzahlung der Beihilfeelemente öffentlicher Aufträge, vorbehaltlich vorübergehendenden Vertrauensschutzes, kein Weg vorbei führen.

[833] Hier wie in anderen Fällen komplexer Beihilfeformen sind im konkreten Fall jedoch pragmatische Lösungen im Wege eines „redlichen Zusammenwirkens" von Kommission und Mitgliedstaat aufgrund des Grundsatzes der loyalen Zusammenarbeit (Art. 10 EG) möglich und erstrebenswert. Vgl. EuGH, Rs. C-378/98 (*Maribel a/b*), Slg. 2001 I, 5107 (5131 f.), Rn. 31: Pauschalberechnung der Beihilfevolumina.

[834] Die Voraussetzungen liegen beispielsweise dann vor, wenn dem begünstigten Unternehmen im Konkurs nicht mehr als die Konkursquote entzogen werden kann; vgl. EuGH, Rs. 94/87 (*Alcan*), Slg. 1989, 175 (192), Rn. 9 ff.; dazu auch *Hopt/Mestmäcker*, WM 1996, 801 (805).

[835] EuGH, Rs. 52/84 (*Boch*), Slg. 1986, 89 (104), Rn. 14. Dazu *V. Götz*, in Dauses, H.III, Rn. 107.

5. Abschließende Betrachtung

5.1. Beihilfekontrolle von Vergabepräferenzen als Mittel der Wettbewerbspolitik

Öffentliche Aufträge, die unter Beachtung vergabefremder Kriterien vergeben werden, enthalten häufig ein Beihilfeelement, das wiederum in aller Regel gemeinschaftsrechtswidrig ist. Diese beiden Ergebnisse der vorangegangenen Untersuchung sind auch darauf zurückzuführen, dass wettbewerbswidrige Vergabebestimmungen nur solche Unternehmen betreffen, die um öffentliche Aufträge mitbieten, dabei in insgesamt konkurrenzfähiger Weise auf dem Markt auftreten und gegebenenfalls sektoral von dem sachlichen Anwendungsbereich einer Bevorzugungsregelung betroffen sind.[836]

Auf diese Weise findet unabhängig vom eigentlichen beschaffungsfremden Zweck im Vorfeld der Zuschlagsentscheidung eine verdeckte Selektion potenzieller Subventionsempfänger statt. Warum aber anderen beispielsweise frauenfördernden oder „tariftreuen" Unternehmen die hier durch die Vergabe eines öffentlichen Auftrags vermittelte Beihilfe vorenthalten werden soll, leuchtet auch aus subventionsökonomischer Sicht nicht ein. Unabhängig von der grundsätzlichen Frage nach dem wirtschaftpolitischen Sinn und Zweck staatlicher Beihilfen stehen vergabevermittelte einseitige Zuwendungen einem gezielten Einsatz öffentlicher Gelder im Wege. Denn eine von der Beschaffung selbst völlig unabhängige Intention lässt sich kaum wirkungsvoll realisieren, wenn sich der Kreis der Förderungsadressaten auf einen exklusiven Kreis bestimmter Bieter bei bestimmten Vergabeverfahren beschränkt und konkurrierende Unternehmen nicht in anderer Weise für die Vorteilsgewährungen an ihre Wettbewerber kompensiert werden. Hinzu kommt, dass die mittels öffentlicher Aufträge gewährten Beihilfen in erster Linie bereits bestehende Zustände prämieren und nicht Anreize zu den erwünschten Verhaltensweisen geben. Schließlich bestehen Bedenken sub specie einer effektiven Vergabepolitik: Treten ein oder gar mehrere Subventionszwecke neben den eigentlichen Beschaffungszweck, wird das ohnehin komplizierte Vergabeverfahren mit widersprüchlichen Zielsetzungen überfrachtet und untransparent. Letztlich werden Beschaffungs- und Interventionsziele gleichermaßen verfehlt.[837]

---

[836] S.o. bei 2.4.5. und 3.2.2.1.

[837] Vgl. auch *Winter*, C.M.L.Rev. 28 (1991), 741 (775); *Rittner*, in FS Benisch, S. 99 (108).

Diese Befunde untermauern wertungsmäßig das auf Tatbestands- und Rechtfertigungsebene gefundene Ergebnis der grundsätzlichen Beihilferechtswidrigkeit bevorzugender Auftragsvergaben. Öffentliche Aufträge sind als Mittel einer wirkungsvollen Subventionsvergabe rechtlich wie praktisch ungeeignet.[838] Will die öffentliche Hand politische Ziele finanziell fördern, sollte sie dafür andere Zuwendungsarten wählen.[839]

Zweifellos bedeutet eine konsequente Anwendung des Beihilferechts auf die Vergabe öffentlicher Aufträge, zumal auf Präferenzregelungen, einen erheblichen Eingriff in den politischen Gestaltungsspielraum der Mitgliedstaaten. Gleichwohl ordnen Art. 87 und 88 EG kein Totalverbot vergabefremder Regelungen an, sondern lassen jedenfalls Raum für eine begünstigungsfreie Ausgestaltung von Präferenzregelungen. Machen die Mitgliedstaaten von diesen Möglichkeiten Gebrauch, steht das Beihilferecht einer Instrumentalisierung öffentlicher Aufträge zur Verfolgung von Sekundärzwecken nicht entgegen.[840] Die Beihilferechtswidrigkeit bestimmter Vergabepräferenzen ist folglich kein generelles Verdikt über deren Sinn oder Unsinn.

Vor allem aber dienen die Beihilferegeln ja gerade der Beschränkung der nationalen Handlungsautonomie bei der Verwendung öffentlicher Mittel.[841] Der im

---

[838] Vgl. auch das Ergebnis der ökonomischen Studie von *Deltas/Evenett*, in Hoekman/Mavroidis, S. 73 (ebda.): „The pricipal finding is that price preference policies generate at best only marginal improvements in social welfare, suggesting that nations ought not to be reluctant to sign accords restricting the use of such policies."

[839] So bereits *Welter*, S. 256: „Überall dort, wo aus bestimmten Gründen Schichten gefördert werden sollen, die Gefahr laufen, in den Schatten der wirtschaftlichen Entwicklung zu geraten oder, zu verkümmern oder unterzugehen, ist eher für eine offene und in ihren Wirkungen möglichst erkennbare Hilfeleistung in Gestalt deutlich ausgewiesener Subventionen zu plädieren." Mit Blick auf Präferenzen zugunsten von Unternehmen, die einen hohen Anteil Behinderter beschäftigen *Arrowsmith*, PPLR 1994, CS225 (CS228): Subventionen seien „a method of support which is less restrictive of trade, since unlike procurement preference it does not interfere at all with the market, but merely ‚levels the playing field'."

[840] Vgl. das Beispiel der FrauFVO Bbg v. 25.4.1996 (GVBl. II, Nr. 22 v. 17.5.1996), die beihilferechtlich unbedenklich ist; dazu unter 2.2.4.3.1., 2.2.4.3.3., 2.2.4.5., 2.2.4.7.3.

[841] Denn Art. 87 EG „nimmt den Staaten die Freiheit, nach eigenem politischen Ermessen – d.h. praktisch unter dem Druck bestimmter Interessen – die Ergebnisse der privatautonomen Ordnung durch Umverteilen zu korrigieren"; *Rittner*, in Dreher/Schmidt-Leithoff, S. 52.

Einkaufsverhalten artikulierte Steuerungsanspruch der Mitgliedstaaten findet hier seine binnenmarktrechtlichen Grenzen und hat sich insoweit dem herausragenden Integrationsziel des Art. 3 lit. g) EG unterzuordnen. Die wirtschaftsverfassungsrechtliche Ausrichtung des EG-Vertrages verpflichtet die Kommission als „Hüterin der Verträge" zu einer konsequenten Anwendung der Beihilferegeln, bei der politische Wertungen außen vor zu bleiben haben. Zwar mag die unter den Gesichtspunkten des Richtlinienrechts und der Grundfreiheiten tendenziell wohlwollende Haltung der Kommission gegenüber bestimmten beschaffungsfremden Kriterien für sich reklamieren, dass mehrere Querschnittsklauseln dirigistischen Zielsetzungen eine primärrechtliche Grundlage zu geben scheinen.[842] Indessen untermauern der fundamentale „Grundsatz einer offenen Marktwirtschaft mit freiem Wettbewerb" (Art. 4 Abs. 1 und 2, 98, 105 Abs. 1 EG) und das Bekenntnis zu einem „System offener und wettbewerbsorientierter Märkte" (Art. 154 Abs. 2, 157 Abs. 1 EG) den Vorrang des Wettbewerbs als maßgebliches Ordnungsprinzip.[843] Aus diesem Grund ist schon die wenig kohärente Interpretation des gemeinschaftlichen Vergaberechts durch Kommission und EuGH bedenklich. Und die Beihilfevorschriften als Bestandteil der Wettbewerbsregeln gestatten erst recht keine Aufweichung der Tatbestands- und Rechtfertigungsvoraussetzungen zugunsten marktfremder politischer Intentionen staatlicher Nachfrager.

Freilich beschränken sich die Beihilfevorschriften im Hinblick auf öffentliche Aufträge auf eine ergänzende Funktion neben den Vergaberichtlinien, ihren nationalen Umsetzungsnormen und den Grundfreiheiten des Vertrages. Die kumulative und lückenschließende Anwendung der Beihilferegeln neben anderen primär- und sekundärrechtlichen Bestimmungen ist dem Gemeinschaftsrecht allerdings nicht unbekannt und hat sich vor allem bei der Kontrolle der mitgliedstaatlichen Steuergesetzgebung bewährt.[844] Mit Hilfe der Beihilfeaufsicht ist

---

842 Vgl. Art. 6 EG (Umweltschutz), Art. 125 EG (Beschäftigungspolitik), Art. 157 EG (Industriepolitik), Art. 159 EG (Kohäsionspolitik).

843 Vgl. in Bezug auf das Verhältnis zur strukturlenkenden Industriepolitik *Hommelhoff*, in ders./Kirchhof, S. 131 (137 ff.); zum generellen Vorrang des Wettbewerbs *Dreher*, in Dörr/Dreher, S. 105 (108 ff.).

844 Zur Beihilfeaufsicht als „vierter Ebene" der Gemeinschaftspolitik gegen den schädlichen Steuerwettbewerb vgl. *Schön*, in Koenig, S. 106 (107 ff.); s. auch Mitteilung der Kommission über die Anwendung der Vorschriften über staatliche Beihilfen auf Maßnahmen im Bereich der direkten Unternehmensbesteuerung, ABl. 1998, C 384/3 ff.; *Monti*, EC Tax Review 1999, S. 208 f.

die Kommission in der Lage, die Vergabepraxis der Mitgliedstaaten an ihrer wohl größten Schwachstelle, nämlich ihrer Kostspieligkeit im Vergleich zum privaten Beschaffungsmarkt, zu fassen. Im Hinblick auf die weitere Verwirklichung des Beschaffungsbinnenmarktes eröffnet die zentrale Subventionskontrolle der von Mitgliedstaat zu Mitgliedstaat unterschiedlichen Präferenzregelungen der Kommission die Möglichkeit, die Gemeinschaftsbildung im Bereich des Vergaberechts voranzutreiben.

5.2. Zusammenfassung der Ergebnisse der Arbeit

Zur Bestimmung einer etwaigen begünstigenden Wirkung öffentlicher Aufträge empfiehlt sich eine Übertragung der Grundsätze des in der Beihilfeaufsichtspraxis entwickelten Market Economy Tests. Andere Vorteile als ein übermarktmäßiges Entgelt sind nicht als Begünstigung im Sinne des Beihilfetatbestands des Art. 87 Abs. 1 EG zu qualifizieren, da sie in die Preiskalkulation des Auftragnehmers einfließen. Das Vergabeverfahren nach GWB und Verdingungsordnungen bietet bei strikt auftragsbezogener Anwendung – auch bei nicht offenen Verfahren und Verhandlungsverfahren - keinen Raum für begünstigende Elemente. Werden diese Regeln nicht konsequent gehandhabt, kann ein Beihilfefall vorliegen. Beschaffungsfremde Kriterien weichen meist von den maßgeblichen Anforderungen eines diskriminierungsfreien Bietverfahrens ab, da gesamtwirtschaftliche Rentabilitätserwägungen nur im Rahmen der Leistungsbeschreibung beihilferechtskonform berücksichtigt werden können. Denn nach der Rechtsprechung des EuGH zu Art. 87 Abs. 1 EG sind auch bei staatlichen Nachfrageentscheidungen lediglich einzelwirtschaftliche Gesichtspunkte zu berücksichtigen.

Dennoch haben sekundäre Vergabeanforderungen nicht zwangsläufig eine Begünstigung des Auftragnehmers zur Folge, weil sich auch bei Einbeziehung anderer als leistungsbezogener Gesichtspunkte ein marktkonformes Angebot durchsetzen kann. Beschaffungsfremde Regelungen zeichnen sich allerdings - mit Ausnahme der Bestimmungen über Eintrittsrechte zum gleichen Preis und über Stichentscheide, die begünstigungsneutral sind - durch eine mehrstufige und damit regelmäßig begünstigende Wirkung auf mehreren Ebenen des Vergabeverfahrens aus, so durch Abschreckungseffekte schon vor Angebotsabgabe und nicht selten durch Verursachung von Mehrkosten zur Erfüllung der zusätzlichen Anforderungen.

Angesichts dieser vielschichtigen Wirkungsweisen vergabefremder Kriterien ist selbst bei offenen Verfahren ein Vergleich mit dem günstigsten abgegebenen Angebot nicht geeignet, die für die Begünstigungsquantifizierung erforderliche Differenz des erfolgreichen Angebots zum Marktwert der Leistung zu ermitteln. Da die Ermittlung des Subventionsäquivalents mittels objektiver Kriterien erhebliche Schwierigkeiten bereitet, empfiehlt sich eine generelle Begünstigungsvermutung bei bevorzugenden Vergaben mit einer Umkehr der Darlegungs- und Beweislast zu Ungunsten des Auftragnehmers. Darüber hinaus sind in entsprechender Anwendung der Praxis von EuGH und Kommission zu begünstigenden Steuerregelungen auch Präferenzregelungen als Beihilferegelungen zu behandeln, selbst wenn nicht für jeden Anwendungsfall Begünstigungszuweisungen zu erwarten sind. Damit unterliegen Präferenzbestimmungen als solche der Beihilfekontrolle durch die Kommission; die Notifikation einzelner Vergaben ist nur ausnahmsweise erforderlich.

Stets staatlich zurechenbar i.S.d. Art. 87 Abs. 1 EG sind Begünstigungselemente, wenn der Auftrag von einem staatlichen oder wenigstens staatlich finanzierten Auftraggeber vergeben wird. Vergaben durch privat finanzierte (Sektoren-) Auftraggeber unterliegen der Beihilfekontrolle nur, wenn sie einer substanziellen hoheitlichen Dispositions- und Kontrollgewalt unterliegen. Diese Anforderungen sind bei staatlich beherrschten Sektorenauftraggebern erfüllt, dagegen nicht bei staatsfernen Sektorenauftraggebern. Das Merkmal der „Begünstigung bestimmter Unternehmen oder Produktionszweige“ ergibt sich – von wenigen Ausnahmen abgesehen – nicht bereits durch die Bestimmbarkeit des Kreises der bevorzugten Bieter aufgrund des jeweiligen vergabefremden Kriteriums. Dabei handelt es sich vielmehr um allgemeinpolitische Ziele. Selektivitätsbegründend ist aber die *Wirkung* vergabefremder Kriterien. Diese ergibt sich teilweise aus einer direkten oder indirekten sektoriellen Ausrichtung. Im Übrigen folgt sie daraus, dass in den Genuss begünstigender Vergaben nur eine per se begrenzte Zahl von Unternehmen kommen kann und diese Differenzierung nicht aus dem „System“ des Vergaberechts heraus gerechtfertigt ist.

Das aufgrund der Begünstigung normalerweise indizierte Merkmal der Wettbewerbsverfälschung bereitet bei der beihilferechtlichen Betrachtung öffentlicher Aufträge insofern Probleme, als der Auftragnehmer in der Regel den Preis seiner Leistung kostendeckend kalkuliert, sodass er die mit Hilfe eines Marktvergleichs festgestellte Begünstigung nicht als solche „wahrnimmt“. Darauf kommt es indes nicht an, weil sich aus einer Gesamtschau mit Art. 87 Abs. 2 lit. a) EG ergibt, dass bereits die Veränderung der Konkurrenzsituation aufgrund der staatlichen Intervention wettbewerbsverfälschend wirkt. Eine „Beeinträchtigung des Handels zwischen Mitgliedstaaten“ liegt bei jeder Beeinflussung der zwischenstaatlichen Wirtschaftsbeziehungen vor. Auch eine Begünstigung aufgrund gemeinschaftsneutral ausgestalteter vergabefremder Kriterien nimmt auf den Verlauf der Warenströme Einfluss und erfüllt somit dieses Merkmal. Die De-minimis-Verordnung hat in Bezug auf öffentliche Aufträge nur wenig Bedeutung.

Die Ausnahmetatbestände des Art. 87 Abs. 2 EG greifen nicht für Beihilfen, die im Rahmen der Vergabe öffentlicher Aufträge gewährt werden. Für horizontale Präferenzen kommt prinzipiell vor allem Art. 87 Abs. 3 lit. c) 1 Alt. EG in Betracht, scheidet aber – wie auch die übrigen Rechtfertigungstatbestände - aus, weil begünstigende Vergaben unter Berücksichtigung beschaffungsfremder Gesichtspunkte den Kriterien der Notwendigkeit, jedenfalls aber der Angemessenheit einer Beihilfe nicht genügen. Denn von der Bevorzugung können nur solche Unternehmen profitieren, die nicht nur das vergabefremde Kriterium erfüllen, sondern auch bei öffentlichen Ausschreibungen erfolgreich sind und darüber hinaus die vergabefremden Voraussetzungen meist ohnehin schon erfüllen.

Im Übrigen fehlt es an der Vereinbarkeit mit dem Gemeinsamen Markt, wenn Begünstigungsregelungen bzw. einzelne Vergaben gegen eine andere Bestimmung des EG-Vertrages verstoßen. Grundsätzlich unterfallen abstrakt-generelle Regelungen und Einzelmaßnahmen, die tatbestandlich sowohl Art. 87 EG als auch eine der Grundfreiheiten erfüllen, der grundfreiheitlichen Regelung, wenn die diskriminierende oder beschränkende Wirkung der Maßnahme über die der Beihilfe prinzipiell immanente diskriminierende oder beschränkende Wirkung hinausgeht. Da die Vergabeverfahren nach gemeinschaftlichem wie nach deutschem Recht diskriminierungsfrei ausgestaltet sind, fehlt es ohne Berücksichtigung von Bevorzugungsregelungen an einer immanent-diskriminierenden oder – beschränkenden Wirkung von Beihilfeelementen bei der Vergabe öffentlicher Aufträge. Sofern eine Präferenzregelung diskriminierende oder beschränkende Wirkungen hat, kann das Beihilferecht allenfalls kumulativ neben die Vorschriften der Grundfreiheiten treten, ohne dass Art. 87 Abs. 2 und 3 EG zu berücksichtigen wären. Im Beihilfeaufsichtsverfahren hat die Kommission auch die Grundfreiheiten zu beachten. Die Anwendung des Beihilferechts führt im Ergebnis dazu, dass vergabefremde Aspekte nur als nicht diskriminierende Kriterien unter gleich wirtschaftlichen Angeboten angewendet werden können.

Neben der Kommission sind auch die Vergabe-Nachprüfungsinstanzen zur Beachtung des Beihilferechts verpflichtet, bei denen sich wegen § 104 Abs. 2 S. 1 GWB vor einer (wirksamen) Zuschlagserteilung der nationale Rechtsschutz konzentriert. Indem sie das Durchführungsverbot des Art. 88 Abs. 3 S. 3 EG geltend machen, können unterlegene Bieter umfassend gegen beihilferelevante Vergaberechtsverstöße und die Beachtung beschaffungsfremder Kriterien vorgehen.

Enthält ein öffentlicher Auftrag ein Beihilfeelement, ist dies bei unterbliebener Notifizierung von den Mitgliedstaaten zurückzufordern. Da öffentliche Aufträge in Deutschland in gemeinschaftsrechtskonformer Weise einstufig in privatrechtlicher Form vergeben werden, sind Unwirksamkeitsgründe und Rückabwicklungsgrundlagen dem allgemeinen Zivilrecht zu entnehmen. Der Verstoß gegen die Anmeldepflicht führt nicht wegen Art. 88 Abs. 3 S. 3 EG zur Nichtigkeit beihilfegewährender Verträge. Die Rechtsprechung des EuGH verlangt lediglich, dass eine spätere Positiventscheidung der Kommission nicht zur Ex-tunc-Heilung eines Verstoßes gegen das Notifikationsgebot führt. Deshalb genügt die Annahme schwebender Unwirksamkeit des beihilfegewährenden Vertrages bis zur abschließenden Kommissionsentscheidung, während bei Annahme von Nichtigkeit die im Falle einer Positiventscheidung erforderliche Neuvornahme des Rechtsgeschäfts formalistisch und unpraktikabel wäre. Anders verhält es sich aufgrund europarechtlicher Vorgaben, wenn ein Konkurrent des Beihilfeempfängers den Verstoß gegen Art. 88 Abs. 3 S. 3 EG vor einem nationalen Gericht geltend macht; dann ist der gesamte Vertrag ohne Einschränkung als insgesamt nichtig anzusehen. In jedem Fall hat der Begünstigte den Beihilfebetrag für den Zeitraum zwischen unangemeldeter Beihilfe-Gewährung und Kommissionsentscheidung zu verzinsen.

Beihilferechtlich ist nur die Rückforderung des Beihilfeelements geboten, sodass eine vertragswidrig gewährte Beihilfe nicht notwendig die Unwirksamkeit des gesamten Vertrages zur Folge hat, wenn nicht ein Konkurrent Rechtsmittel wegen des Verstoßes gegen Art. 88 Abs. 3 S. 3 EG Rechtsmittel einlegt. Der Umstand, dass der Auftragnehmer im Anschluss an eine negative Kommissionsentscheidung das Beihilfeelement zurückzahlen muss, führt nicht dazu, dass sich aus dem Vergaberecht (Nachverhandlungsverbot, Ausschreibungsbedürftigkeit) eine Unwirksamkeit des Zuschlags ergibt. Allerdings wird dieses Ergebnis regelmäßig aus § 139 BGB folgen, da der Auftragnehmer an einer Aufrechterhaltung des Vertrages zu einem niedrigeren Entgelt kein Interesse haben wird. Ist dies nicht der Fall, unterliegt nur das Beihilfeelement der Rückforderung nach § 812 Abs. 1 S. 1 BGB; der Vertrag bleibt nach entsprechender Anpassung im Übrigen bestehen.

FSC
www.fsc.org
MIX
Papier | Fördert gute Waldnutzung
FSC® C083411

Kolibri 360 GmbH
Ferdinand-Jühlke-Straße 7
99095 Erfurt, Deutschland
produktsicherheit@kolibri360.de

Druck:
CPI Druckdienstleistungen GmbH
im Auftrag der
Kolibri 360 GmbH
Ferdinand-Jühlke-Str. 7
99095 Erfurt